도전의 날들

성공한 대통령 만들기
2007~2013

이동관

서울대 정치학과 졸업
미국 하버드대 니만 펠로우
〈동아일보〉 정치부장, 논설위원
대통령실 대변인, 홍보수석
대통령 언론특보
외교통상부 언론문화특임대사 역임
(현) 디지털서울문화예술대학교 총장

나남신서 1846

도전의 날들

성공한 대통령 만들기
2007~2013

2015년 12월 15일 발행
2015년 12월 15일 1쇄

지은이_李東官
발행자_趙相浩
발행처_(주) 나남
주소_413-120 경기도 파주시 회동길 193
전화_(031) 955-4601 (代)
FAX_(031) 955-4555
등록_제 1-71호 (1979. 5. 12)
홈페이지_http://www.nanam.net
전자우편_post@nanam.net

ISBN 978-89-300-8846-6
ISBN 978-89-300-8655-4 (세트)

책값은 뒤표지에 있습니다.

나남신서 1846

도전의 날들

성공한 대통령 만들기 2007~2013

이동관 회고록

프롤로그

대통령 만들기는 끝나지 않았다

회고록을 준비하면서 내 삶의 궤적을 되짚어 보니 유난히 '동녘 동'(東) 자와 인연이 깊다는 사실을 새삼 알게 됐다. 우선 내 이름에 '동' 자가 들어 있고, 내가 태어난 곳은 서울특별시 동대문구다. 여기에다 사회생활의 첫발을 내디딘 곳이 〈동아일보〉였다. 여기까지만 해도 우연이라고 하기에는 적지 않은 인연인데, '동' 자와의 인연은 이후에도 계속 이어졌다. 〈동아일보〉 기자 시절 나는 해외의 많은 지역 가운데서도 하필 일본 도쿄(東京) 특파원을 지냈다. 심지어 도쿄특파원에 내정됐을 때 나는 히라가나조차도 모르는 상태였다. 막내아들을 얻은 곳도 도쿄에서 자동차로 두 시간 거리에 있는 이즈 반도의 이토(伊東) 온천에서였다.

이렇게 '동' 자와의 인연이 중첩되다 보니 '동녘 동' 자와의 연결 고리가 단순한 우연이 아니라 필연이라는 생각이 무의식 속에 각인됐다. 유교적 개념으로 '동' 자는 '물질과 정신'의 구도에서 정신이며, 절기로는 봄이고, 색깔로는 청색이다. 다시 말하면 동쪽이 상징하는 것은 정신의 우월성이요, 다가오는 봄처럼 희망의 메시지요, 한곳에 머무르지 않고 일상에 안주하지 않는 도전의 정신이다. 결국 끊임없이 새롭게 변화해 가는 역동성이 바로 '동'이라는 글자에 담긴 의미인 셈이다.

*

나는 거의 3년 단위로 삶의 변곡점을 맞아 본의든 본의 아니든 새로운 도전에 부딪혔다. 23년간 언론사에 근무할 때도 그랬다. 사회부·경제부·정치부 기자를 거쳐 도쿄특파원, 청와대 출입기자, 미국 하버드대 니만 펠로우, 정치부장, 논설위원에 이르는 동안 거의 일정한 주기로 직책을 바꿔 가며 경력을 쌓았다. 그래서 일부 주위 사람들로부터 "운이 좋다"라는 말도 많이 들었다. 하지만 나는 그때그때 부딪히는 문제에 최선을 다하면서 '일상의 안온함에 머물러서는 안 된다'는 생각으로 의식의 끈을 놓은 적이 없다. 오늘의 내가 어제와 달라야 하고 또 내일의 나는 새로운 내가 돼야 한다는 생각에 항상 일상으로부터의 일탈(逸脫)을 도모한 것이 바로 내 삶의 궤적이다.

나는 이명박 정부 5년 동안 국정운영에 참여하기에 앞서 다행스럽게도 타산지석(他山之石)으로 삼을 만한 소중한 경험을 할 수 있는 기회를 얻었다. YS(김영삼) 정부 말기인 1997년 1년여 동안 청와대 출입기자로서 권력의 석양을 지켜본 것이다. YS 정부는 IMF 외환위기와 대통령 아들의 구속 등 헌정사에 유례없는 굴곡을 겪으면서 유난히 가파른 권력의 하산길을 걸었다. 그 결과 정권마저 교체됐다.

나는 이때의 경험을 통해 권력이란 마치 손안의 모래와 같다는 것을 깨우쳤다. 손안에 있을 때는 모든 것을 쥔 것 같지만 손가락 사이로 흩어지고 나면 빈손만 남는다. 이때 체득한 권력에 대한 내 나름의 철학은 그로부터 꼭 10년 뒤 내가 이명박 정부 초기 아침나절에 등산길을 걸어 올라갈 때 우쭐하거나 오만함에 빠지지 않도록 나를 제어하는 역할을 했다.

*

내가 책머리에 이런 소회를 먼저 털어놓는 것은 이런 권력에 대한 나름의 철학을 가진 덕분에 사무사(思無邪)의 마음가짐으로 열심히 일할 수 있었다는 점을 이야기하고 싶었기 때문이다. “원 없이 일하고 싶다”는 이명박 대통령을 모시고 일하면서 나도 청와대 재직 시절 가장 치열하고 열심히 살았다. 그러다가 중간에 대상포진까지 걸렸다. 특히 임기 초 닥친 촛불위기와 전대미문(前代未聞)의 금융위기, 그리고 천안함 폭침과 이어진 연평도 포격 사태 등 안보위기를 거치면서 나의 청와대 생활은 글자 그대로 롤러코스터를 탄 듯한 긴장과 위기의 연속이었다.

OECD 국가 중 가장 우수한 성적으로 금융위기의 파고를 넘고, ‘단군 이래 최대 외교 행사’인 G20 정상회의와 핵안보 정상회의 개최, UAE 원전 수주의 역전 드라마 등의 성과로 가슴이 벅찼던 때도 적지 않았지만 지내 놓고 보면 국정은 끊임없는 ‘걱정의 연속’이었다. 옛 선현들이 ‘선우후락’(先憂後樂: 먼저 걱정하고 나중에 즐거워하라는 뜻)을 강조했던 뜻이 가슴에 와 닿는다.

*

나는 권력의 하산길을 보면서 ‘성공한 정부’, ‘성공한 대통령’을 만들기 위해서는 대통령의 리더십 못지않게 참모들의 역할이 중요하다는 점을 절감했다. 이는 리더십과 참모학 이론의 기본이기도 하다. 사실 대학에서 정치학을 전공할 때부터 나는 ‘좋은 리더’보다는 ‘좋은 참모’에 더 관심이 많았다. ‘정관(貞觀)의 치’로 유명한 당 태종만 해도 ‘직언 참모’의 상징으로 알려진 위징(魏徵)이 없었다면 그는 중국의 대표적 명군이 될 수 없었을 것이다. 하지만 세간에서 참모의 전형이라고 흔히 말하는 직언 참모만이 훌륭한 참모는 아니다.

정치부 데스크 시절에 쓴 칼럼에서 나는 이상적 참모의 전형으로 제2차 세계대전 때 유럽 주둔 미군 총사령관이었던 드와이트 아이젠하워의 참모장이었던 월터 베델 스미스 소장을 예로 들어 노무현 정부의 참모 기능 부재를 지적한 일이 있다.

1942년 어느 날, 프랑스 내 한 미군 기지를 방문한 아이젠하워는 장병들을 상대로 연설을 마친 뒤 연단을 내려오다가 미끄러져 진흙탕에 넘어졌다. 장병들의 웃음소리에 당황하며 어쩔 줄 몰라 하던 아이젠하워에게 스미스 소장이 달려가 귓속말을 했다는 것이다. 아이젠하워는 일어나 연단으로 다시 올라가 마이크를 잡고 "여러분이 즐겁다면 나는 다시 한 번 넘어질 수도 있다"고 말했고, 연병장은 '아이크! 아이크!'라는 환호에 휩싸였다. 스미스 소장의 '반걸음 참모학'은 미 육군의 참모학 교재에 실려 있다.

*

2008년 2월 25일, 나는 이명박 대통령의 취임과 동시에 청와대 공보수석 겸 대변인으로서의 생활을 시작하면서 좋은 참모가 되겠다는 각오를 새롭게 다졌다. '제대로 된 참모는 일을 찾아서 하는 사람'이라는 생각에 대통령의 지시가 없더라도 필요하다고 생각하는 일을 스스로 찾아서 했다. 이 때문에 때로는 월권 시비에 휩싸이기도 했지만 지금도 참모로서의 본분을 다했다고 생각하기에 나는 조금도 후회 않는다.

나는 2007년 여름 한나라당 내부 경선이 한창 치열할 때 이명박 후보의 경선캠프에 참여해 참모로서 대통령을 만드는 데 일단 성공했다. 그러나 '성공한 대통령'을 만드는 데는 참모의 역할뿐 아니라 정치적 가치나 이념을 공유하는 정치세력의 지원이 결정적 요소다. 더욱이 퇴임 후에도 성공한 대통령으로서 평가받기 위해서는 정치적 DNA를 공유하는 세력이 구축되어 체세포 분열과 자기복제를 계속해야 한다.

그런 점에서 이 대통령이 임기 중 일궈 낸 많은 업적에도 불구하고 아직 제대로 된 평가를 받지 못하는 것도 따지고 보면 가치를 공유하는 후계 정치세력의 구축이 제대로 이루어지지 못한 탓이 크다고 하지 않을 수 없다. 최근 유례없는 가뭄 때문에 재평가를 받지만 4대강을 둘러싼 논란이 그치지 않는 것이 그 대표적 예다. 특히 5년 단임제라는 제도의 한계 때문에도 후계 정치세력의 존재는 역사 속에서 성공한 대통령으로 평가받기 위해서는 필수불가결한 전제다. 그런 점에서 나의 '성공한 대통령 만들기'는 아직 끝나지 않은 셈이다.

*

내가 이번에 회고록을 쓰면서 뜻밖에도 국내에 '성공한 대통령 만들기'에 참고가 될 만한 현장의 생생한 체험이 담긴 기록을 찾기 어려웠다. 특히 내가 일했던 대통령과 국정에 대한 홍보, 다시 말해 스핀닥터(*spin-doctor*)의 기능과 관련해서는 기록이 더욱 드물었다. 미국의 경우 대변인을 포함해 수많은 백악관 참모들이 재직 시절의 경험을 책으로 남기는 것과는 대조적이었다.

5년 단임제의 태생적 한계 때문에 한국 정치는 5년마다 주기적으로 '단절과 청산'의 역사가 되풀이된다. 국정운영의 모든 것이 초기화되다 보니 불필요한 국력 소모가 너무나 크다. 때문에 내가 국정의 중심인 청와대에서 일했던 기록을 남기는 것이 '계승과 발전'의 정치 관행을 만드는 데 조금이나마 도움이 됐으면 하는 바람에서 이 책을 썼다.

이 책에는 내가 참모로서 고민하고, 직언하고, 추진했던 일들뿐 아니라 오랜 기자 생활 동안 고군분투했던 일화들도 담겨 있다. 앞으로 좋은 정치 리더나 참모가 되려는 사람들은 물론 언론인의 길을 걸으려는 후학들에게 이 책이 참고가 된다면 더 없는 보람이라고 생각한다.

마지막으로 이 책을 쓰는 데 도움을 준 안현태, 정혜선 작가와 청와대에서 함께 일했던 집단기억을 살리는 데 도움을 준 박홍신, 이성환 전 비서관, 최재혁 보좌관에게 특별히 감사드린다. 그리고 좋은 1차 독자로서 비판과 조언을 아끼지 않은 가족, 아내 김현경과 정원, 규원, 승준에게도 고마움을 표한다.

2015년 12월

이 동 관

도전의 날들

성공한 대통령 만들기
2007~2013

차 례

프롤로그 5
대통령 만들기는 끝나지 않았다

Episode 1
MB와의 만남과 선거 캠프 합류
어려울 때 돕겠습니다 17
MB는 시대정신이었다 20
MB 참모로의 변신 23

Episode 2
뉴라이트 운동과 대선
보수 진영의 위기와 뉴라이트의 탄생 31
MB는 뉴라이트 후보였다 36
뉴라이트의 성찰과 반성 38

Episode 3
대통령직인수위원회
'노 홀리데이' 인수위 대변인으로 41
'프레스 프렌들리' 대변인과 '마이크 권력' 45
국회의원과 청와대 대변인 사이에서 51

Episode 4
청와대 출입기자에서 대변인으로

10년 만의 귀환 55
내가 '핵관'이 된 이유 58
변화는 물 스며들듯 이뤄져야 63
대변인은 '전천후 참모'다 65
언론 환경 변화가 빚어낸 오해와 진실 69

Episode 5
해외순방 때도 멈추지 않는 대변인 시계

동심원 외교와 캠프 데이비드의 밤 73
이제부터 정보를 주겠다 78
일본 국민의 마음을 사로잡다 82
공공외교의 전형, 쓰촨 성 방문 88

Episode 6
인사가 만사다

대통령의 인사 철학 95
530만 표가 준 착시 97

Episode 7
광우병 파동과 촛불사태

촛불에 둘러싸인 청와대 105
재협상 논쟁과 1기 참모진 교체 109
촛불사태의 교훈 114
통한의 대운하 포기 118

Episode 8
55인 항명 파동

공천 항명 파동과 집권세력의 분열 123
나는 대통령 참모다 125
이재오의 빈자리 128

Episode 9
대변인에서 스핀닥터로

선전과 공보, 그리고 홍보 131
대통령 드라마를 만들라 140
이슈 컨트롤타워를 만들다 144
살아 있는 PI 145
SNS에 눈을 뜨다 148
한국 경제를 해외에 알려라 152
참모는 대통령의 얼굴이다 157

Episode 10
국정의 목표는 서민 챙기기

중도강화론의 등장 161
중도강화론과 뉴라이트 165
본격적인 친서민 중도실용 행보에 나서다 167
친서민 중도실용을 넘어 동반성장으로 169

Episode 11
파란만장했던 세종시 수정 논란

9 · 3 개각과 정운찬 총리 임명 175
불붙은 세종시 수정 논란 177
강도론과 TK발언의 진실 181
세종시 수정안 무산이 남긴 것 187

Episode 12
두 번의 실패는 용납되지 않는다

혼란 속의 청와대 193
1%의 가능성도 소홀히 하지 말라 196
위험을 무릅쓴 이 대통령의 백령도 방문 200
5 · 24 조치와 자위권 206
아! 연평도 212

Episode 13
과거사 악순환의 고리를 끊으려면

독도 땅을 밟은 대통령 215
일왕 사죄 발언의 진실 219
9부 능선을 넘었던 위안부 협상 226

Episode 14
내가 본 일본과 일본인

장관 사임을 불러온 특종 233
고베 대지진과 일본인의 혼네 240
2002 월드컵 공동개최와 한일 관계 248

Episode 15
UAE 원전 수주

39일간의 대역전 드라마 255
대통령의 CEO 리더십과 홍보의 역할 261

Episode 16
글로벌 경제위기의 파고를 넘다

IMF 외환위기라는 반면교사 267
DJ의 절반의 개혁 270
'위기를 기회로' 만든 MB 리더십 273
G20 정상회의 서울 유치 277
금융위기 극복에 대한 아쉬운 평가 283
금융위기와 부동산 침체의 그늘 286
금융위기 극복 그 이후 290

Episode 17
두 번의 방북으로 들여다본 북한의 속살

생애 첫 방북 293
되살아난 동해선 철도 남북 연결의 꿈 300
내가 본 북한의 속살 307
원칙 있는 대북정책 312

Episode 18
나의 언론인 생활

답은 현장에 있다 317
불가능은 없다. 도전하라 324
증권시장의 전산화를 앞당기다 328
내가 만난 정치 지도자들 332
권력의 하산길을 보다 338

Episode 19
특보 시절

3년 만의 휴식 351
언론특보로 다시 찾은 청와대 353
임기 말 참모의 역할 359
임기 말의 공직사회 풍경 366
좌절된 여의도행 368

프롤로그 373
새로운 도전을 위하여

Episode 1

MB와의 만남과 선거 캠프 합류

어려울 때 돕겠습니다

2006년 추석 연휴가 끝난 10월 하순 어느 날 점심, 나는 이명박(MB) 전 서울시장과 만나기로 약속한 조계사 뒤 한정식 집으로 향했다. 며칠 전이 전 시장 측으로부터 "긴히 할 이야기가 있다"는 연락을 받았던 터였다. 나는 당시 정치부장을 거쳐 정치담당 논설위원으로 재직하고 있었다. 그리고 이 시장은 그해 6월 4년 임기를 마치고 대통령 예비후보로 활동하고 있던 때였다. 나는 그때까지만 해도 이 전 시장과 특별히 친분이 있는 사이는 아니었다. 정치부장 시절 기자와 취재원의 관계로 몇 차례 인터뷰를 했던 것이 전부였다.

이 전 시장은 다른 언론사와의 인터뷰 때문에 30분쯤 늦었다. 우리의 대화는 자연스럽게 정국 현안으로 시작해 이듬해 대선으로 이어졌다. 한창 대화를 나누던 중 이 시장이 그날의 '본론'을 꺼냈다.

"이 위원, 우리 캠프에 합류해 나를 좀 도와주었으면 합니다."

당시 이 전 시장은 청계천 복원, 대중교통 체계 개편 등 시장 재임 시절의 성공적인 업적에 힘입어 상승세를 타고 있었다. 특히 그해 추석 연휴가 끝난 직후 북한이 핵실험을 한 것을 계기로 안보문제를 잘 다룰 것이라는 신뢰를 바탕으로 지지율이 급등했고, 각종 대선 예비후보 여론조사에서 40% 이상의 지지율을 기록해 박근혜 전 한나라당 대표를 큰 차이로 제쳤다. '차기 대통령 1순위'로 자리를 굳히고 있던 상황이었다.

사실 이날 그를 만나기 전에도 서울대 정치학과 후배인 신재민 전 〈주간조선〉 편집장으로부터 몇 차례에 걸쳐 제안을 받은 바 있었다. 〈한국일보〉 기자 출신인 그는 이 전 시장 캠프에서 공보를 총괄하고 있었다. 하지만 그때마다 나는 "아직은 때가 아니다"라며 사양했었다.

나는 이날 이 전 시장이 직접적으로 캠프 합류를 제안할 것이라고는 예상하지 못했다. 순간 내 머릿속에서 많은 생각이 교차했다. 어쨌든 그가 말을 꺼냈으니 나도 답을 하지 않을 수 없었다. 나는 평소 생각하던 국정에 대한 시각을 솔직히 토로했다.

"김영삼 대통령 말기에 청와대를 출입하면서 정권의 마지막을 지켜본 입장에서 한 말씀 드리겠습니다. 대통령이 되는 것도 중요하지만 사람이든 정책이든 잘 준비하는 것이 대통령이 되는 것보다 더 중요한 일인 것 같습니다. 준비된 대통령이 되어서 꼭 성공하십시오."

오랫동안 정치부 기자를 했던 내 경험에서 나온 진심 어린 조언이었지만, 한편 돌이켜 생각하면 가장 유력한 차기 대통령 후보를 면전에 두고 '시건방진' 충고를 한 셈이 됐다. 그러면서 완곡히 거절의 뜻을 밝혔다.

"저는 이 시장님이 한나라당 후보가 돼야 한나라당이 정권을 되찾아 올 수 있다고 생각합니다. 하지만 지금은 지지율이 급상승하고 있는 때인 만큼 제가 합류할 시기가 아닌 것 같습니다. 앞으로 반드시 어려운 고비가 닥칠 수 있습니다. 그때 돕겠습니다."

사춘기의 고뇌　고등학교 2학년 때 경주 수학여행에서 친구들과 찍은 기념사진

내 이야기를 묵묵히 듣던 이 전 시장은 그 자리에서 더는 나를 설득하지 않았다. 대신 가끔 만나 정국 돌아가는 이야기를 나누자고 했다.

그날 내가 이 전 시장의 제안을 거절한 데는 나의 언론인으로서의 철학이랄까, 미학이랄까, 아무튼 기자 생활을 통해 체득한 직업관이 작용한 것이었다. 유력 언론의 정치부장과 논설위원으로 얼마 전까지 정치권을 비판하는 칼럼을 쓰던 사람이 느닷없이 대권주자 선거 캠프로 옮긴다는 사실이 무엇보다 마음에 걸렸다. 언론인으로 지켜야 할 '금도'를 넘는 것은 아닐까 하는 고민이 떠나질 않았던 것이다. 그가 당시 가장 잘 나가는 대선 예비주자였던 만큼 자신의 영달을 위해 다 차려진 밥상에 숟가락 하나 얹는 것처럼 비춰지는 것도 어쭙잖은 나의 삶의 미학에도 맞지 않았기 때문이다.

다른 한편으로는 솔직히 말해 인간관계도 나의 결정을 주저하게 만든 원인이었다. 고건 전 총리, 손학규 전 경기도지사 등 정치권에서 가깝게 지냈던 서울대 정치학과 선배들이 이미 대선후보로 뛰고 있는 마당에 '대세'를 좇아 이명박 캠프에 합류한다는 것이 인간적 정리(情理)에 어긋난다는 부담도 컸던 게 사실이다. 2007년 1월 고건 전 총리가 대선 불출마를 선언하고, 3월 손 전 지사가 한나라당을 탈당하는 바람에 나는 인간관계에 대한 부담을 덜고 MB 대선캠프에 합류할 수 있었다.

캠프에 합류한 이후에 들은 이야기지만 이 전 시장은 시장 재직 시절부터 나를 오랫동안 대권 준비에 필요한 '참모 리스트'에 올려놓고 지켜봤다고 한다. 평소에도 내 기사와 칼럼을 꼼꼼하게 챙겨 보면서 측근들에게 "이동관 기자를 눈여겨보고 잘 챙기라"고 말했다고 한다. 무슨 일에나 준비성 있고 치밀한 그의 면모를 확인할 수 있는 대목이다.

MB는 시대정신이었다

2005년 10월 1일, 27개월간의 청계천 복원 공사가 마무리되고 다시 물길이 열렸다. 나는 그때 논설위원으로서 다소 시간의 여유가 있었고 청계천의 시작 지점이 내가 몸담던 동아일보사 바로 앞이었기 때문에 1주일에 두세 번씩 청계천 길을 걸었다. 하루 평균 9만여 명이 찾는 청계천을 걸으면서 느꼈던 것은 이곳을 찾은 사람들의 표정이 하나같이 밝아 보였다는 점이다. 2년 전까지만 해도 막대한 비용과 문화재, 환경 파괴 논란, 주변 상인들과의 갈등으로 복원 자체가 불가능할 것 같았던 청계천이었다. 문득 2002년 서울시장 선거 캠페인 당시 서울시 행정에 정통한 한 전문가가 내게 "청계천은 장마철을 제외하고는 평소 물이 부족해 하천 바닥이 드러나는 건천(乾川)이다. 이를 복원해 물이 흐르도록 하겠다는 이명박 후보의 공약은 말도 안 되는 소리"라고 일축했던 기억이 났다.

이렇듯 많은 반대와 비난을 무릅쓰고 이 시장은 한강 하류의 물을 끌어올려 정수해 청계천으로 다시 흘려보냄으로써 물길을 복원하는 데 성공했다. 청계천 프로젝트는 '발상의 전환'이 없었다면 불가능한 일이었다는 점에서 서울시민뿐 아니라 많은 국민들에게 '저 사람이라면 경제를 살리고 나라를 바꿀 것 같다'는 희망과 신뢰의 메시지를 안겨 주었고, 이것이 당내 역학 관계에서 절대적 열세였던 그를 대통령으로 만든 원동력이었다. 그때 나는 청계천을 산책할 때마다 이명박이라는 인물이 '할 수 있다'는 긍정의 자신감을 잃고 갈등과 좌절에 빠진 한국 사회의 '행복의 총량'을 늘렸다는 생각을 했다.

나는 한 번도 청계천에서 말싸움을 하거나 인상을 쓰는 사람을 본 일이 없다. 모두가 즐거운 표정이었다. 캠프에 합류한 뒤 프랑스의 유명한 사회학자가 청계천 완공 후 이곳을 방문해 "청계천은 환경이나 경제적으로도 여러 가지 효과가 나오겠지만, 더 큰 변화는 서울시민의 정서가 바뀌는 것"이라고 말했다는 이야기를 이 후보로부터 들었다. 내가 본 상황의 본질이 틀리지 않았다는 증거다.

서울시 교통체계 개편도 마찬가지다. 정치부 데스크 시절 서울 강남에서 차를 몰고 광화문 동아일보사까지 출퇴근했던 나는 당초 교통체계 개편에 매우 부정적이었다. 자가운전자 입장에서는 전용차선이 생기는 바람에 교통체증이 더 심해져 매일 출근할 때마다 서울시청 앞을 지나가면서 이 시장 욕을 하곤 했다. 그러나 교통체계 개편이 완료된 후 마침 논설실로 옮긴 나는 통근 수단을 승용차에서 버스로 바꿨다. 그러자 출퇴근 시간이 절반으로 단축됐다. 승용차 운전석과 버스 좌석에서 바라본 교통체계 개편의 결과는 완전히 달랐다. 어느 위치에서 바라보느냐에 따라 사물의 모습은 달라지기 마련이다. 그렇게 청계천과 교통체계 개편은 내가 이 시장을 다시 보게 만든 계기가 됐다.

이후 내가 '이명박의 사람'이 되기로 마음을 굳힌 것은 이처럼 정치인과 서울시장으로서 그가 보여준 리더십 때문이다. 바로 대한민국의 새로운 미래를 열어 가기 위한 시대적 요구와 부합한다는 판단에서였다. 산업화에 뒤이어 김영삼, 김대중, 노무현으로 이어지는 민주화 정권을 거치면서 형식적·절차적 민주주의는 어느 정도 완성됐지만, 산업화와 민주화의 이분법을 뛰어넘어 선진국으로 나아가기 위해서는 국가 경영능력을 갖춘 리더십의 출현이 꼭 필요한 상황이었다. 이런 가운데 이 시장의 청계천 복원과 교통체계 개편은 국민들에게 새로운 리더십의 이미지를 상징적으로 각인시켰다.

내가 〈동아일보〉 정치부장 시절이던 2004년 기획해 큰 반향을 일으킨 '뉴라이트(*New Right*) 운동' 역시 나의 판단에 큰 영향을 줬다. 좌우 이념대결에 결박당한 한국 정치를 개혁해서 합리적 자유주의와 시장경제를 지향하는 새로운 세력이 국가 경영을 이끌어가야 한다는 것이 이 운동의 근본 취지였다. 나는 시대적·이념적 한계를 뛰어넘어 글로벌 코리아의 위상을 높일 수 있는 국가적 리더가 '이명박'이라는 인물이라고 생각했다. 특히 모두가 불가능하다고 외치는 일을 가능하게 만드는 그의 추진력과 발상의 전환은 정쟁에만 몰두해 온 기존 '여의도 정치'와는 확실히 달랐다.

나는 또 이명박이라는 인물이 가진 정치적 브랜드와 경쟁력에 주목했다. 가난했던 어린 시절과 샐러리맨으로 시작해 이룬 'CEO 신화', 의원직 상실 이후 역경을 딛고 서울시장에 당선되어 이룬 청계천의 기적은 코리안 드림의 상징이자 중도층까지 지지기반을 확대할 수 있는 그만의 강력한 정치적 경쟁력이었다. '박정희 대통령의 딸'로 보수층 표심에 의존하는 박 의원보다는 확실히 보수의 외연을 확장할 수 있다는 점에서 비교우위가 있었다.

MB 참모로의 변신

당시 대선의 양상은 한나라당의 이명박-박근혜 후보 간의 경쟁이 사실상 차기 대권의 향방을 가르는 분위기였기 때문에 여야 간의 경쟁은 큰 의미가 없었다. 대선 본선행 티켓을 차지하기 위한 한나라당의 경선은 그 때문에 유례없이 과열됐다.

그런 만큼 한나라당 경선은 사상 최악의 네거티브 선거전이었다. 특히 선두주자였던 이 후보는 당시 여당과 경선 상대였던 박 후보 진영의 공동의 적이었다. '대세론'을 앞세운 이 후보의 지지율은 그해 연초 50%를 상회했으나 당 안팎의 무차별적인 각종 의혹 제기로 급락했다. 결국 경선을 두 달가량 앞둔 6월 말에는 지지율이 35%대로 주저앉았다. 박 후보와의 격차도 5%포인트까지 좁혀지는 등 판세가 요동쳤다. 여기에 김대중·노무현 정부를 거치며 악화된 언론 환경도 상당한 부담이었다.

보수 언론을 제외한 대부분의 신문과 지상파 방송, 인터넷 매체 등이 이 후보에 적대적이었다. 그가 도곡동 땅과 다스의 실소유주자이며, BBK 주가조작 사건에 관여했을 뿐 아니라 에리카 김과 부적절한 관계를 맺었고, 심지어 이 후보의 어머니는 일본인이라는 악성 루머들이 사실처럼 포장되어 나돌았다. 실제 한 일간지는 이 후보의 처남이 전국에 67만 평의 땅을 매입했으며 이 땅이 이 후보의 '차명재산'일 가능성이 있다는 내용을 1면 머리기사로 내보내기도 했다. 내가 공보실장으로 첫 출근을 했던 7월 1일 저녁 MBC 뉴스는 이 후보 관련 의혹을 제기하는 리포트를 7꼭지나 편성해 방송하는 등 '이명박 때리기'가 극에 달했다. 이 후보 캠프에 공보 대응역량은 이를 대응하기에는 부족했다.

당시 장광근, 박형준, 진수희 의원 등이 공동대변인을 맡아 네거티브 공세를 막아내는 데 동분서주했다. 하지만 이는 '입'의 역할이었을 뿐 언론사를 상대로 상황을 조목조목 설명하고 설득하는 이른바 '언론 대응'은 제대로 이뤄지지 않았다. 내가 수개월 전 이 후보에게 캠프 합류 조건으로 이야기했던 그 '어려운 상황'이 현실화된 것이다. 결국 다급해진 이 후보 캠프에서는 내게 절박한 합류 요청을 보내 왔다. 나는 '지금이야말로 합류해 이 후보를 도와야 할 상황'이라는 판단 아래 2007년 7월 1일 이 후보의 공보실장 타이틀을 달고 캠프에 정식으로 합류했다. 23년간 펜을 잡고 보냈던 언론인 생활을 접고 '관전자'가 아닌 '선수'로 대선 한복판에 뛰어든 것이다.

출근 첫날부터 나는 네거티브 공세나 악의적 보도에 대해 사실관계를 신속하고 정확히 파악해 설득력 있는 논리와 자료로 대응하는 것을 최우선 과제로 정했다. 그리고 이를 위해 24시간 모니터링 체제를 구축하는 데 공보팀의 역량을 집중시켰다. 나는 과거 YS(김영삼)의 대선캠프 공보팀(일명 '광화문팀') 멤버들을 중심으로 8명의 실무팀을 꾸렸다. 공보팀은 5대의 TV로 방송 뉴스를 24시간 모니터링했고, 신문과 잡지는 물론 인터넷까지 면밀하게 체크했다. 언론에서 중요한 이슈가 보도되면 나는 즉시 이 후보와 캠프 핵심 관계자들에게 관련 내용을 문자메시지로 전파하고, 다시 후보의 입장이나 견해를 신속하게 언론에 밝혔다. 후보를 포함한 캠프 핵심 관계자들에게 실시간으로 주요 사안의 발생을 문자메시지로 알리는 시스템은 아직 SNS가 도입되기 전인 그 당시로서는 혁신적인 아이디어였다. 조기 경보와 신속 대응 시스템을 구축한 것이다.

일례로 BBK나 도곡동 땅과 관련해 새로운 의혹이 제기되면 이를 곧바로 네거티브 대응팀, 법률지원단 등과 협의해 사실관계를 확인한 뒤 언론에 설명했다. 경우에 따라서는 기사 확인, 사실관계 파악, 언론 설명에 이르기까지 모든 것을 1~2시간 안에 끝내기도 하였다. 촘촘한 모니터링과 이슈의 파급 효과에 대한 정확한 분석과 판단, 기동력 있는 사후 대응까지 이른바 대선 공보의 '킬 체인'(*kill chain*)을 구축한 것이다.

공보실장으로서 나의 또 다른 주요 업무 중 하나는 이 후보의 각종 언론 인터뷰를 총괄하는 일이었다. 사전에 언론사로부터 질문지를 받아 이를 해당 정책팀에 보내 1차 답변 초안을 작성하도록 한 뒤 나의 감수를 거쳐 이 후보에게 전달한 뒤에는 인터뷰 직전 후보와 함께 간략한 독회를 하는 것이 통상적 절차였다. 특히 매체의 특성을 감안해 언제, 어떤 언론사와 어떤 주제로 인터뷰를 할 것인지도 신경을 쓰지 않을 수 없었다. 언론사의 데스크 역할을 넘어 정무적인 보좌 기능까지 더한 셈이었다. 지방 언론사의 경우는 해당 지역의 숙원 사업에 대한 답변이 사실상 공약이나 다름없는 것이어서 더욱 세심하게 신경을 써야 했다.

이에 못지않게 인터뷰 이후 사후 관리도 중요한 업무였다. 나는 신문사 시절 경험을 살려 "기사화하기 전에 원고를 리뷰하도록 해 달라"는 정중한 부탁과 함께 인터뷰를 추진했고, 이에 따라 기사가 후보의 발언 취지에 맞게 정리됐는지, 제목 등은 적절한지 등을 확인한 뒤 기사화하도록 했다. 이를 통해 '인터뷰 따로, 기사 따로' 보도되는 문제를 사전에 차단할 수 있었다. 이는 내가 언론사 도쿄특파원 시절 각종 인터뷰를 하면서 정리된 인터뷰 질의응답 내용을 반드시 당사자에게 보내 확인을 거쳤던 선진적 관행을 정착시켜야 한다는 신념 때문이었다. 이 덕분에 대선이 끝날 때까지 후보의 수많은 언론 인터뷰를 치렀음에도 특별한 '사고'는 없었다. 이런 인터뷰 절차는 내가 청와대에서 일하는 동안에도 계속 이어졌다.

국가적 현안이 발생했을 때 이에 맞는 공보 대응전략을 수립하는 것도 매우 중요한 일이었다. 2007년 7월 19일, 아프가니스탄 병원에서 봉사활동 중이던 경기도 분당 샘물교회 신도 23명이 탈레반 무장 세력에 피랍돼 한국인 인질 중 2명이 살해되는 비극적 사건이 발생했다. 나는 소식을 접하자마자 이 후보에게 모든 유세를 중단하고 희생자를 추모해야 한다고 건의했고, 이 후보는 이튿날 유세 일정을 취소하고 유가족을 찾아 위로했다. 선거를 떠나 대통령이 되고자 하는 사람이라면 국민의 안전 문제나 국가적 재난 사태에 우선적으로 관심을 쏟아야 한다는 게 내 생각이었다. 공보실이 유기적이고 기동력 있는 조직으로 탈바꿈하면서 선제적 대응시스템 부재 속에 혼란스러웠던 공보라인이 정비됐다.

마침내 2007년 8월 20일, 치열했던 당내 경선이 이명박 후보의 승리로 끝났다. 그러나 후보의 대(對) 언론 관계를 총괄하는 나의 입장에서는 하루의 휴식도 있을 수 없었다. 나는 경선 다음 날부터 일정을 짜 이 후보와 함께 거의 전 주요 언론사를 순방했다. 이와 함께 메시지 관리의 내실을 기하기 위해 '데일리 리포트'(*Daily Report*) 라는 제목의 한 장짜리 보고서를 만들어 후보에게 보고했다. 이는 언론 보도와 정치권 풍향, 당일 후보 일정 등을 종합 분석해 이 후보가 오늘 던져야 할 화두를 정하는 일종의 '메시지 보고서'였다. 보고서에는 당일 유세나 언론 인터뷰에서 강조해야 할 핵심 메시지와 전달 포인트, 경계해야 할 사안이나 주요 보도 내용에 대한 공보팀의 대응 결과, 선제적으로 제시할 필요가 있는 메시지 등을 압축적으로 담았다.

내가 데일리 리포트를 착안한 이유는 현대의 선거는 '전략적 홍보전'에서 판가름이 난다고 판단했기 때문이다. 과거에는 후보 간 합종연횡이나 누가 더 많은 돈과 조직을 동원하느냐가 선거 승패를 결정지었다면, 이제는 국민의 마음을 움직일 수 있는 메시지와 감동을 주는 스토리가 표심을 잡는 가장 강력한 무기다. 아무리 비우호적인 언론이라 해도 '꺼리'가 된다면 결국 기사화하기 마련이다. 언론의 속성과 기자들이 무엇을 원하는지 제대로 이해하고 대응하는 것도 매우 중요하다. 원하는 내용이 기사화되기 위해 언론에 어떤 메시지를 어떤 방식으로 홍보해야 하는지에 대해 깊은 고민이 필요하다는 이야기다.

이 후보는 아침과 저녁 두 차례 전달되는 데일리 리포트를 꼼꼼하게 읽었고, 선거 일정과 연설 등은 리포트에 담긴 메시지를 중심으로 짜여졌다. 실제 17대 대통령 선거 공식 선거운동이 시작된 2007년 11월 27일은 여수가 2012년 세계박람회 유치 도시로 선정된 날이기도 했다. 나는 세계박람회 여수 유치 소식을 기다리며 전날 밤 미리 작성한 축하 메시지를 데일리 리포트와 함께 당일 새벽 6시 이 후보에게 직접 보고했다. 그날 아침 이 후보는 여수엑스포 유치에 대해 “서울올림픽과 월드컵 유치에 이어 우리의 국력이 세계 속에서 커 가고 있음을 보여주는 ‘글로벌 코리아’의 상징”이라는 환영 메시지로 선거운동을 시작했다. 반면 상대 후보는 새벽에 발생한 이 사건에 대해 몇 시간이 지나서야 반응을 내놓았다.

MB와 함께 청와대 공보수석 겸 대변인 시절 이명박 대통령과 본관 복도를 걸으며 현안을 의논하는 모습

대선 같은 대형 정치 이벤트에서는 언제 어디서 어떤 돌출 변수가 터질지 알 수 없다. 후보는 물론이고 가족, 측근, 캠프 관계자의 사소한 말 한마디와 작은 행동이 돌이킬 수 없는 '나비효과'를 불러오기도 한다. 더구나 모바일과 SNS가 일상화된 지금은 그 파급 효과가 더 빠르고 광범위하게 확산된다. 그런 점에서 조기 경보와 신속 대응의 필요성은 갈수록 더 커진다고 할 수 있다.

이 후보는 온갖 네거티브 공세를 극복하고 마침내 대선에서 승리했다. 거기에 체계적이고 전략적인 공보시스템도 일조했다고 생각한다. 내가 기획, 설계, 실행, 지휘의 1인 4역을 맡았던 이 후보의 대선 공보시스템은 2002년 대선을 비롯해 굵직한 선거들을 현장에서 취재하면서 느꼈던 경험의 결과물이라 할 수 있다. 나는 대통령직인수위원회를 거쳐 청와대에서 공보수석 겸 대변인, 홍보수석, 대통령 언론특보를 거치는 동안 이 공보시스템을 발전, 진화시켰다.

Episode 2

뉴라이트 운동과 대선

보수 진영의 위기와 뉴라이트의 탄생

2004년 10월 4일 오후 서울시청 앞 서울광장. 확성기를 통해 울려 퍼지는 애국가와 함께 "국가보안법을 사수하자"는 군중들의 함성이 〈동아일보〉 편집국에까지 들렸다. 나는 호기심에 이끌려 시청 쪽으로 걸어 나왔다. 서울광장은 이미 태극기와 성조기로 뒤덮여 있었다. 시청 상공에는 '국보법 사수, 한미 동맹 강화'라고 적힌 대형 애드벌룬이 떠 있었고, 수십 대의 경찰버스들이 서울광장에 모인 집회 참가자들을 포위했다.

반핵반김국민협의회와 한국기독교총연합회 주관으로 3백여 사회·교육·기독교단체가 모인 이날 집회에는 무려 30만 명(경찰 추산 10만 명)의 시민들이 운집했다. 앞서 3월 노무현 대통령 탄핵 결의에 반대해 열린 집회를 넘어서는 규모로, 해방 직후의 '찬탁-반탁운동' 이래 가장 많은 보수단체가 집결한 행사인 셈이었다. 나는 국보법, 사립학교법 개정 반대, 한미 동맹 강화를 외치는 결연한 표정의 시민들을 보면서 이날 집회가 어쩌면 한국 사회의 이념적·정치적 지형을 바꿀 '역사적 변곡점'으로 기록될지도 모른다는 생각이 머릿속을 스쳤다.

이날 보수 진영을 서울광장으로 이끌었던 것은 대한민국의 좌편향에 대한 위기감이었다. 1997년과 2002년의 대선 패배에 이어 2004년 총선에서 탄핵 역풍으로 한나라당은 또 다시 완패하면서 정권 견제의 힘을 상실했다. 특히 청와대와 여당이 밀어붙이던 이른바 '4대 개혁법안'(국가보안법 폐지, 사학법 개정, 과거사법 및 신문법 제정)에 한나라당이 무기력하게 대응하면서 보수층 전체의 위기의식도 임계치에 도달한 것이다.

물론 이날 반핵반김국민협의회 주최 집회에 나왔던 단체의 상당수가 강경보수에 가까운 '올드라이트'(*Old Right*)인 것이 사실이다. 그러나 중

반핵반김 집회
2004년 10월 4일 시청 앞 광장에서 열린 '반핵반김' 집회. 해방 직후 찬탁-반탁 운동 이후 최대 규모의 보수집회로 뉴라이트 운동의 기폭제가 됐다.(〈동아일보〉 DB)

요한 점은 과거 개별 단체 중심으로 산발적으로 목소리를 냈던 이들이 대규모로 모여 조직화된 목소리를 내기 시작했다는 것이다. 다른 한편으로 한나라당에 대한 실망은 사회, 문화, 교육계 곳곳에서 '새로운 보수 개혁'에 대한 열망으로 이어졌다. 그즈음 내가 만났던 '전향한 386 주사파' 출신 인사들은 보수 개혁을 기치로 올드라이트와의 차별화를 고민하고 있었다. 또 보수적 기독교계를 중심으로 사학법 개정을 반대하는 단체들도 본격적으로 움직이기 시작했다.

당시 〈동아일보〉 정치부장이던 나는 우리 사회 기저에서 진행되는 이 같은 조류의 변화를 조명, 이슈화할 필요가 있다고 생각했다. 내가 편집국 회의에서 이 내용을 발제하자 편집국 간부진 대부분이 "지금 꼭 필요한 기획"이라며 적극적으로 지지의 뜻을 밝혔다. 결국 곧바로 정치·경제·사회·문화부 등 각 부서의 기자들로 구성된 TF(태스크포스)가 만들어졌고 내가 팀장을 맡았다. 사전 취재한 결과 내가 막연하게 감지했던 보수의 새로운 흐름은 사회, 교육, 문화 등 여러 분야에서 이미 활발하게 담론이 진행되고 있었다. 그런 점에서 보면 부끄러운 고백이지만 언론 보도는 선행(先行)적이라기보다는 후행(後行)적인 경우가 많은 게 사실이다.

문제는 이제 '확인된 이 현상을 어떻게 명명해야 하느냐'가 취재팀의 최대 고민이었다. 나는 상황의 본질을 담아낼 수 있는 '네이밍'(*naming*)을 위해 편집국 전체를 대상으로 이름을 공모했다. 그러자 신보수, 신우익, 신자유주의 등 백가쟁명의 아이디어가 나왔다. 그중 내가 선택한 말은 '뉴라이트'였다. 이를 두고 회의 도중 일부 TF 참석자들이 왜 하필 우편향이라는 오해를 살 수 있는 뉴라이트라는 이름을 붙이냐며 문제를 제기했다. 이에 대해 나는 "중요한 것은 상징성이다. 활을 예로 들면 왼쪽으로 바람이 강하게 불 때 화살을 과녁 중앙에 맞추려면 조금 오른쪽 방향을 겨냥해야 하는 것과 같은 논리"라고 설명했다. 회의 참석자들이 내 논리에 동의하면서 비로소 '뉴라이트'라는 용어가 확정됐다. 기획기사의 로고 역시 우상향의 화살표 모양으로 정했다.

뉴라이트라는 용어는 본래 1980년대 미국의 레이거니즘과 영국의 대처리즘에 그 뿌리를 두고 있다. 그러나 '한국판 뉴라이트' 운동을 주도하

〈뉴 라이트〉 침묵에서 행동으로

"현정부 급진성향 누군가는 바로잡아야…"

'자유-시장' 지킬 새그룹 뜬다

학계 외교정책 비판 '21세기넷' 결성
한국경제학회 "좌파정책" 비판
법조 민변에 맞설 중도적 단체 모색
NGO 중도적 시민단체 내년출범 예상

자유주의와 시장경제 가치를 옹호하는 이른바 '뉴 라이트(New Right)' 그룹이 움직이기 시작했다.

이들 뉴 라이트 그룹은 국가주의에 기울었던 기존 보수세력과 차별성을 보이면서도 노무현(盧武鉉) 정부의 주요 정책이 충분한 국민적 의견 수렴 없이 급진적으로 추진되고 있는 것을 비판하며 최근 부문별로 세력화하려는 움직임을 보이고 있다.

그동안 주요 국가 현안에 대해 적극적인 의사 표현을 하지 않았던 비판적 자유주의 그룹이 이처럼 구체적 행동에 나섬에 따라 현 정부의 '개혁 드라이브'에 상당한 영향을 미칠 전망이다. 또 현 정부 출범 이후 진보 쪽으로 '쏠림 현상'을 보였던 우리 사회의 이념추가 균형을 잡는 데도 기여할 것으로 보인다.

뉴 라이트 그룹의 움직임은 학계, 경제계, 시민단체 등 각 분야에서 구체화되고 있다.

현 정부의 외교정책에 비판적인 외교안보 분야 중견학자 50여명은 지난달 '21세기 지구넷'(회장 하영선·河英善 서울대 외교학과 교수)을 결성했다. 과거 운동권 출신이면서도 실용적 노선을 지지하고 있는 신지호(申志鎬) 서강대 공공정책대학원 겸임교수 등 386세대 소장 학자들은 "현 '집권 386세력'은 과거 친북(親北)주의적 사고를 못 버렸다"고 비판하며 이달 말 '자유주의 연대'를 발족하기로 했다.

경제계에선 이미 한국경제학회 소속 교수들이 "현 정부의 경제정책이 성장보다는 분배에 치우쳤다"며 현 정부의 경제정책을 '좌파정책'이라고 공개 비판하고 있다.

또 30, 40대 중도 성향의 변호사들도 헌법재판소의 수도 이전 위헌 결정을 이끌어낸 이석연(李石淵) 변호사를 앞세워 진보 성향의 '민주사회를 위한 변호사모임(민변)'에 맞설 독자적인 변호사 단체 설립을 추진하고 있다.

서경석(徐京錫) 서울 조선족교회 담임목사도 "각계 인사들의 뜻을 모아 가칭 '나라생각'이라는 중도적인 시민단체를 내년 초쯤 출범시킬 예정"이라고 말했다.

김형준(金亨俊) 국민대 정치대학원 교수는 "현 정권의 불안한 국정 운영 방식에 위기감을 느끼면서도 기존 보수세력과 어느 정도 선을 긋는 범(汎)보수-중도세력이 결집하고 있다"며 "앞으로 정치권으로도 세력화 움직임이 확산될 것"이라고 말했다.

정연욱기자 jyw11@donga.com

뉴 라이트(New Right) 그룹

자유주의와 보수주의를 결합한 사상. 1980년대 영국의 대처리즘과 미국 레이거노믹스의 논리적 뼈대를 이뤘다. 본보는 전문가들의 조언을 바탕으로 현 정부의 이념적 편향에 반발해 제3의 대안 모색에 나선 중도-보수 성향 인사들이 공유하고 있는 '자유주의-시장주의-국제주의'의 원칙을 한국판 '뉴 라이트'로, 이들을 뉴 라이트 그룹으로 부르기로 했다.

A3면에 시리즈

2004년 11월 8일 〈동아일보〉 1면에 보도된 뉴라이트 기획 기사

는 세력들은 정치적 자유주의, 경제적 시장주의, 글로벌스탠더드를 한국의 보수가 나아가야 할 새로운 지향점으로 삼았다. 대한민국의 역사를 '친일과 독재로 점철된 부끄러운 역사'로 폄하하는 진보 진영의 민중사관에 맞서 대한민국 건국의 정통성을 인정하자는 것이다. 그 바탕 위에 산업화의 기적과 민주화의 가치를 모두 우리의 자랑스러운 역사로 평가하자는 이야기다. 최근 박근혜 대통령이 진두지휘하는 역사교과서 국정화 논란도 따지고 보면 '대한민국의 역사를 어떻게 평가할 것인가'가 핵심이다. 이런 점에서 보면 뉴라이트의 태동은 최근 벌어지는 '역사전쟁'의 모태이기도 한 셈이다.

또 다른 뉴라이트의 화두는 '노블리스 오블리주'(*noblesse oblige*)다. 2002년 한나라당의 차떼기 대선자금 사건 이후 보수 진영의 멍에가 된 '부패' 이미지를 청산하기 위해서는 공공선에 대한 헌신과 도덕적 우월성을 확보할 수 있는 '사회적 책임'이 우선이라고 생각했기 때문이다. 그동안 진보 정권이 외면했던 북한 인권에 대한 문제의 제기와 해결도 빼놓을 수 없는 부분이다.

이런 과정을 거쳐 2004년 11월 시작된 〈동아일보〉의 "뉴라이트, 침묵에서 행동으로", "뉴라이트, 분열에서 통합으로"란 제목의 특집 시리즈 기사는 대단한 정치·사회적 반향을 일으켰다. 한나라당에서는 소장파 의원들을 중심으로 "중도개혁을 지향하는 뉴라이트의 이념으로 보수의 위기를 돌파해야 한다"는 주장이 확산됐다. 당시 윤여준 전 의원은 뉴라이트 기획을 두고 "〈동아일보〉가 한국 정치사에 새로운 이정표를 썼다"고 평가하기도 했다. 심지어 한나라당의 한 고위 간부가 어느 날 나를 찾아와 "우리 당의 우선 영입 리스트로 올려놓겠다"며 내게 입당과 정치 입문을 권유한 일도 있었다.

뉴라이트 운동은 다른 언론사들이 관련기사를 뒤따라 보도하면서 시간이 갈수록 확산됐다. 경쟁지들은 〈동아일보〉의 뉴라이트 기획과 용어를 그대로 인용해 특집 기사를 내보냈다. 그야말로 뉴라이트는 우파의 새 비전을 제시하는 키워드이자 최근 10년 동안 '정치・이념 시장의 최고 히트 상품'으로 떠오른 셈이다. 가장 주목할 만한 현상은 침묵하던 중도 보수 진영이 뉴라이트의 깃발 아래 일제히 세력화에 나선 것이 아닐까 한다. 실제 그해 11월 23일 자유주의연대 출범을 신호탄으로 교과서포럼, 뉴라이트싱크넷, 북한민주화네트워크, 한국기독교개혁운동, 자유주의교육운동연합 등이 잇따라 출범했다.

그해 11월 19일, 나는 뉴라이트 시리즈를 마무리하는 칼럼을 통해 "한나라당의 유일한 활로는 뉴라이트로 상징되는 이념의 중간 지역으로 진출하는 길밖에 없다"고 썼다. 〈동아일보〉의 뉴라이트 기획이 좌우로 양분된 한국 사회의 이념적 갈등을 넘어 중간 지대를 만들고 사회 곳곳에 내재된 합리적 보수, 실용적 보수의 목소리를 일깨운 불쏘시개 역할을 했다는 점에서 큰 보람을 느낀다.

MB는 뉴라이트 후보였다

'보수의 재발견'을 통해 탄생한 뉴라이트 단체들은 왕성한 활동으로 2005년 하반기에는 중도 성향의 유권자를 대변할 수 있는 대안 이념으로 서서히 자리를 잡았다. 그해 11월에는 우파 최초의 자생적 시민단체로 평가받는 '뉴라이트전국연합'이 출범했다. 김진홍 목사가 주도한 이 조직은 전국 각지 130개 지부, 11만 명의 회원을 둘 정도로 급속히 성장했다.

때마침 10월 1일에는 이명박 시장이 추진한 청계천이 시민들에게 모습을 드러냈다. 사실 1년 전 뉴라이트 기획을 시작할 때까지만 해도 나는 이 시장을 차기 대선의 잠재력 있는 예비후보 중 한 사람으로만 보았다. 그러나 청계천 복원을 비롯해 대중교통 체계 개편, 서민용 임대아파트 건립, 하이 서울 장학금 등 그가 추진하는 정책들을 보면서 생각이 달라지기 시작했다. 특히 이 시장이 추진한 실용적인 서민 정책 때문에 한나라당 안에서 "정통 보수가 아니다"라며 이념적 성향에 대한 공격을 받을 때, 나는 오히려 이것이 차기 대선에서 승리의 열쇠가 될지도 모른다는 생각을 하게 됐다.

경선후보 캠프 합류를 권유받기 1년 전인 2005년 12월 어느 날, 나는 개인적으로 이 시장을 만났다. 그에 앞서 정치부장으로서 인터뷰를 하기 위해 공식적으로 만난 일은 있지만 취재와는 관계없는 개인적 만남은 처음이었다. 이후 몇 차례 만남을 통해 나는 그가 매우 합리적이고 치밀하면서도 개혁적 비전을 가진 인물임을 알게 됐다. 특히 내가 생각했던 뉴라이트의 정신과 이 시장이 추구하는 정책과 비전이 일치한다는 것을 느꼈다.

그는 과거에 현대건설이라는 대기업의 CEO로 해외시장에서 치열한 경쟁을 경험하면서 대한민국의 국제화와 선진화가 왜 필요한지를 누구보다 잘 체득하고 있었다. 정치적으로는 호남의 DJ(김대중) 세력과 대척점에 서 있던 박근혜 후보에 비해 이념적·지역적으로 외연 확장이 용이했다. 진보 정권 10년 동안 황폐화된 대한민국을 수습하고 지속 가능한 보수를 위한 대안이 바로 '이념적 중간지대'를 흡수할 수 있는 뉴라이트라고 생각했던 나에게 이 시장이 뉴라이트 대선후보로 재인식된 것이다.

실제로 2007년 대선을 앞두고 우리 사회의 이념적 지형은 대체로 진보 30%, 보수 30%, 중도 40% 정도로 구성돼 있었다. 노무현 정부의 좌편향과 기존 정치에 대한 실망감으로 인해 중도 성향의 국민들이 이전보다 상당히 늘어났기 때문이다. 당시 모 여론조사 결과를 보면 1997년 대선 때 스스로 중도라고 밝힌 유권자는 22% 정도였지만 2002년 대선과 2006년 지방선거 때는 이 비율이 각각 32%와 41%로 증가했다. 물론 이 후보가 2007년 대선에서 승리한 결정적 원인은 '경제 살리기의 적임자'라는 국민적 평가다. 그러나 돌이켜 보면 오랜 지역주의와 이념적 좌우 대립에 지쳐 있던 우리 사회의 중도층이 뉴라이트와 같은 중도개혁적 이념을 시대적 대안으로 인식하고 이 후보를 그 대변자로 인식한 것도 중요한 변수로 작용한 것이 아니었을까 생각한다. 2015년 들어 각종 여론조사에서 다시 중도층의 비율이 40%를 넘어선 것은 새로운 변화에 대한 예고일지도 모른다는 점에서 주목할 만하다.

뉴라이트의 성찰과 반성

뉴라이트 운동이 실용적 보수를 지향하는 이명박 정부의 이념적 바탕이 된 것만은 분명하지만 아쉽게도 2008년 이후 동력은 상당 부분 상실됐다. 일부에선 "뉴라이트가 과거 '우파 꼴통'의 모습과 별다른 차이가 없다"거나 "이념적 회색분자 집단"이라고 매도하기도 했다. 나는 대안적 보수로서 뉴라이트의 유효성을 여전히 신뢰하지만, 돌이켜 보면 이명박 대통령을 만드는 데 일조한 뉴라이트 운동은 현재로서는 한때의 정치사회적 담론에 머물고 있는 것이 부인할 수 없는 현실이다. 왜 뉴라이트 운동이 정치사회적 운동으로 발전하지 못했는지 철저한 성찰과 자기반성이 필요한 대목이다.

이유야 여하튼 대선이 끝나자마자 시작된 집권세력의 구축과정에서 뉴라이트 진영은 주도적 역할을 하지 못했다. 이 대통령과 국정운영 철학의 DNA를 함께하는 지지세력으로서 제 역할을 할 수도 없었고 하지도 못했던 것이다. 대선 직후 구성된 대통령직인수위원회에서도 뉴라이트 계열 인사는 별로 중용되지 못했다. 또 2008년 총선을 통해 국회에 입성한 초선 의원 중에서 뉴라이트 출신은 극소수에 불과했다. 청와대나 정부 부처, 대통령 직속위원회의 인적 구성도 사정은 비슷했다. 뉴라이트가 국정운영에 주도적으로 참여함으로써 정치세력으로 착근할 수 있는 기회를 놓친 것이다. 이런 결과가 초래된 배경에는 일부 인사들이 처음의 순수함을 잃어버리고 뉴라이트 운동을 개인적 '구직활동'의 수단으로 삼아 각개약진한 데도 이유가 적지 않았다고 본다. 그 바람에 정치세력으로서 뉴라이트 진영이 공동보조를 취하는 데 실패한 것이다. 또 정치권에서 낙오한 일부 정치꾼들이 뉴라이트에 합류해 이를 정치적으로 이용한 측면도 있었다.

현실 정치지형에서는 중도가 정치세력화하는 데 어려움이 많은 것도 사실이다. "길 한가운데 있으면 치어 죽는다"는 영국 노동당의 좌파 지도자였던 어나이린 베번(Aneurin Bevan)의 말처럼 합리적 중도에는 열정적 지지세력과 구심점이 결여되었기 때문이다. 이런 점에서 뉴라이트의 정치세력화는 태생적 한계가 있었는지도 모른다. 또 결정적 문제 중 하나는 이들이 주도 세력으로 성장할 수 있도록 지원하고 이끌어 주는 세력이 없었다는 점이다. 게다가 이명박 정부 출범 직후 미국산 광우병 쇠고기 논란과 촛불사태, 금융위기 등을 거치면서 청와대 내부에서는 뉴라이트와 같은 이념적이고 중장기적 어젠다(*agenda*)에 신경 쓸 여력이 없었다.

나는 청와대 재직시절 뉴라이트 인사들과 지속적으로 교류했지만 나 혼자로서는 역량 부족이었다. 나는 뉴라이트의 정치세력화 실패가 한국 정치사에 있어 매우 뼈아픈 대목이라고 생각한다. 뉴라이트가 정치세력화에 성공했더라면 이 대통령의 실용적이고 개혁적인 정책도 더욱 발전, 계승될 수 있었지 않았을까 생각한다. 성공한 대통령으로 남기 위해서는 DNA를 공유하는 건강한 집권세력이 뒷받침되어야 하고, 이들이 정치적 후계세력으로서 이어져 가야 한다는 게 역사적으로 입증된 정치적 공리(公理)다. 지금이라도 뉴라이트가 대변하는 합리적 보수, 실용적 보수의 이념과 함께 이른바 노블리스 오블리주가 한국 사회의 담론 형성을 주도하고 나아가 중산층의 이념으로 자리 잡는다면 한국 정치가 지역구도와 이념적 프레임에서 벗어나 선진화로 나아가는 데 디딤돌 역할을 할 수 있을 것으로 믿는다.

Episode 3

대통령직인수위원회

'노 홀리데이' 인수위 대변인으로

2007년 12월 24일 크리스마스이브 저녁. 이명박 당선인의 한 측근으로부터 전화가 걸려 왔다.

"축하합니다. 인수위 대변인에 내정됐습니다."

인수위 출범 이틀을 앞둔 날이었다. 나는 대변인 내정 사실을 통보받았을 때 흥분과 함께 밀려온 부담감으로 가슴이 먹먹한 느낌이었다. 역대 정부에서도 대변인 자리는 바로 인수위의 꽃이었다. 사실 이에 앞서 인수위 대변인 자리를 놓고는 치열한 물밑 경쟁이 벌어졌다. 내게 대변인 내정 사실을 통보해 준 인사로부터 나중에 들은 이야기로는 이 당선인이 나를 캠프에 영입할 때부터 인수위 대변인에 기용할 것을 염두에 두었다는 것이다. 당시 인수위 대변인직을 희망했던 한 여성 의원은 내가 내정된 사실이 발표된 뒤 눈물까지 흘렸다는 후문이다. 그만큼 그 자리는 모두가 선망하는 보직이었다.

이경숙 숙명여대 총장을 위원장으로 7개 분과 1개 특위로 구성된 제17대 대통령직인수위원회의 인선 내용이 12월 25일 공식 발표됐다. 다

인수위 대변인 시절 캐리커처

음 날인 26일에는 서울 삼청동 금융연수원에 마련된 사무실에서 현판식과 함께 인수위가 본격 가동되었다. 대선 이후 불과 1주일 만에 인수위가 출범한 것은 전례 없이 매우 신속한 것이었다. 사실 이 당선인은 대선 초반부터 승리 가능성이 높아지자 선거운동과 병행해 새 정부의 주요 정책의 밑그림을 그리고 이를 구체화하는 작업을 진행해 왔다. 심지어 후보 캠프는 한나라당의 공약을 최종 조율하기 위해서 당 정책위원회와 공약확정위원회를 만들어 하나하나의 사안에 대해 입장을 정리했다. 당시 한나라당 정책위의장이었던 김형오 의원이 인수위원회 부위원장에 기용됨으로써 정책의 일관성을 기할 수 있었다. 선거가 끝나자마자 며칠 후에 인수위가 출범할 수 있었던 배경에는 이와 같은 치밀한 사전 준비가 있었다. 이 당선인은 22명의 인수위원들에게 임명장을 수여하면서 다음과 같이 당부했다.

“앞으로 인수위와 관련한 모든 발표는 대변인을 창구로 일원화하는 게 좋겠습니다. 이 대변인은 인수위에서 발표하는 정책이 잘 전달될 수 있도록 정책 내용을 충분히 숙지하고 잘 준비해서 내실 있는 브리핑을 해 주기 바랍니다.”

나는 당선인이 이 같은 당부를 한 직후 열린 인수위 첫 회의에서 별도로 인수위원들에게 개인적인 언론 플레이를 자제해 달라고 거듭 요청했다. 언론에도 “사설(私設) 브리핑은 없다”고 선언했다. 당선인이 브리핑 창구의 통일을 강조한 데에는 이유가 있었다. 과거 역대 정부의 인수위를 돌이켜 보면 인수위원들의 개인적인 언론 플레이나 돌출 발언으로 인수위의 정책 방향이 제대로 전달되지 않거나 불필요하게 언론의 과열 경쟁을 초래해 언론과 적대적 관계를 형성하는 경우가 적지 않았다. 결과적으로 정권 출범을 앞두고 정책의 청사진을 마련하는 인수위가 오히려 부담이 됐던 것이다. 특히 역대 정부 인수위에서는 사안에 따라 발표 창구가 통일되지 않은 채 개별적인 언론 플레이가 난무하면서 중구난방이라는 비판을 받거나 발표된 정책을 번복하는 등 혼선이 벌어진 사례가 적지 않았다. 인수위가 본격 가동되기 시작한 2007년 12월 30일, 나는 인수위의 새해 운영계획과 방향을 언론에 브리핑하면서 다음과 같이 선언했다.

“인수위는 1월 1일도, 정초 휴일도 없는 ‘노 홀리데이’(*no holiday*), ‘얼리 버드’(*early bird*) 인수위를 실현하기로 했습니다. 이것은 당선인의 뜻입니다.”

인수위가 ‘월화수목금금금’ 체제로 운영될 것임을 공개 선언한 것이다. 사실 5년의 정권 밑그림을 그리는 데 있어 67일이라는 인수위 활동 기간은 턱없이 부족했다. 이 당선인은 10년 만에 정권이 교체된 만큼 인수위가 부지런하고 열심히 일하는 모습을 국민들에게 보여줘 정부의 바뀐 모습에 대한 국민적 기대에 부응해야 한다며 주말에도 평일과 다름없이 업무를 계속하도록 지시했다.

국민 앞에서 공개 약속을 한 만큼, 이날 이후 인수위 달력에서 빨간 날은 사라졌다. 인수위 회의도 처음에는 오전 8시에 시작하자는 의견이 많았다. 하지만 이 당선인이 "7시로 앞당기라"고 지시해 결국 타협안으로 인수위 회의 시작시간은 7시 30분으로 조정됐다. 한겨울 동트기 전 어스름이 채 가시지 않은 이른 시간에 삼청동에서 소집되는 회의에 참석하려면 인수위원들은 새벽부터 준비를 해야 했다. 대변인인 나의 시계는 다른 인수위원들보다 더 빨리 움직였고 덕분에 두어 달 동안 '새벽별 보기 운동'은 내 일상이 됐다. 오전 전체회의와 간사단회의가 끝나면 오후에는 분과별로 별도의 회의가 진행됐고, 매주 화요일에는 당선인이 직접 주재하는 전체회의가 열렸다. 이 당선인은 인수위 해단식에서 "두 달이 전투 같았다"는 말로 소회를 밝혔다. 이른 새벽부터 늦은 밤까지 일하며 인수위원들이 보여준 열정과 헌신적 노력은 이명박 정부 5년의 기틀을 마련한 중요한 원동력이었다.

'프레스 프렌들리' 대변인과 '마이크 권력'

인수위 운영방식이 정해지고 분과별 회의가 본격화되면서 대변인실이 가장 분주해졌다. 나는 인수위에 적합한 공보시스템을 설계하면서 "'프레스 프렌들리'(*press-friendly*)를 기조로 해 내실 있는 브리핑을 하겠다"고 언론에 약속했다. 우선 인수위 정례 브리핑은 오전 10시 30분과 오후 2시, 두 번에 걸쳐 진행하기로 했다. 나는 언론에 대한 서비스도 겸해 주요 정책을 발표할 때마다 메인 브리핑은 내가 하고, 전문적인 내용은 담당 인수위원이나 전문위원들이 보충설명과 질의응답을 하도록 했다.

대선 당시 만들어진 캠프 공보실의 모니터링팀도 그대로 가동해 매체별로 담당자를 지정해 인수위 관련기사 내용을 보다 정밀하게 모니터하고 분석했다. 특히 오후 정례 브리핑의 경우 지상파와 케이블TV 등에 생중계됐다. 청와대 대변인 브리핑이 아닌 인수위 대변인 브리핑이 방송을 통해 정례적으로 매일 생중계된 것은 처음 있는 일이었다. 이 당선인도 "인수위 대변인의 정례 브리핑은 새 정부의 청사진을 국민들에게 보고하는 자리다. 특히 새 정부의 이미지와도 직결된 만큼 세련되게 보일 필요가 있다"며 본인의 메이크업을 전담하는 코디네이터를 매일 내게 보내 줬다. 인수위 프레스룸은 730여 명에 달하는 출입기자들로 하루 종일 북새통을 이뤘다.

인수위발 기사가 거의 매일 전 신문 머리기사와 방송의 헤드라인을 장식하면서 그야말로 인수위가 모든 뉴스의 '블랙홀'이 되었다. 특히 대 언론창구가 대변인인 나에게 집중되니 지상파의 저녁 메인 뉴스에 내가 당선인보다 더 많이 얼굴을 드러내는 경우도 종종 있었다. 하루는 KBS 저녁뉴스에 내가 9번이나 등장한 일도 있었다.

이처럼 인수위 브리핑룸으로 스포트라이트가 모아지면서 내부적으로 내 마이크에 눈독을 들이는 인수위원들이 적지 않았다. 국민적 관심이 모아진 인수위의 브리핑 마이크를 잡으면 삽시간에 전국적으로 얼굴을 알리게 되니 마이크를 잡는 것이야말로 '권력'이었기 때문이다. 특히 4월 총선이 얼마 남지 않은 상황에서 TV 화면을 통해 한 번이라도 얼굴을 더 알리기 위한 정치인 출신 인수위원들 간에 보이지 않는 마이크 선점 경쟁이 치열했다. 조용히 나에게 찾아와 자신이 속한 분과위원회 관련 브리핑을 직접 할 수 있도록 해 달라는 청탁도 적지 않았다. 때때로 인수위원들에게 적절히 마이크를 배분하는 일도 만만찮은 숙제였다.

'프레스 프렌들리'를 슬로건으로 내걸기는 했지만 인수위 대변인실이 수백 명의 기자들을 상대로 언론이 궁금해 하는 내용을 매일 제때 브리핑하고 관련자료를 신속하게 제공하는 것은 결코 쉬운 작업이 아니었다. 더구나 10년 만의 정권교체로 거의 모든 분야에 걸쳐 정책의 대전환이 예고된 상황에서 분과별로 논의되는 정책사안은 방대할 수밖에 없었다.

특히 정책관련 브리핑 자료는 최대한 압축적이고 신중하게 작성해야 하기 때문에 문장 하나에도 신경을 써야 했다. 또 생방송 브리핑은 항상 돌발 사고의 위험이 상존하는 지뢰밭이다. 당선인의 당부도 있었지만 공식 브리핑 자리에서 발표되는 정책의 경우 그 배경이나 결정과정에 대해 대변인이 숙지하지 못한다면 부적절하거나 잘못된 브리핑이 될 가능성이 높았다.

그 때문에 오전 브리핑과 오후 메인 브리핑 사이의 3시간 남짓한 시간 동안 대변인실의 풍경은 마치 분초를 다투는 언론사의 기사 마감시간을

취임식 어떻게 할까 (왼쪽부터) 이경숙 위원장, 맹형규, 최경환 위원, 필자, 박진 위원, 사공일 특보 등과 취임식 배치도를 보며 상의하는 모습

방불케 했다. 나를 포함한 15명가량의 대변인실 직원들은 브리핑 자료를 만드느라 점심을 거르거나 컵라면으로 때우는 일이 비일비재했다. 나는 브리핑에 앞서 A4용지 10여 장에 달하는 원고를 읽으며 사전 연습을 하기도 했다. 매일 전쟁터 같은 일상이 이어지면서 더 많이, 더 빨리 정보를 제공해 달라는 언론의 요구도 점점 커졌다.

매일 오전 인수위 회의와 간사단회의를 거쳐 정리되어 넘어오는 자료를 받아 그날그날 브리핑을 하기에는 준비 시간이 부족했다. 결국 인수위 내에서 진행되는 각종 정책 논의의 진행상황을 선제적으로 파악해 기삿거리를 만들어 언론에 제공할 수밖에 없다는 판단이 섰다. 나는 고민 끝에 출입처에 상주하는 취재기자들처럼 대변인실 인력을 각 분과에 담당관으로 파견하여 정책 논의의 진행상황을 시작부터 파악하도록 했다. 그리고 언론이 관심을 가질 만한 사안이라고 판단되면 사전 단계에서 관련 분과위와 발표 문안, 발표 일자 등을 협의했다.

인수위 대변인실과 언론과의 관계는 전체적으로 원만하고 협조적이었다. 그러나 인수위 정책에 대한 언론사 간 취재경쟁이 워낙 치열하다 보니 기사 때문에 곤욕을 치렀던 일도 적지 않았다.

인수위가 당선인에게 보고할 1차 종합업무보고서를 준비 중이던 2008년 1월 중순 어느 날, 아침부터 인수위 사무실이 발칵 뒤집혔다. 대문짝만한 당선인의 사진과 함께 실린 한 일간지의 기사 때문이었다. "이런 보고서 1~2시간이면 만들어"라는 제목의 1면 톱기사는 당선인이 인수위원회가 작성, 보고한 종합업무보고서에 대해 가혹한 평가를 내렸다는 내용이었다. 무려 5면에 걸쳐 인수위 회의를 생중계하듯 묘사한 이 기사에는 보고서 내용을 조목조목 지적하며 인수위원과 파견 공무원들을 호되게 질타한 당선인의 발언이 여과 없이 실려 있었다. 이 기사는 내부적으로 최종 합의되고 정제된 자료나 발언만 언론에 공개한다는 인수위의 공보 방향과 완전히 배치되는 것이었다. 특히 정책사안에 대한 난상토론이 지면에 중계되듯 기사화됨으로써 인수위 내부에 갈등이 있는 것처럼 불필요한 오해를 야기할 수도 있었다.

출근 전부터 내 휴대전화는 기사 내용을 확인하려는 기자들 전화로 몸살을 앓았다. 대변인실에서는 즉시 "이 당선인이 업무보고에 내실을 기하라는 뜻에서 한 당부일 뿐 질책한 것은 아니었다"고 해명했다. 하지만 언론에서도 '누군가 의도를 갖고 흘린 기사'라는 의심을 거두지 않았고, 인수위 내부에서도 마이크를 독점한 나를 범인으로 의심하는 분위기가 역연했다. 무엇보다 인수위 회의를 국회 속기사들이 동원돼 일일이 녹취했기 때문에 인수위 회의 녹취록이 통째로 유출된 것 아니냐는 의혹까지 겹쳐지면서 파장은 쉽게 수습되지 않았다.

나는 내 명예를 위해서도 진상 파악이 불가피하다는 판단 아래 인수위 회의 속기록과 기사 내용을 일일이 대조했다. 확인 결과 구체적인 워딩(*wording*)에서 속기록과 기사 내용은 상당히 달랐고, 해당 언론사 기자들이 회의 참석자들을 밀착취재한 끝에 전해 들은 몇 가지 이야기를 모자이크해서 만든 작품이라는 사실이 확인됐다. 다수의 참석자들의 전언을 듣고 짜깁기해 기사화하다 보니 실제 녹취 내용과는 차이가 있을 수밖에 없었던 것이다. 나는 그날 오후 이 당선인에게 파악한 기사의 보도 경위를 여러 사람이 함께 있는 자리에서 보고했다. 그러자 "소 잃고 외양간 고치면 뭐하느냐"며 짐짓 나무랐다. 하지만 나중에 전해 들은 이야기로는 속기록과 기사 내용을 비교 분석해 문건이 유출된 것이 아님을 밝힌 나의 철저함과 치밀한 일처리에 당선인이 매우 흡족해했다고 한다.

내가 정말 큰 곤욕을 치렀던 사건은 얼마 후 터졌다. 2008년 1월 28일, 노무현 대통령은 예정에 없던 긴급 기자회견을 열고 통일부와 국정홍보처, 정보통신부, 여성부 폐지를 골자로 한 인수위의 정부조직 개편안에 반발하며 거부권 행사를 시사했다. 기자회견에서 노 대통령은 "참여정부의 철학과 가치를 훼손하는 것"이라며 "인수위는 법에서 정한 일만 하라"고 직설적으로 말했다. 기자회견이 끝나자 곧 한나라당에서는 노 대통령의 발언을 비난하는 대변인 성명을 발표했다.

당선인은 이 직후 당의 대응으로 충분하니 인수위 차원에서는 나서지 말도록 하라고 당선인 비서실에 지시했다. 문제는 청와대를 중심으로 서쪽에 있는 통의동 당선인 비서실로부터 이런 지시가 동쪽에 있는 삼청동 인수위로 전달되는 데 한 시간가량의 시차가 있었다는 것이다. 이 당선인의 뜻이 대변인실에 전달되기 전에 그만 노 대통령의 기자회견을 반박하는 인수위원회 성명서가 발표되고 만 것이다.

"노 대통령이 소모적인 부처이기주의를 부추기고, 소수의 집단이기주의와 국론 분열을 조장하는 듯한 포퓰리즘적 행태에 끝까지 집착하는 이유가 무엇입니까. 혹시라도 정치적 의도가 깔린 것은 아닌지 의구심이 듭니다."

성명서에는 노 대통령을 직접 겨냥해 '오만의 극치'라는 강도 높은 내용까지 들어 있었다. 성명서 내용은 곧 인터넷 매체를 통해 속보로 보도되었고 동시에 방송에서도 긴급 뉴스로 자막을 내보냈다. 당선인은 이 보도를 접하자마자 곧바로 임태희 비서실장을 통해 언론에 양해를 구하고 성명서를 철회하라는 지시를 내렸다. 다행히 대부분의 언론이 "이 당선인의 뜻과 다른 내용이 나간 것은 인수위의 실수"라는 해명과 협조 요청을 받아들여 전·현 정권이 정면충돌하는 최악의 상황은 피할 수 있었다. '성명 철회'라는 초유의 사태로 그날 오후 내내 인수위가 시끄럽다가 상황이 수습된 뒤 당선인으로부터 전화가 걸려 왔다. 수화기 너머로 진노한 목소리가 들렸다.

"당신 도대체 누구 허락받고 이런 성명서를 낸 거야. 믿고 맡겼더니 멋대로 하는 거야!"

이 당선인은 내가 지시를 받고도 멋대로 성명서를 낸 것으로 오해한 것이었다. 나는 김형오 인수위 부위원장 등과 상의해 성명서를 냈다고 해명했지만 격노한 당선인은 "내일부터 마이크 잡지 마"라고 호통을 쳤다. 그때까지만 해도 참모로서의 본분에 대한 인식보다 기자로서의 자존심이 더 많이 남아 있었던 탓일 것이다. 여기에다 마땅히 할 일을 했다고 생각했는데 당선인으로부터 이런 질책을 들은 것이 억울했던 나는 "알겠습니다"라고 퉁명스럽게 대답하며 전화를 끊었다.

다음 날 이 당선인은 예고 없이 인수위 사무실을 찾았다. 그러면서 "그동안 대변인이 참 잘했는데 어제는 공을 조금 까먹었다. 일을 잘하는 것도 중요하지만 실수하지 않는 것도 중요하다"고 인수위원들 앞에서 말했다. 질책이라기보다는 칭찬과 당부에 가까운 말이었다. 평소 남 앞에서 참모들을 칭찬한 일이 없는 이 당선인이 인수위 사무실까지 직접 찾아와 격려하는 말을 듣고 나는 이 당선인이 나를 신뢰하고 있음을 느낄 수 있었다.

국회의원과 청와대 대변인 사이에서

인수위 활동이 속도를 내던 1월 중순경 당선인 진영에서는 내부적으로 4월 9일 치러지는 18대 총선에 대한 논의가 함께 진행됐다. 2월 초 한나라당의 공천신청이 예정되어 있는 만큼 인수위 내부적으로도 총선 출마자와 청와대행을 희망하는 사람들에 대한 '교통정리'가 필요했기 때문이다. 한나라당 내에서는 이미 공천심사위원회가 구성돼 공천기준을 둘러싸고 친이계와 친박계 사이에 치열한 신경전이 벌어지고 있는 상황이었다.

나도 거취에 대한 고민을 하지 않을 수 없었다. 나는 그 무렵 평소 가깝게 지내던 정치권의 원로 인사를 찾아가 조언을 구했다. 청와대와 국회 경험을 모두 갖고 있었던 이 인사는 내게 "국회의원은 나중에라도 할 수 있지만 공보수석(청와대 대변인)은 아무나 할 수 없는 경험이다. 특히 임기 초반의 청와대 수석은 5년 국정운영의 성패를 가늠하는 중요한 자리"라며 청와대행을 권유했다.

그래도 국회냐 청와대냐의 선택은 쉽지 않았다. 그러던 어느 날 한나라당의 한 중진의원이 만나자는 연락을 했다. 그는 인수위 출범 당시부터 인수위원 인선에 깊숙이 관여해 왔으며 당 선대위원회 구성 등 4월 총선의 전략을 짜고 있던 당선인의 최측근 인사였다. 그는 "이번 총선에 나간다면 인수위 대변인을 하면서 쌓은 높은 지명도가 있으니 당이 어려운 지역으로 나가는 것이 맞지 않겠느냐"고 말했다.

당시만 해도 나는 총선 출마를 적극 고려한 것도 아니었고 특정 지역을 염두에 둔 것도 아니었다. 다만 출마를 한다면 이 당선인의 후광효과에 힘입어 손쉽게 국회에 입성하고 싶지는 않았다. 나는 생각 끝에 "어려운 지역에 나가야 한다면 차라리 김근태 의원 같은 거물과 한번 붙어 보고 싶다"고 대답했다. 김근태 대통합민주신당 의원의 지역구는 나의 출신 고등학교 인근지역인 도봉갑이었다. 김 의원은 재야세력의 상징적인 존재인 데다 이 지역은 서울에서 몇 안 되는 당시 여당의 강세지역으로 김 의원은 이곳에서만 내리 3선을 했다. 나는 총선에 출마한다면 나름대로 의미 있는 도전을 하고 싶었다.

나의 도봉갑 출마설은 곧 언론 등을 통해 기정사실화됐다. 그러나 얼마 후 이 당선인이 나를 공보수석 겸 청와대 대변인에 내정하면서 나는 총선 출마의 마음을 접어야 했다. 국회에서 청와대로 방향을 틀었지만 나는 지금도 당시 내 결정에 조금도 후회가 없다. 새 정부 집권 초 치러진 4월 총선에서 김 의원은 수도권 지역에 불어닥친 'MB 바람' 때문에 예상 밖으로 낙선했다. 그리고 3년 반 뒤인 2011년 12월 지병으로 별세했다. 나는 그의 부고를 접하고 참으로 가슴이 아팠다. 그와 함께 그때 총선 출마를 고집하지 않은 것은 잘한 결정이라는 생각에 안도의 한숨을 내쉬었다. 나는 취재기자 시절 개인적으로 김 의원과 가까운 사이였다. 2008년 당시만 해도 도전의식이 작용해 그의 지역구에 출마하겠다는 생각을 했던 것이지만, 만약 내가 출마해 그를 이겼다면 정치적 승패와는 별개로 그에 대한 인간적인 미안함이 오래도록 남았을 것이다.

Episode 4

청와대 출입기자에서 대변인으로

10년 만의 귀환

2008년 2월 25일 오전 10시 50분, 이 대통령의 취임식을 보기 위해 서울 여의도 국회의사당 본청 앞 광장을 가득 메운 5만여 명의 인파가 일제히 기립박수를 치기 시작했다. 곧 대통령 전용 승용차가 국회 정문 앞에 멈췄다. 환하게 웃으며 차에서 내린 이 대통령 부부는 청중들의 박수에 손을 흔들어 화답하며 본청 앞 연단을 향해 걸었다.

나는 류우익 대통령실장과 함께 이 대통령의 뒤를 따라 입장했다. 청와대 대변인으로 나의 첫 공식 임무였던 셈이다. 각계 국민 대표와 외빈들의 좌석은 단상에 마련됐다. 반면 장관 내정자와 청와대 수석 내정자, 인수위원들은 모두 무대 아래에 마련된 의자에 앉았다. 하지만 나는 한승수 국무총리 내정자, 류우익 실장 등과 함께 무대 위 단상에 자리를 잡았다. 대통령의 바로 뒤를 따라 행사장으로 입장하는 것에서부터 연단의 자리 배치까지 과거 청와대 대변인들과는 확연히 다른 대우였다.

취임 행사가 끝난 뒤 다른 참모들을 통해 들은 이야기에 따르면 이 대통령은 "청와대 대변인 자리는 대통령의 표정과 숨소리까지 읽어야 하는

대변인 임명장 수여　청와대 1기 수석으로서 이 대통령에게 임명장을 수여받는 모습

중요한 직책"이라고 강조했다고 한다. 이날 내가 행사장 무대 위에 앉는 파격을 누릴 수 있었던 것도 언론과의 소통을 중시하는 이 대통령의 철학이 반영됐기 때문이었다.

취임식이 끝날 무렵 눈발이 내리기 시작했다. 이 대통령이 단상을 내려와 탑승 차량으로 이동하자 시민들이 주변에 몰려들어 열광적으로 "이명박 파이팅!"을 외쳤다. 행사 전 참석자들에게 제공된 빨간 목도리를 두른 수많은 시민들의 열기가 영하 10도의 맹추위를 녹이고 행사장을 더욱 뜨겁게 달구었다. 이는 마치 대선 당시 유세장을 연상케 하는 광경이었다. 나는 이날 오후 첫 대변인 브리핑을 하면서 "대통령 취임을 축하는 서설이 내렸다"고 말했다.

취임식을 지켜보는 동안 10년 전 청와대 출입기자 시절의 여러 장면들이 주마등처럼 내 머릿속을 스쳐 지나갔다. 내가 청와대를 출입하면서

청와대 본관 복도에서 대변인 시절 청와대 본관 복도에서 생각에 잠겨 걷는 모습. 권력에 가까울수록 자기성찰은 필수적이다.

마지막으로 썼던 기사가 바로 1998년 2월 25일 김대중 대통령 취임 축하 리셉션 행사였다. 기자의 입장으로 한 정권의 끝과 새로운 정권의 시작을 지켜보았던 그 당시에는 후일 내가 청와대 대변인으로 같은 자리에 다시 설 것이라고는 상상도 하지 못했다. 이런 추억 때문에 나는 취임식 날 오후 첫 브리핑에서 "10년 만에 다시 청와대에 들어와 브리핑을 하는 입장이 되고 보니 감개가 참 무량하다"고 소회를 밝혔다.

10년 전 청와대를 출입할 당시 IMF 외환위기 속에서 지켜보았던 YS 정부의 마지막 순간과 이날 취임식의 들뜬 분위기가 교차하면서 나는 새로운 각오를 다졌다. 사실 과거 정치부 기자, 특히 청와대 출입기자로서 나는 쓸쓸히 저무는 석양처럼 역사의 뒤안길로 퇴장하는 대통령과 참모들을 수없이 지켜봤다. 그래서 대통령의 참모로 새롭게 출발하는 이날 나의 각오는 남다를 수밖에 없었다. 산 정상에 오르면 곧 하산을 준비해야 하는 것처럼, 나도 언젠가 청와대를 떠나야 할 날이 올 수밖에 없다는 사실을 잊지 말고 이명박 정부가 역사에 성공한 정부로 남도록 나의 역량과 정열을 불살라 일하겠다고 다짐했다.

청와대에서 2년 반 가까이 근무하는 동안, 나는 늦은 오후 청와대 본관에서 대통령 보고를 마치고 땅거미가 지는 시간에 사무실로 돌아올 때면 항상 승용차를 타지 않고 걸어 내려오면서 하산의 중요성에 대해 생각했다. 대통령의 참모는 항상 사표를 가슴에 품고 일해야 하는 운명이기 때문에 하루하루 내가 최선을 다하고 있는지를 스스로에게 자문하며 지내려 노력했다.

내가 '핵관'이 된 이유

이 대통령은 취임식에서 돌아오자마자 류우익 대통령실장을 통해 "앞으로 청와대의 모든 공식 발표는 대변인을 통해서 하라"고 지시했다. 인수위 때와 마찬가지로 '원 보이스'의 원칙을 지키도록 한 것이다.

이에 따라 나는 청와대 대변인으로서 각 수석실 간 부서이기주의의 벽을 허무는 데 주력했다. 10년 전 YS 말기 청와대 출입기자 시절에 느꼈던 것 중 하나도 대통령을 가장 근거리에서 보좌하는 조직으로서의 청와대 참모진은 내부 소통이 원활해야 할 뿐 아니라 각 수석실이 모두 정무·홍보 역량을 갖춰야 한다는 점이었다. 사실 IMF 외환위기가 닥쳤을 때도 여러 곳에서 경보음이 울렸다. 하지만 정무, 민정, 외교, 경제 등 각 수석실이 자기만의 칸막이 속에 갇혀서 사안의 전체적인 흐름을 모른 채 대응하다 보니 "위기가 도적처럼 닥쳤다"는 표현이 나올 만큼 일사불

대통령 취임식 당일 아침 서울 종로구 가회동을 나서며 주민들로부터 축하받는 장면

국회에서 열린 제 18대 대통령 취임식장에 입장하는 이 대통령과 그를 뒤따르는 필자

란한 대응이 이뤄지지 못했다.

실제로 미국의 백악관에서도 이른바 '사일로(*silo*) 족(族)'이 조직의 효율성을 해치는 주범으로 지적되곤 한다. 사일로란 굴뚝 모양의 곡물 저장창고를 말하는 것으로, 부서 간의 벽을 쌓고 타 부서와 정보를 공유하지 않아 조직 전체의 효율성을 떨어뜨리는 것을 사일로 효과라고 한다. 조지 W. 부시 미국 대통령의 임기 초 2년 반 동안 백악관 대변인을 지낸 애리 플라이셔도 자신의 회고록에서 "백악관 내부의 최대의 적이 바로 부서이기주의에 빠져 있는 사일로족의 존재"라고 지적한 바 있다.

그런 점에서 나는 수석회의 때마다 '월권'(越權) 이라는 비난을 무릅쓰고 다른 수석실의 업무에 대해 언론의 논조 등을 인용해 비판을 가하거나 기밀 보호를 위해 쉬쉬하는 사안에 대해서도 "제대로 된 브리핑을 하려면 청와대 안에서 무슨 일이 일어나는지 다 알아야 한다"며 정보 공유를 요구했다. 심지어는 핵실험 동향 등 북한 관련 민감한 정보를 관련 수석실로부터 제공받기도 했다. 인수위 때와 마찬가지로 중요한 발표는 경제나 외교 안보 사안까지도 내가 브리핑했고, 전문적인 내용이나 배경 설명 등은 해당 수석실에서 했다. 대통령의 해외순방 중 정상회담에 대한 브리핑도 내가 맡았다.

이는 언론을 상대해야 하는 입장에서 언론이 궁금해 하는 점을 내가 먼저 파악해야 한다는 생각에서이기도 했지만, 국정운영에 관한 대통령의 일관성 있는 메시지를 전달하기 위해서도 필요했기 때문이다. 실제로 미국 백악관의 경우도 매일 오전 7시 각종 현안에 대해 관련 분야 참모들이 모여 회의를 가진 뒤 이 내용에 바탕을 둔 질의응답 자료를 만들어 백악관 대변인이 정례 브리핑을 한다. 나는 이런 시스템을 대변인실이 홍

취임 후 첫 공식업무 취임식 직후 본관 집무실에서 공직자 인사안에 서명하는 이명박 대통령. (대통령 오른쪽은) 류우익 초대 대통령실장

보수석실로 개편된 뒤 본격 도입했다.

취임식과 함께 청와대 대변인실도 본격적으로 업무에 돌입하면서 하루하루가 숨 가쁘게 돌아갔다. 국회에서는 장관 후보자들의 인사청문회가 예정되어 있었고, 취임 초 대통령이 참석하는 각종 행사와 민생탐방 일정이 빼곡하게 잡혀 있어 대변인실은 눈코 뜰 새 없이 바빴다. 나는 급한 대로 그날그날의 현안을 처리하면서 그동안 내가 구상한 브리핑 시스템 개편작업을 시작했다. 대통령 취임식 날 나는 첫 브리핑에서 "인수위 때와 마찬가지로 프레스 프렌들리 원칙을 계속 지키겠다"고 약속했다.

하지만 이보다 더 중요한 것은 10년 만의 정권교체를 국민들이 체감할 수 있도록 새 정부의 바뀐 이미지를 국민들에게 전달하는 것이었다. 이 일을 위해 청와대부터 과거와 다른 새로운 공보시스템으로 전환할 필요가 있었다. 특히 브리핑을 하면서 내가 가장 신경을 썼던 부분은 대통령의 일정 하나하나에 국정운영의 메시지가 담겨 전달되게 하는 것이었다. 다시 말해 대통령의 통치 철학에 옷을 입히고 색을 칠하는 그런 브리핑을 만들어 보고 싶었다. 또 기자 시절의 감각을 되살려 단순한 사실 전달이 아닌 언론의 반응과 파급효과까지 고려한 다면적 대응을 하고자 했다.

내가 청와대 공보시스템 개편작업으로 제일 먼저 착수한 것은 '브리핑의 세분화'였다. 나는 〈동아일보〉 도쿄특파원 시절 외무성 출입기자실에서 보고 느낀 브리핑 방식을 청와대에도 적용하기로 했다. 이에 따라 언론 브리핑 방식을 공식 브리핑, 백(*back*) 브리핑, 딥백(*deep back*) 브리핑, 오프 더 레코드(*off the record*) 등 4가지로 구분했다. 공식 브리핑은 매일 오후 2시로 정례화했다. 백 브리핑은 기사 작성 시 '익명의 청와대 관계자'로 인용되는 브리핑이며, 딥백 브리핑은 기사에 참고가 되는 배경 설명을 위한 것으로, 익명으로도 인용해서 보도하지 않는 것을 원칙으로 했다. 오프 더 레코드는 당연히 비보도를 전제로 한 것이다.

내가 브리핑 시스템을 이렇게 세분화해 개편한 이유는 언론이 궁금해하는 정보나 기사거리를 충분히 제공하면서 대국민 소통을 활발히 하려는 목적에서였다. 기자들 입장에서도 출입처에서 나오는 정보를 더 많이 얻을 수 있고 취재원 보호에도 장점이 있는 방식이었다. 새로운 브리핑 시스템이 도입된 후 청와대 출입기자단과 대변인과의 소통은 과거보다 활발해졌고 상호 신뢰도 쌓이게 되었다.

나와 다른 청와대 수석비서관들이 취재원으로서 기자들과 나눈 대화는 보통 '청와대 관계자'로 인용되곤 했다. 그러던 중 어느 날 한 신문에서 나를 '청와대 핵심 관계자'로 표기했다. 내가 경선 캠프 때부터 합류한 참모로서 대통령의 의중을 잘 알고 있다는 점에서 다른 수석비서관들과의 차별성을 부여한다는 의미에서 이런 표현을 쓴 것이다. 그러자 다른 매체에서도 뒤이어 핵심 관계자라는 표현을 쓰기 시작했고, 이는 곧 청와대에서 나를 지칭하는 표현이 됐다. 대신 기자들은 다른 수석비서관을 취재원으로 인용할 경우 '청와대 고위 관계자'로, 일반 비서관은 '청와대 관계자'로 표기했다. 이때부터 핵심 관계자를 줄인 '핵관'이란 말이 청와대 기자들 간에 내 별명으로 불리기 시작했다.

변화는 물 스며들듯 이뤄져야

나는 정부 출범 초부터 선진화, 변화, 실용, 화합 등 이 대통령이 취임사에서 강조한 4가지 국정 철학의 원칙을 국민들이 좀더 쉽게 이해할 수 있도록 메시지를 전달하는 데 주력했다. 이 대통령이 취임 초에 참석했던 ROTC(학군사관학교) 졸업식의 브리핑이 그 한 예다. 본래 ROTC 졸업식에서 생도들은 연병장에 도열해 식이 끝날 때까지 정자세로 서 있던 것이 관행이었다. 그러나 이 대통령은 "생도들이 졸업식의 주인공"이라며 생도들을 의자에 앉게 하고 불필요한 의전과 장식을 대폭 간소화하도록 지시했다. 그러면서 "여러 행사가 있을 때 대통령이 참석한다고 해서 가건물을 세우거나 단을 만드는 일은 하지 말라"고 함께 지시했다. 나는 이 같은 내용을 브리핑을 통해 상세히 전달했다.

이는 보기에 따라서는 작은 일일 수도 있지만 대통령의 실용개혁 행보를 그대로 보여주는 사례였다. 얼마 후 열린 3·1절 기념식에서도 이 대통령은 전임 대통령들이 단상에 앉았던 것과 달리 독립유공자들과 같이 단상 아래 자리에 앉아 행사를 참관하고 연설할 때만 단상에 올라갔다. 나는 이런 행사 내용을 브리핑하면서 "변화는 물 스며들듯이 이뤄져야지 강제로 지시하거나 명령해서 이루어지는 것이 아니다"라는 대통령의 국정 철학을 전하기도 했다.

국무회의장 풍경을 통해 대통령의 격식 파괴와 실용 행보를 알렸던 사례도 있다. 이 대통령은 취임 직후 첫 국무회의를 주재하면서 직사각형의 회의탁자를 타원형으로 바꾸라고 지시했다. 나는 대통령 좌석도 타원형 탁자의 중앙으로 옮겨 국무위원들과 마주보고 회의할 수 있도록 하겠다는 취지라며 '열린 국정운영의 상징'이라는 의미 부여를 했다. 이 대통령이 업무시간이 끝난 후 기업인들과 직접 통화할 수 있도록 청와대에서 '휴대전화 핫라인'(MB폰)을 추진한다는 내용도 이야기했다. 언론에서는 이에 대해 기업의 애로사항을 직접 챙기려는 이 대통령의 의지가 드러난 것이라며 긍정적으로 평가했다.

이 대통령은 또 취임 초 비서동의 사무실을 돌아본 뒤 전에는 밀폐된 공간이었던 수석비서관 사무실의 벽을 허물고 투명유리로 안이 들여다 보이도록 하라고 지시했다. 행정관들이 함께 일하는 공간은 칸막이를 모두 없애도록 했다. 기업들의 사무실 공간 배치를 벤치마킹하도록 한 것이다. 그러면서 "칸막이가 없어져야 원활한 소통이 가능하고 열린 국정운영도 이뤄지는 것이다"라고 말했다. 이 내용도 상세히 브리핑했음은 물론이다.

이처럼 내가 대통령 참석 행사나 의전, 회의 등을 의미를 부여해 언론에 자세히 브리핑했던 것은 실용주의와 선진화라는 국정 철학이 실제 현

환영인파 속에서 취임식 후 광화문 광장에 들러 시민들의 환영을 받는 모습

장에서 구현되는 모습을 보여줌으로써 국민들이 정권교체에 따른 변화를 느낄 수 있도록 하기 위해서였다. 국민들이 변화를 실감하는 것은 구호가 아니라 작더라도 피부에 와 닿는 체감이다. 박근혜 정부도 '통일대박'이나 '창조경제' 등 여러 가지 국정 어젠다를 제시했지만, 국민들이 이를 실증적으로 일상생활 속에서 느끼지 못하면 단순한 정치구호로 끝날 수밖에 없다.

대변인은 '전천후 참모'다

이 책의 뒷부분에서도 언급하겠지만 대변인이란 직책은 항상 대통령의 지근거리에서 활동하기 때문에 본의든, 본의가 아니든 중요한 정책 결정에 관여하는 수가 적지 않다. 때로는 이것이 월권시비나 직권남용 논란을 빚기도 하지만 최고 권력자와의 물리적 거리가 가깝다는 점에서 나타나는 권력 현상의 불가피한 속성이기도 하다.

인사 문제가 대표적이다. 이명박 정부의 2차 개각 발표를 앞둔 2009년 1월 19일 오전 11시쯤, 나는 갑자기 정정길 비서실장으로부터 호출을 받았다. 비서실장실에 모인 정무·민정수석과 인사비서관 등 핵심 관계자들은 한 각료 내정자에 대한 검증 보고서를 앞에 두고 고민에 빠져 있었다. CEO 출신 지자체장인 이 내정자는 대통령이 막판에 직접 점찍어 뒤늦게 검증에 나선 이른바 '깜짝카드'였다. 오후 2시 개각 발표까지 예고된 상황이었다.

그런데 내정자가 검증에 통과할 수 있을지 난상 토론을 벌였지만 결론이 나지 않자 언론인 출신인 나의 감(感)을 물어 보기 위해 부른 것이었다. 나는 검증 보고서를 검토한 뒤 '청문회 통과 불가'라는 결론을 명쾌하게 내렸다. 사업상 목적으로 사들인 공장 용지 등 많은 부동산도 문제였지만 내정자가 지자체장으로 일하는 지역에서 아파트를 매매해 시세 차익을 남긴 것만은 '방어 불능'이라는 것이 내 생각이었고, 다른 참석자들 모두 내 의견에 동의했다.

남은 과제는 내정자에 대한 미련을 버리지 못하는 이 대통령을 설득하는 일이었다. 결국 참석자들이 '떼'로 몰려가 오찬 일정 때문에 집무실을 나서려던 이 대통령을 붙들고 국민 정서를 앞세워 설득한 끝에 CEO 출신의 이 내정자는 개각 명단에서 빠졌다.

그해 7월 28일 김준규 검찰총장 내정 발표 때도 비슷한 일이 있었다. 당초 이날은 검찰총장과 함께 공정거래위원장 내정자를 발표할 예정이었다. 하지만 공교롭게도 두 사람 모두 같은 고교 출신이었다. 나는 가뜩이나 이 학교 출신 장차관들이 많은 상황에서 '특정 고교의 편중 인사'라는 오해를 살 수 있으니 공정거래위원장은 다른 날 발표하는 것이 좋겠다는 의견을 내놓았고, 이 대통령도 이를 받아들였다. 그런데 정작 1주일 뒤쯤 발표된 공정거래위원장은 당초 내정자가 아닌 다른 사람이었다. 나는 그 이유를 알아보지 않았지만 평소 면식도 있었던 당초 내정자에게 차마 이 사실을 고백하지도 못한 채 두고두고 미안한 마음을 금할 수 없었다.

그해 6월 초 어느 날, 이 대통령은 비서실장과 정무수석 등 일부 핵심 참모들만 참석한 자리에서 "이번 8·15 경축사에서 4년 중임제 개헌안을 발의할 생각"이라며 참모들의 의견을 물었다. 그러면서 "내가 임기를 1년 단축해 2012년 4월 국회의원선거와 대통령선거를 동시 실시하자고 제안하면 야당도 진정성 있게 받아들이지 않겠느냐"고 말했다. 일부 참모들은 찬성 의견을 밝히기도 했지만 나는 극력 반대했다. "이제 겨우 촛불정국과 금융위기를 극복해 국정운영에 탄력이 붙었는데 개헌을 발의해 모든 이슈가 그곳에 블랙홀처럼 빨려 들어가면 더는 아무 일도 할 수 없다"는 논리를 폈다.

이 논쟁은 찬반을 둘러싸고 30분 가까이 이어졌다. 나는 끝까지 이 대통령 앞에서 뜻을 굽히지 않았다. 결국 그해 8·15 경축사에는 헌법 개정 필요성에 대한 원론적 언급만 들어간 채 정치개혁과 행정구역 개편을 강조하는 내용이 포함됐다.

마침 이 무렵 나는 지방 세무서장으로 부임한 지인을 만나 지방자치행정의 충격적 실태를 전해 듣고 '큰일이다'라는 생각이 들었다. 지인은 "중앙정치와 행정은 그나마 많이 깨끗해졌는데 지방에 가 보니 조선시대의 삼정(三政: 전정, 군정, 환정)의 문란을 방불케 할 만큼 부정, 비리가 만연하다"고 말했다. 이어 "예산 낭비도 큰 문제지만 지역 기관장들이 토호(土豪) 세력인 지역 기업가들과 평일에도 거리낌 없이 접대 골프를 치더라" 하고 격분했다. 그러면서 "이런 부정비리를 감시해야 할 검찰지청장은 1년마다 순환근무를 하기 때문에 지역의 실정도 모르거니와 관심도 없다. 여기에다 경찰서장이나 세무서장은 퇴직을 앞둔 사람들을 지역 연고가 있는 곳에 발령 내기 때문에 지자체장과 이들이 '형님, 동생' 하며 서로 감싸다 보니 견제와 감시가 전혀 이뤄지지 않는다"고 지적했다.

이 이야기를 전해 듣고 확인해 보니 대체로 사실과 부합했다. 더욱이 정부 예산의 60% 가까이를 지방에서 사용하는데 이처럼 나랏돈이 줄줄 샌다면 '밑 빠진 독에 물 붓기'라는 생각이 들어 이 내용을 정리해 이 대통령에게 보고했다. 결국 그해 8·15 경축사에서 이 대통령은 토착 비리의 척결 의지를 밝혔고 검찰의 경우도 인사를 매년 하되 한 지역에 2년 이상 근무하도록 순환근무 기간을 늘렸다. 그런데도 뿌리 깊은 토착 비리는 쉽게 근절되지 않았다.

그해 연말 법무부 업무보고 때의 일이다. 충남 홍성군청 공무원들이 2005년부터 5년간 A4용지나 토너 등 사무용품을 구입한 것처럼 허위 서류를 작성해 예산 7억여 원을 빼돌려 회식비 등으로 집단 횡령한 충격적인 사건이 발생했다. 여기에 전체 군 공무원 677명 중 16%인 108명이 가담한 것으로 드러나 더욱 국민적 공분을 샀다. 나는 업무보고 당일 아침 터져 나온 이 보도를 보자마자 그 내용을 정리해 회의 시작 전에 이 대통령에게 보고한 뒤 토착 비리 척결에 대한 단호한 의지를 거듭 강조할 것을 제언했고 이 대통령은 "온 나라가 썩었다"라고 개탄하면서 강력한 척결 방안의 마련을 지시했다. 토착 비리의 척결은 이 대통령 임기 후반의 중요 어젠다가 됐다.

마침 그해 가을 국회 정무위원회의 청와대에 대한 국정감사 때 내게 박지원 민주당 의원은 "언론인 시절에는 우리가 자주 만났는데 왜 청와대 수석이 된 뒤에는 전화 한 번 없느냐"고 농담 섞인 질문을 했다. 내가 "홍보수석이 야당 의원과 만나면 오해를 살 수도 있다"고 답하자 박 의원은 "나도 청와대 비서실장을 해 봤지만 청와대 참모는 나와바리('관할'이라는 뜻의 언론계 은어)가 없는 정무직이다"라고 지적했다. 나는 "그러시면 자주 연락드리겠다"고 웃으면서 얼버무려 넘어갔지만 박 의원의 이야기는 일리 있는 지적이었다. 청와대 참모는 전천후로 대통령을 보좌해야 하는 직책이기 때문이다.

언론 환경 변화가 빚어낸 오해와 진실

한편 2000년대 들어 우리 사회의 인터넷 환경이 급속히 발달하면서 수많은 온라인 매체들이 생겨났다. 과거와 달리 이 같은 변화는 대변인인 내 입장에선 언론의 협조를 구하는 일이 더욱 어려워지는 것을 의미한다. 실제 내가 청와대를 출입하던 1990년대 말까지만 하더라도 청와대 등록기자는 60~70여 명에 불과했지만, 이명박 정부 임기가 시작된 2008년에는 무려 4백 명으로 늘어났다.

언론 환경의 변화는 출입처와 기자단의 관계에 있어서도 긴장을 유발하는 원인으로 작용했다. 심지어 적대적인 관계가 형성되는 경우도 적지 않았다. 이로 인해 '프레스 프렌들리'의 기조 아래 언론에 더 많은 정보를 제공하겠다는 나의 의지에도 불구하고 가끔씩 예상치 못했던 일이 발생해 곤욕을 치르기도 했다. 대표적인 일화가 이른바 '삼성 떡값 검사' 논란에 대한 청와대의 사전 브리핑을 둘러싸고 야기된 논란이었다.

2008년 3월 5일 오후, 천주교 정의구현전국사제단은 이명박 정부와 검찰 내부에 삼성그룹으로부터 떡값을 받은 인사들이 있다고 주장하면서 관련자 명단을 공개했다. 그런데 사제들이 명단을 공식 발표하기 전에 이미 그 내용은 사전에 알려져 있었으며, 청와대도 이에 바탕을 두고 내부적으로 관련자들에 대한 자체 조사를 마친 상태였다.

사제단의 명단 발표 1시간 전쯤, 기사 마감시간이 임박하자 청와대 출입 방송기자단이 사제단의 공식 발표 이후 사용하는 조건으로 청와대 입장을 미리 코멘트 해 달라고 나에게 요청했다. 방송 기자들이 뉴스 리포트를 만들기 위해서는 관련 영상뿐 아니라 당국자 등의 영상 코멘트가 필요하다는 것을 알고 있었기 때문에 마감에 쫓기는 방송 기자들의 편의를 위해 나는 "자체 조사 결과 청와대 떡값 명단은 근거가 없는 것으로 파악됐다"는 입장을 사전 녹화할 수 있도록 협조했다.

그런데 이틀 뒤 당시 정치인들의 실언 등 뉴스에 방영되지 않은 뒷이야기를 편집해서 보도해 인기를 끌던 YTN의 〈돌발영상〉이란 프로그램에서 사제단의 '삼성 떡값' 명단 발표 전에 청와대가 이를 파악하고 있었다며 "이는 청와대가 검찰 조사를 사실상 지휘하고 있다는 증거"라는 의혹을 제기했다. 그 근거로 내가 사전 녹화를 허용한 코멘트 영상이 제시된 것이다.

〈돌발영상〉은 미래에 벌어질 사건을 미리 예지해서 범행이 발생하기 전에 범인을 잡는다는 내용의 SF영화 〈마이너리티 리포트〉의 장면과 내 브리핑 화면을 교차시키며 악의적으로 왜곡했다. 나는 대변인과 기자단 사이의 신뢰를 깬 이 보도 내용에 강력히 항의했고, 청와대 기자단은 사실을 악의적으로 왜곡한 YTN 취재진에 대해 징계조치를 내렸다. 나는 선의가 이런 식으로 악용된 데 대해 서운하고 당황스러웠지만, 한편으로 이는 변화된 언론 환경에 내가 적응해 가는 과정이기도 했다.

내가 대변인과 홍보수석으로 근무하면서 가장 황당했던 보도는 명진 스님과 관련된 내용이었다. 2010년 4월 1일 인터넷 매체인 〈오마이뉴스〉는 봉은사 주지인 명진 스님이 봉은사 법회에서 "청와대 이동관 홍보수석이 김영국 거사에게 전화를 해 '선거법 위반' 사면을 제안하며 안상수 외압 폭로 기자회견을 하지 말라 회유를 했고, 김영국 거사가 이를 거부하자 입에 담을 수 없는 쌍욕을 했다"고 보도했다. 당시 김영국 씨가 "안상수 한나라당 대표의 외압으로 명진 스님이 봉은사 주지에서 물러났다"고 주장하며 다음 날 기자회견을 할 예정이었고, 내가 그에게 전화를 해 회견을 취소하라고 회유와 압력을 넣었다는 것이 보도의 요지였다.

너무나도 얼토당토않은 주장이었다. 나는 김영국이라는 인물과 직접 통화하기는커녕 일면식조차 없었다. 그런 만큼 그가 선거법 위반으로 처벌받았다는 사실을 알 리도 없고 사면을 제안할 이유는 더더욱 없었던 것이다. 나는 이 사안만큼은 진실을 밝혀야 한다는 생각에 결국 명진 스님과 김영국 씨를 명예훼손 혐의로 고소했다. 김영국 씨는 이후 언론사 인터뷰를 통해 "이 수석은 나와 일면식도 없고 직접 통화한 사실도 없다"며 "명진 스님이 왜 그러는지 모르겠다"고 했다가 다시 말을 바꾸어 나와 직접 통화를 했다고 주장하는 등 오락가락했다.

하지만 나는 2010년 홍보수석에서 물러나면서 "사인으로서는 그분들에게 아무런 감정이 없고 진실은 명명백백하므로 용서하는 마음을 갖기로 했다"며 고소를 모두 취하했다. 나로서는 공직에서 물러나는 만큼 인간적 선의를 베푼 것이었고 나중에 명진 스님과도 오해를 풀었다. 문제는 아직도 〈오마이뉴스〉의 그 보도가 마치 사실인 것처럼 인터넷 공간에 나돌아 다닌다는 점이다. 인터넷 공간에서 뉴스 보도의 신뢰성을 어떻게 높일 것인지의 문제는 앞으로의 과제일 수밖에 없다.

Episode 5

해외순방 때도 멈추지 않는 대변인 시계

동심원 외교와 캠프 데이비드의 밤

"새 정부가 추구하는 실용외교의 새 지평을 열겠습니다."

2008년 4월 15일, 취임 후 첫 해외순방에 나선 이 대통령은 뉴욕행 비행기에 오르기 전 국민들에게 이 같은 출국 메시지를 전했다. 이날부터 6박 7일간 이어진 미국과 일본 방문을 시작으로 이명박 정부의 '동심원(同心圓) 외교'는 본격적으로 닻을 올렸다. 나는 3월 중순 대통령의 미국, 일본 순방 계획을 브리핑하면서 방문의 의의를 "손에 잡히는 경제, 눈에 보이는 신뢰, 그리고 가슴으로 느끼는 책임감"으로 함축했다. 그러면서 이 대통령의 외교 구상을 '동심원 외교'로 표현했다. 동심원 외교란 강력한 한미 동맹을 기반으로 일본, 중국 등 주변국과 동남아시아, 중앙아시아, 유럽, 중동, 아프리카 등으로 외교 지평을 확대해 나간다는 의미다. 동심원 외교의 출발점으로서 미국 방문은 중요한 의미가 있었다. 노무현 정부 시절 불편했던 미국과의 관계를 회복하고 굳건한 한미 관계를 구축하는 것은 새 정부의 가장 시급한 외교 과제였기 때문이다. 또 한미 동맹의 토대 위에 대일 관계를 복원하고 남북통일 과정에서 중요한 역할을 할

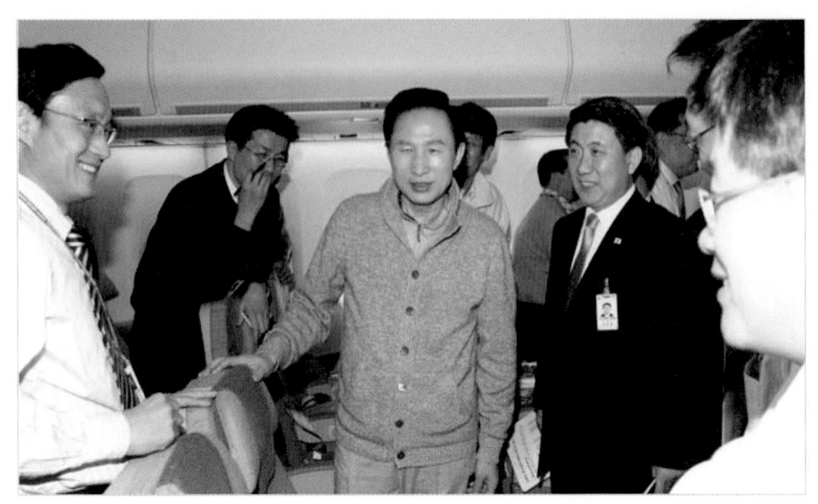

해외순방 중 전용기 안에서 수행기자단을 격려하는 모습

발표를 어떻게? 2009년 3월 뉴질랜드 방문 시 대통령 숙소에서 언론 브리핑 내용을 협의하는 모습

중국, 러시아와의 관계도 재설정할 필요가 있었다.

그러나 미국 순방이 결정된 후 다음 방문 국가로 일본과 중국 중 어느 곳을 선택하느냐는 이 대통령에게 고민이었다. 양국은 이미 인수위 때 이 대통령에게 방문을 요청한 상태였다. 청와대로서는 미국과 더불어 한국·미국·일본 3각 공조의 한 축인 일본도 중요하지만 특히 경제와 북한 문제에 관한 한 긴밀한 유대를 강화해 나가야 하는 중국 역시 배려하지 않을 수 없었다. 이 대통령은 인수위 시절부터 "유사시에 중국 지도부와 전화로 이야기할 수 있는 관계가 되도록 평소에 양국 간 신뢰를 잘 구축해 놓는 것이 중요하다"고 강조했다. 고심 끝에 이 대통령이 내놓은 해법은 미국 방문 후 귀국길에 일본을 들르고 이후 중국을 별도로 방문하는 것이다. 이런 결정을 내리면서 이 대통령은 참모들에게 "형식적으로 중국보다 일본을 먼저 가지만 내용적으로는 중국을 배려하는 것"이라고 설명했다.

4월 15일부터 시작된 미국 방문은 빡빡한 일정 속에 진행됐다. 이 대통령은 뉴욕과 워싱턴을 거치며 반기문 UN 사무총장 면담, 한국투자설명회 참석, 상·하 양원 지도부 간담회 등 쉴 새 없이 바쁜 일정을 소화했다. 하지만 미국 순방의 하이라이트는 18일 오후부터 19일 낮까지 약 21시간 동안 캠프 데이비드 별장에서 열리는 부시 대통령과의 정상회담과 만찬이었다.

워싱턴 D. C. 서북쪽에 위치한 캠프 데이비드는 미국 대통령 전용 별장으로 2차 대전 당시 루스벨트 대통령과 처칠 영국 수상 간의 정상회담이 열렸고, 쿠바 미사일 위기 때 아이젠하워 대통령과 구소련의 흐루쇼프 서기장이 만났던 유서 깊은 곳이다. 외교적으로 의미 있는 합의를 이

한미 정상회담을 기다리며 2009년 9월 한미정상회담에 앞서 백악관 루스벨트룸에서 공식 수행원과 환담하는 모습

끌어 낼 필요가 있거나 중요한 해외 정상을 초청할 때 이곳을 활용하는 경우가 많다.

우리 입장에서는 역대 대통령 중 이 대통령이 처음으로 캠프 데이비드에 초청받았다는 사실이 특히 의미가 있었다. 이는 한국의 새 정부에 대한 미국의 기대감과 배려가 반영된 결과이기도 했다. 캠프 데이비드 초청이 갖는 상징성 때문에 부시 대통령 부부가 이 대통령을 위해 준비한 18일 만찬은 언론에게 초미의 관심사일 수밖에 없었다. 워싱턴에 있던 수행기자들은 만찬장에서 양국 정상이 나누는 사적인 대화는 물론 식사 메뉴, 선물 등 소소한 부분에도 이목을 집중하고 있었다.

워싱턴 일정을 마치고 마침내 18일 오후 대통령과 수행원들은 캠프 데이비드에 도착했다. 그런데 이곳에는 우리 측 수행인원을 전부 수용할 만한 숙소가 부족했다. 결국 이 대통령 부부 외에 유명환 외교통상부 장관, 이윤호 지식경제부 장관, 김병국 외교안보수석 3명만 캠프 데이비드 내 숙소에 머물고 나를 포함한 대부분의 수행원들은 차로 10분쯤 떨어진 외곽의 호텔에 묵게 됐다. 대변인인 내 입장에서는 숙소가 대통령과 떨어져 있다는 것이 문제였다. 더구나 이날 저녁 예정된 캠프 데이비드 만찬에 우리 측 참석인원이 극소수로 제한되는 바람에 내가 만찬장에 들어가지 못하게 됐다. 마감 시간에 맞춰 한국으로 기사를 송고해야 하는 워싱턴의 기자들에게 만찬장 상황을 신속하게 브리핑할 수 없게 된 것이다.

나는 문제를 해결할 방법을 찾던 중 대통령을 수행하기 위해 만찬장에 들어가 있던 의전비서관을 떠올렸다. 그를 만찬 현장을 취재하는 일종의 '풀 기자'로 활용해야겠다고 생각한 것이다. 결국 김창범 의전비서관(현 서울시 자문대사)이 만찬장 상황과 분위기, 정상 간 대화 내용 등을 내게 전했고, 나는 이를 다시 정리한 뒤 만찬 직후 워싱턴에 남아 프레스룸에서 기다리고 있던 출입기자들을 위해 이 내용을 전화로 김은혜 부대변인을 통해 전달했다.

이날 만찬에서 이 대통령은 부시 대통령에게 각궁(角弓)을 선물했다. 각궁은 대나무에 무소뿔, 뽕나무, 참나무 등을 덧댄 활로 천 년 전 제조 방식 그대로 만든 것이었다. 부시 대통령은 각궁을 만찬장에 놓인 칵테일장 오른쪽 코너에 전시했으며 답례로 이 대통령의 영문 이니셜이 새겨진 텍사스산 가죽점퍼와 가죽가방을 선물했다. 김윤옥 여사도 로라 부시 여사에게 백자 찻잔 세트를, 결혼을 앞두고 있었던 부시 대통령의 딸 제나를 위해서는 나무기러기 한 쌍을 선물했다. 부시 여사는 꽃무늬가 새겨진 텍사스산 찻잔 세트를 전달했다. 식사 메뉴와 좌석 배치, 테이블보 등은 로라 부시 여사가 직접 챙겼는데, 식사는 비프스테이크를 메인으로 생선 요리가 곁들여졌다.

나는 화기애애한 만찬장 풍경뿐 아니라 부시 대통령이 이 대통령에게 자신의 가족사와 캠프 데이비드의 역사에 대해 이야기하는 등 정상 간 격의 없는 대화 내용도 언론에 생생하게 전했다. 특히 만찬에 앞서 부시 대통령은 "한국 대선일이었던 12월 19일이 이 대통령의 생일이자 결혼기념일이라는 이야기를 들었다"며 이 대통령의 '특별한 날'을 화제에 올리기도 했다.

이제부터 정보를 주겠다

4월 19일 오전 캠프 데이비드의 대통령 집무실인 로렐 캐빈에서 진행된 한미 정상회담은 한미 관계의 복원을 넘어 한미 동맹의 업그레이드를 알리는 중요한 사건이었다. 4·19 정상회담을 통해 한미 양국은 전통적 우호관계를 전략적 동맹관계로 한 단계 발전시켰다. 또 한미 FTA 비준, 연합 방위능력 강화, 범세계적 문제에 대한 공동 대처 등 양국 관계의 미래 발전상을 대내외에 천명했다. 하지만 정상회담에서 내가 가장 충격을 받았던 것은 부시 대통령이 진지한 표정으로 이 대통령에게 건넨 한마디 말이었다.

"이제부터 한국에 정보를 주겠습니다."

물론 정상회담이 개최되기 이전 양국 실무진들 사이에 정보 공유에 관한 물밑 논의가 진행되고 있었다. 하지만 회담장에서 부시 대통령이 이를 직접 언급하는 것을 보았을 때 나는 무척 놀랐고 한편으로 한미 관계가 비로소 정상궤도에 올라섰다는 확신을 갖게 됐다.

부시 대통령의 이 말은 역설적으로 노무현 정권에 대한 미국의 불신을

오바마와 인사 2009년 백악관(위쪽)과 런던에서 열린 한미 정상회담에 앞서 버락 오바마 미국 대통령과 인사를 나누는 모습

방증하는 것이기도 했다. 실제 노무현 정권 당시 미국은 북한에 대한 핵심 정보를 한국에 주지 않았는데, 이는 우리에게 준 정보가 얼마 후 북한으로 흘러들어 간다고 의심했기 때문이었다. 이 때문에 미국은 한국과의 정보 공유에 소극적이었다. 대북 군사정보의 90% 이상을 미국에 의존하고 있는 안보 현실에서 미국으로부터 정확한 정보를 제대로 제공받지 못한다는 것은 우리 안위에 치명적인 약점이 될 수밖에 없었다.

나는 〈동아일보〉 논설위원으로 있던 2005년 5월 "대북 정보 왕따 당하는 盧 정부"라는 사설을 통해 한국에 대한 미국의 불신 때문에 중요한 대북 정보가 공유되지 못하는 현실을 비판한 적이 있다. 당시 야치 쇼타로 일본 외무성 사무차관(현 NSC국장)은 우리 국회의원들을 만난 자리에서 "미국이 한국을 충분히 신뢰하지 않고 있기 때문에 일본도 한국과의 정보 공유 협력에 신중한 자세를 취하지 않을 수 없다"고 말했다. 당시 대부분의 언론이 야치 차관의 발언에 담긴 함의를 간과했지만 나는 한미 관계의 적나라한 현실을 그대로 드러낸 중요한 발언이라고 생각해 이를 발제했다. 내가 쓴 사설이 나간 뒤에야 다른 주요 매체들이 한미 간의 정보 공유 부재를 지적하기 시작했고, 이 문제는 정치 쟁점으로 이슈화됐다.

부시 대통령의 한마디는 한미 동맹의 복원을 의미하는 분명한 신호였지만 대변인 입장에서 이를 우리 언론에 알려야 하는지에 대해서는 고민하지 않을 수 없었다. 언론에 공개할 경우 국내 정치뿐 아니라 외교적으로도 큰 파장을 몰고 올 수 있었기 때문이다. 결국 나는 내부 논의를 거쳐 부시 대통령의 발언을 브리핑하지 않았다. 80분 남짓한 한미 정상회담이 마무리될 즈음, 부시 대통령이 갑자기 나에게 질문을 던졌다.

"한국 언론의 관심사는 무엇인가요?"

정상회담 후 예정된 공동 기자회견에서 한국 기자들의 질문을 예상할 수 있느냐는 뜻이었다. 부시 대통령의 갑작스런 질문에 잠시 놀랐지만 나는 "한미 FTA와 북한 핵 문제일 것 같습니다"고 답했다. 실제 몇 시간 후 열린 공동 기자회견에서 한국 기자들의 질문은 FTA와 북한 문제에 집중됐다. 기자회견이 끝난 뒤 백악관의 공보 담당자가 놀란 표정으로 내게 "어떻게 기자들의 질문을 정확하게 예상할 수 있었느냐"고 물었다. 나는 "오랫동안 기자 생활을 했던 사람으로서 만약 내가 현장의 기자라면 어떤 질문을 할 것인지를 상상해서 대답했던 것"이라고 말했다.

내가 본 부시 대통령은 첫 인상부터 행동 하나하나에 이르기까지 구김살이 없고 자유분방한 사람이었다. 케네디 가문과 쌍벽을 이루는 미국의 정치 명문가 출신이었지만 이 대통령에게 '친구'라는 말을 스스럼없이 할 정도로 격식에 구애받지 않았다. 부시 대통령은 정상회담 후 야외에서 열린 오찬에서 김병국 외교안보수석과 같은 고등학교 출신임을 확인하자마자 함께 출신 학교의 응원구호를 외치며 분위기를 띄우기도 했다. 그리고 오찬이 끝난 뒤 메뉴판에 직접 일일이 사인을 해 주기도 했다. 게다가 수행단이 귀국한 뒤 정상회담에 배석했던 장관 및 수석비서관들에게 만년필과 직접 사인한 감사편지를 보내왔다. 다정다감한 면모를 보여준 대목이기도 하지만 세계 최강국인 미국의 대통령이 정상회담 후 사후 관리에도 이처럼 철저하다는 점에서 많은 것을 느꼈다.

영부인 로라 부시 여사는 세련되고 기품 있는 모습에 외유내강의 면모도 보였다. 그녀는 이날 오찬의 주 메뉴인 닭튀김 요리를 손수 준비했고, 오찬장에서는 양측 관계자들에게 음식을 직접 담아 줬다. 부시 대통령이 왜 그녀를 '내 정치 인생의 조타수'라고 말했는지 알 것 같았다. 실제로 젊은 시절 알코올중독에 빠지기까지 했던 부시 대통령은 그녀와 결혼한 뒤 독실한 기독교 신자가 됐다.

4·19 정상회담에 대한 언론과 전문가들의 평가는 매우 호의적이었다. 전문가들은 한미 관계가 '10년의 서먹함'을 풀고 21세기 전략적 동맹관계로 격상되었다는 사실에 의미를 부여했다. 이처럼 정상회담은 대성공으로 끝났지만 4박 5일 동안 회담과정을 취재했던 수행기자들은 완전히 녹초가 되었다. 밤낮이 완전히 바뀐 한국과 미국의 시차로 인해 잠을 제대로 자지 못한 채 기사를 마감해야 했기 때문이다. 나 역시 청와대 대변인으로 대통령을 수행한 첫 번째 해외 방문이라 막중한 책임감 때문에 밤잠을 설쳐가며 24시간 뛰었다. 그런 점에서 특히 대통령의 해외순방 중에는 대변인과 출입기자는 동고동락하는 관계이기도 하다.

일본 국민의 마음을 사로잡다

4월 19일 밤 대통령 전용기 안. 미국 방문을 마치고 일본으로 향하는 비행기 안에서 이 대통령이 여느 때처럼 참모회의를 소집했다. 비록 1박 2일의 짧은 일정이었지만 일본 방문은 미국 못지않은 의미가 있기에 이 대통령이 회담 의제와 일정 등을 직접 점검하고 나선 것이다. 한일 정상 간 만남은 2004년 12월 이래 끊어진 '셔틀외교'의 본격적인 재개를 알리는 신호탄이기도 했다. 일본 언론들도 이 대통령의 방문을 계기로 노무현 정부 시절 소원했던 양국 관계가 정상화될 것이라는 기대를 표시하고 있었다.

기내 회의가 시작되고 정상회담 의제를 논의하기 전 회담 참석자 명단과 좌석 배치를 먼저 확인했다. 그 순간 나는 이상한 점을 발견했다. 회담에 배석할 우리 측 인원 10여 명은 대부분 장관급이었던 반면 일본 측 카운터파트는 외무성 사무차관과 주한일본대사, 아시아대양주국장, 경제국장 등을 제외한 나머지가 과장급 공무원으로 채워졌기 때문이다. 나는 곧 문제를 제기했다.

"정상회담은 국가 대 국가의 회담입니다. 의전에서부터 이렇게 균형이 맞지 않으면 자칫 굴욕외교라는 언론의 비판을 받을 수도 있습니다."

외교라인 관계자들은 그동안 한일 정상회담에서 일본 측에서는 외무장관 등 정무직 각료가 배석하지 않는 것인 관례였다고 해명하며 "별 문제가 없다"고 주장했다. 그러나 나는 "설사 관행이 그렇더라도 언론인 출신 입장에서 납득하기 어렵다"며 "의전상의 기본적인 균형이 맞지 않으면 우리가 과공(過恭)한 것으로 비춰질 수 있다"고 거듭 문제를 제기했다. 참모들의 논쟁을 지켜보던 이 대통령은 정상회담의 참석 인원을 다시 조정할 것을 지시했다.

결국 도쿄로 향하는 비행기 안에서 위성전화로 긴급 연락을 한 끝에 우리 일행이 일본 공항에 도착할 때가 다 돼서야 배석자의 재조정이 마무리됐다. 우리 측 배석자 가운데 장관급 2명이 빠지는 대신 청와대와 외교통상부의 실무자들이 회의에 배석하기로 한 것이다. 졸지에 정상회담에서 제외된 장관 중 한 명은 일본 현지에서 다른 일정을 잡았고, 다른 한 명은 서울로 먼저 돌아와야 했다.

이 대통령과 후쿠다 야스오 총리 간의 정상회담은 2004년 12월 노무현 대통령과 고이즈미 준이치로 총리 간의 이부스키 정상회담을 마지막으로 중단됐던 양국 정상 간 셔틀외교의 복원을 의미하는 것이었다. 짧은

해외순방 중 전용기 안에서 참모들과 회의하는 모습

일정이었지만 이 대통령의 적극적인 세일즈 외교로 양국 간 경제 협력도 더욱 탄력을 받게 됐다. 양국 정상은 회담에서 일본 측의 숙원이었던 한일 FTA의 성격을 띠는 경제연계협정(EPA) 체결을 위한 실무 협상의 재개와 우리 쪽의 숙제였던 부품·소재산업 교류 확대에 합의했다. 무엇보다 만성적인 대일 무역적자를 줄이기 위해 일본의 부품·소재기업 전용 공단을 한국에 설치하는 방안을 추진키로 한 것은 의미가 컸다. 이 밖에도 공동선언에는 한일 간 워킹홀리데이 비자 프로그램 활성화, 북핵 및 일본인 납치 문제와 관련한 양국 간의 협력 강화 등의 내용이 담겼다. 하나하나가 한일 관계가 경색됐던 때에는 생각하기 어려웠던 실용외교의 성과였다. 하지만 대통령의 홍보를 담당하고 있는 내 입장에서 방일의 가장 중요한 이벤트는 이 대통령이 TBS 프로그램인 〈일본 국민 100인과의 대화〉에 출연한 것이었다. 이 프로그램은 과거 〈일본 국민과의 대화〉, 〈타운 미팅〉 등의 타이틀로 방송되었는데 빌 클린턴 전 미국 대통령, 주룽지 전 중국 총리, 토니 블레어 전 영국 총리 등 주요국 지도자들이 출연한 바 있다. 우리나라에서는 노무현 전 대통령이 2003년 6월 출연해 화제를 모았었다.

사실 이 대통령의 TBS 토크쇼 출연을 기획할 때만 하더라도 청와대 참모진 사이에서는 반대 의견이 많았다. 5년 전 노 전 대통령이 같은 방송에 출연했을 때의 트라우마 때문이다. 당시 노 대통령은 "우호관계를 돈독히 해야 할 세 나라를 꼽아 달라"는 진행자의 질문에 일본, 중국, 미국 순으로 답해 외교적 파장을 불러일으켰다. 말의 속내를 따져 보는 것이 습관인 일본 국민들 입장에서는 일본을 첫 번째로 꼽은 것보다 중국을 미국보다 먼저 거론한 이유가 의아했고, 이에 대해 일본 언론이 집중적으로 문제를 제기한 것이다. 국내에서는 노 대통령이 앞서 미국을 방문했을 때, 미국이 우호관계의 1순위라고 말했던 사실을 지적하며 "여기서는 이 말하고, 저기서는 다른 말을 하는 장(場)의 논리"라고 비판했다.

대부분의 참모들은 이 대통령이 혹시라도 노 대통령의 전철을 밟지 않을까 하는 걱정에 사전 대본 없이 진행되는 방송 출연을 반대했던 것이었다. 특히 1백여 명의 국민 패널을 앞에 두고 사전 질문서도 없이 진행하는 것은 위험하다는 이유도 있었다. 그러나 내 생각은 달랐다. 오사카에서 태어난 이 대통령이 일본 국민들과 진솔한 대화를 나누는 장면이 방송을 타고 나간다면 그 자체가 바로 최고의 공공외교가 될 수 있기 때문이다. 이를 통해 일본 국민들에게 한국의 정권교체와 새로운 변화에 대해 알리는 좋은 기회가 될 수도 있다는 것이 내 생각이었다.

무엇보다 대선 과정에서 내가 본 이 대통령의 내공과 순발력으로는 어떤 까다로운 질문에도 유연하게 대처할 수 있다는 확신이 들었다. 실제로 대선 기간 중 개최된 한 방송 토론회에서 당시 이 후보는 상대편 후보가 BBK 사건을 거론하면서 "경제 전문가라고 주장하면서 김경준에게 당했다는 말이 이해가 가지 않는다"고 공격하자 "검사 집에도 강도가 들더라"는 말로 응수한 일이 있다. 누구도 예상하지 못했던 이 한마디로 당시 스튜디오는 웃음바다가 됐고, BBK를 둘러싼 후보 간 공방은 더는 이어지지 않았다. 나는 이런 이 대통령의 메시지 전달력과 상황대처 능력을 믿은 것이다.

4월 21일 오후, 도쿄 TBS에서 녹화로 진행된 방송에는 16세의 고등학생부터 65세의 퇴직자까지 1백여 명의 시민들이 방청객으로 참석했다. 대표적인 지한파 연예인인 쿠나사기 츠요시가 사회를 맡았다. 특히 암 투병 중이던 〈아사히신문〉 출신의 전설적인 앵커 츠쿠시 테츠야가 삭발을 한 채 교토의 별도 스튜디오에서 이원중계를 진행해 진한 감동을 주었다. 또 일본에서 인기 절정이었던 가수 보아도 영상 메시지를 보냈다.

방청객들은 이 대통령의 '샐러리맨 성공신화'에 대한 관심이 높았다. 질문도 자연히 그쪽으로 집중됐다. 이 대통령은 자신이 어떻게 직원 80여 명의 작은 회사에 들어가 재계 1, 2위를 다투는 대기업의 CEO가 됐는지를 설명하면서 "일본 젊은이들도 용기와 희망을 잃지 말고 꿈을 이루기 위해 노력하라"고 조언했다. 민감한 이슈인 과거사 문제와 관련해 한 대학생이 "과거사 문제에 대해서 일본이 언제까지 사과해야 하느냐"고 질문을 던지자 "초등학교 때 나를 자주 때렸던 친구를 40년 만에 만났더니 나는 (맞은 것을) 기억하는데 그 친구는 전혀 기억을 못하더라. 가해자와 피해자의 기억은 이렇게 다른 것이다"라며 가해자인 일본이 적극적으로 풀어야 할 문제임을 가슴에 와 닿게 설명했다. 이 질문이 나왔을 때 수행했던 참모들은 솔직히 어떻게 이 대통령이 답할지 긴장했었지만, 이 답

망중한 2009년 3월 호주 방문 시 호텔에서 한 컷. 뒤에 모이는 배경이 유명한 시드니 오페라하우스이다.

시드니 태양광 및 재생에너지 연구소를 시찰해 설명을 듣는 모습

을 듣고 안도했다.

내부의 많은 반대를 무릅쓰고 성사시킨 이 대통령의 TBS 방송 출연은 일본에서 대단한 반향을 일으켰다. 일본 언론에서는 "모처럼 한국에 지일파 대통령이 나왔다"는 호평을 쏟아냈다. 나 역시 프로그램 방송 후 일본 언론계와 관가, 기업계의 지인들로부터 많은 전화를 받았다. 한 기업인은 내게 "주변의 일본인들이 일본에도 이 대통령 같은 인물이 있었으면 좋겠다는 이야기를 하더라"고 전하기도 했다. 특히 10년 전 〈동아일보〉 도쿄특파원 시절 이곳에서 인연을 맺었던 많은 일본 외교관과 언론계 지인들이 호텔에 마련된 프레스룸까지 찾아와 청와대 대변인으로 변신해 돌아온 나를 따뜻하게 환대했다.

공공외교의 전형, 쓰촨 성 방문

한일 정상회담이 열린 지 한 달쯤 지난 2008년 5월 말, 이 대통령은 후진타오 중국 국가주석과의 정상회담을 위해 중국을 국빈 방문했다. 비록 미국을 다녀오는 길에 일본에 들러 시기적으로는 일본을 먼저 방문했지만, 실질적인 공식 방문은 중국이 먼저였다. 양국을 모두 배려하면서 우리 정부의 체면도 살린 'MB식 실용 외교'의 전형적 사례였다.

방중 3주 전, 중국 측은 우리 정부에 한중 관계를 '전면적 협력 동반자 관계'에서 '전략적 협력 동반자 관계'로 격상시키자는 요청을 해 왔다. '전면'과 '전략'은 비슷한 용어처럼 들리지만 내포된 의미의 차이는 크다. 중국으로서 '전략적'이란 표현은 외교 최상위 개념으로 1990년대까지만 해도 중국은 핵보유국들과만 전략적 관계를 맺었다. 중국과 전략적 관계가 됐다는 것은 북핵 문제나 동북아 지역의 문제 같은 글로컬(*glocal*) 한 영역에서의 논의가 가능해졌다는 것을 의미한다. 우리 정부는 한중 관계의 변화를 중국이 먼저 제안했다는 점에서 고무됐다. 중국을 지렛대로 삼아 북핵 문제는 물론 나아가 통일 문제까지도 논의할 수 있는 발판을 마련할 수 있다는 기대감도 생겼다. 이 대통령의 중국 국빈 방문은 한중 관계의 질적 변화를 가져온 시발점이었다.

5월 27일 이 대통령은 중국 베이징에 도착했다. 그러나 기대와 달리 방중 첫날부터 곡절을 겪었다. 친강 중국 외교부 대변인은 이 대통령과 후주석 간의 정상회담 직전 가진 정례 브리핑에서 "이명박 정부가 한미 군사동맹 관계를 강화하는 것이 동북아 안보에 어떤 영향을 미칠 것으로 보느냐"는 기자의 질문에 "한미 군사동맹은 지나간 역사의 유물"이라고 답변했다. 이어 "동북아 각국의 상황이 크게 변한 만큼 냉전 시대의 군사동맹으로 전 세계 또는 각 지역이 당면한 문제를 처리하려 해서는 안 된다"고 덧붙였다. 중국 정부가 공식적으로 한미 군사동맹에 대한 부정적인 평가를 내놓은 것은 드문 일이다. 더욱이 정상회담을 코앞에 두고 한 친강 대변인의 발언은 큰 파장을 불러일으켰다. 여기에다 5월 초 부임한 신정승 신임 주중대사의 신임장 제정도 우리 정부가 "한중 정상회담 준비를 위해 필요하니 서둘러 달라"고 중국 측에 거듭 요청했음에도 불구하고 정상회담 한 시간 전에야 이뤄졌다. 주재국 국가원수에게 신임장을 제정하지 않으면 원칙적으로 대사 활동이 불가능해 정상회담에도 배석할 수 없다. 그런데도 신 주중대사의 신임장 제정 요청까지 계속 미뤘던 것은 새 정부를 길들이려는 의도가 있는 게 아니냐는 의혹을 사기에 충분했다.

문제는 당시 국내 언론이 이러한 중국의 외교적 결례를 지적하기보다는 우리 정부를 질타하는 데 바빴다는 점이다. 나는 상황을 수습하기 위해 '행정적 실수'라며 중국 외교부가 해야 할 해명을 특파원과 청와대 출입기자들에게 하느라 바빴다. 중국 외교부는 뒤늦게 하루 뒤에야 "한미 동맹이 역사적 산물이라는 것은 역사 과정에서 이뤄진 것이라는 뜻"이라며, "한미 동맹을 폄훼하려는 것은 아니다"라는 군색한 해명을 했다.

시작은 순탄치 않았지만 정상회담은 화기애애한 분위기 속에서 진행됐다. 베이징 인민대회당에서 열린 정상회담에서 양국은 '전략적 협력 동반자 관계'를 공식화하고 한반도 비핵화와 6자회담 진전을 위해 협력하기로 합의했다. 이날 이 대통령은 정상회담을 마친 뒤 열린 공동기자회견에서 중국 측의 환대에 감사를 표하며 "후 주석과 창조와 실용의 치(治)라는 정치철학을 공유하고 있는 느낌을 받았다"고 말했다.

이에 앞서 정상회담 자리에서 이 대통령은 "좋은 일이나 어려운 일이나 함께하는 것이 친구"라며 쓰촨 성을 방문하겠다는 의사를 밝혔다. 이 대통령이 중국을 방문하기 보름 전 발생한 리히터 규모 8.0 대지진으로 쓰촨 성은 주민 6만 9천여 명이 사망했고, 37만 4천 명이 부상을 당했다. 이 대통령의 쓰촨 성 방문 발언은 참모진도 몰랐던 돌발 발언이었다. 나중에 확인한 바로는 류우익 주중대사의 아이디어였다고 한다. 좀처럼 당황하거나 속내를 드러내는 일이 없는 중국 참석자들은 이 대통령의 발언에 한편 당황하면서도 감동받은 듯한 표정이었다. 처음 "아직도 여진이 있어 위험하다"며 만류하던 후 주석은 이 대통령이 거듭 방문 의사를 밝히자 그 자리에서 양제츠 외교부장에게 준비할 것을 지시했다. 반기문 사무총장을 제외하고 외국 정상이 쓰촨 성 지진피해 현장을 찾은 것은 이

이것이 공공외교 2008년 5월 방중 시 쓰촨 성 지진 피해현장을 전격 방문한 이 대통령의 행보는 공공외교의 전형을 보여준 것이었다.(〈동아일보〉 DB)

대통령이 처음이었다.

방중 마지막 날인 30일 쓰촨 성을 찾은 이 대통령은 미니버스를 타고 1시간여를 더 달려 두장옌 시로 이동했다. 두장옌 시는 대지진의 진앙지인 원촨 인근의 인구 60만 도시로 가장 큰 피해를 입은 지역의 하나였다. 금방이라도 무너질 것 같은 건물 잔해 사이에서 현장을 돌아보고 이재민촌을 방문해 중국 어린아이들을 끌어안으며 위로하는 이 대통령의 사진은 내외신을 통해 전 중국과 세계에 전해졌다. 이 대통령의 이러한 진솔한 모습은 13억 중국 인민의 가슴을 적셨다. 나중에 들은 바로는 당시 중국에 진출해 10개 정도의 지점을 둔 한 국내 은행의 경우 이 대통령의 쓰촨 성 방문 사진을 객장에 걸어 놓았는데 이후 중국 고객의 수신고가 20~30%가량 증가했다고 한다.

이 대통령과 후 주석 등 중국 지도부와의 인간적인 신뢰가 싹트기 시작한 것도 이때부터였다. 그리고 그 신뢰는 대통령 임기가 끝날 때까지 이어졌다. 북한의 천안함 폭침사건 직후인 2010년 5월 28일 방한한 원자바오 총리는 북한이 대외 수출을 위해 만든 어뢰의 카탈로그와 우리가 발견한 어뢰 추진체를 비교하며 이 대통령이 북한의 소행임을 강조하자 예정에 없이 "중국은 누구도 비호하지 않을 것이다"라는 발언을 했다.

이는 천안함 문제에 관해서는 북한의 입장을 일방적으로 두둔하지 않겠다는 의미로, 중국 지도자들이 사전에 준비된 발언 자료 외에 즉석에서 이런 민감한 발언을 하는 경우는 거의 없다. 또 북한에 대한 국제사회의 제재에 중국이 적극적으로 동참해 달라는 이 대통령의 요청에도 원 총리는 "나는 성실한 사람입니다. 대통령께서 나를 믿으셔도 됩니다"라는 말로 신뢰를 확인했다.

그해 6월 캐나다 토론토에서 G20 정상회담 직후 가진 한중 정상회담에서도 후 주석은 당초 "UN 안보리의 북한 제재 조치에 적극적으로 협력해 달라"는 이 대통령의 요청에 반응을 보이지 않았다. 그러자 이 대통령이 "한국과 중국이 서로 얼굴 붉힐 일이 없기를 바란다"며 강력히 요청했다. 당시 이 대통령이 정상외교에서는 드물게도 강한 표현을 사용하자 중국 측 참석자들은 얼굴을 찌푸리며 자기들끼리 웅성대는 등 당황한 표정이 역력했었다. 그러나 후 주석은 회담을 끝내고 걸어 나오면서 이 대통령의 손을 잡고 "UN 안보리에 상정된 건이 잘 해결될 것이다"라고 귀띔했다. 결국 중국 측은 천안함 폭침의 주체가 북한임을 명시하지는 않았지만 사실상 북의 도발을 규탄하는 UN 안보리 의장성명 채택에는 반대하지 않았다.

후 주석은 이 대통령의 임기가 끝나기 직전인 2013년 1월 이 대통령에게 방중을 요청했다. 정권교체를 앞둔 시점에서 임기가 끝나가는 대통령을 초청한 것은 매우 이례적인 일로 이 대통령에 대한 후 주석의 신뢰의 표현이었다. 한미, 한중 관계가 제로섬(*zero-sum*) 게임이 아님을 뒷받침하는 사례이기도 하다.

당시 이 대통령이 보인 외교 행보는 최근 외교의 새로운 트렌드로 부상한 '공공외교'(*public diplomacy*)다. 과거 국가 정상이나 지도자들끼리 밀실에서 합의한 뒤 '톱다운'(*top-down*) 방식으로 국민을 이끌고 가던 시대는 지났다. 대중(*mass*)이 정치의 주인공이 되면서 이제 외교도 상대국의 국민을 먼저 설득하지 못하면 설사 상대국 지도자와 합의를 이룬다 해도 일방적으로 추진하기 어려운 시대가 됐다. 최근 크리스토퍼 힐 전 주한미국대사가 '카페US'를 열고 한국 국민과의 직접 소통을 시작한 데 이어 마크 리퍼트 현 대사가 아들의 한국 이름을 '세준'이라고 짓는 등 한국 국민들에게 다가서려는 모습을 보이는 것도 공공외교의 단적인 예다.

2008년 방중 당시 이 대통령은 후 주석과의 정상회담을 마친 후 원자바오 총리, 자칭린 전국인민정치협상회의 주석, 우방궈 전국인민대표대회 상무위원장과 차례로 만나 연쇄회담을 가졌다. 외국 정상이 중국 권력 서열 1~4위를 모두 만나는 것은 유례없는 일이었지만 내가 이 회담에서 놀란 것은 다른 데 있었다. 중국 지도자들이 한 사람의 예외 없이 미리 서면으로 인쇄한 답변을 읽었기 때문이다. 특히 남북관계나 북핵 문제 등 정치적으로 민감한 사안에 대해서는 조사도 틀리지 않을 만큼 동일한 내용을 똑같이 반복했다. 서로 필요한 정보를 철저히 공유하는 탓이다.

이런 일도 있었다. 이 대통령과 원 총리의 회담이 만찬을 겸해 댜오위타이 안에 있는 양위안자이(養源齊)에서 열렸을 때다. 경제를 화두로 두 시간 가까이 계속 된 만찬의 메뉴는 제비집스프 등 중국의 최상급 요리에 다 스테이크까지 포함해 종류만 10여 가지가 넘었다. 당시 나는 이 대통령과 원 총리의 발언을 받아 적으랴, 상에 차려진 음식을 먹으랴 정신이 없었지만 내 옆자리에 앉은 장위 중국 외교부 대변인은 원 총리의 발언을 메모하지 않고 듣고만 있었다. 중국 측 대변인은 공식적으로 결정돼 정리된 사안만 발표하기 때문에 메모할 필요가 없었기 때문이다. 그녀는 나에게 "어떻게 두 가지 일을 한꺼번에 잘하느냐"며 감탄하는 표정을 지었다. 이렇게 밥 먹는 시간에도 대변인의 시계는 멈추지 않았다.

나는 정상회담 다음 날 중국 특파원들을 한국 음식점에 초청해 방중 첫날 있었던 일에 대한 서운함을 토로했다. 도쿄특파원 시절 언론사 특파원이라는 직업을 떠나 한국을 대표하는 한 사람으로써 한국을 더 생각하게 됐던 나의 경험을 이야기하며, "무엇보다 국익을 먼저 생각해 달라"는 당부의 말을 남겼다.

이 대통령이 중국을 방문하고 돌아온 지 3개월여 만인 2008년 8월 25일 후 주석이 한국을 처음 방문했다. 방중 당시 베이징올림픽이 끝난 후 한국을 방문하겠다고 한 이 대통령과의 약속을 지킨 것이다. 후 주석의 방한 마지막 날인 26일에는 한국과 중국 청소년 250여 명을 초청해 서울숲에서 행사를 가졌다. 이날 행사가 모두 끝나 헤어지기 직전 후 주석은 승용차에 올라타려다가 먼저 이 대통령에게 다가와 포옹을 했다. 중국 지도자가 공산권 지도자가 아닌 타국 정상과 포옹을 하는 것은 매우 이례적인 일이라는 게 외교가의 평가로 두 정상 간의 신뢰가 다시 한 번 입증된 대목이었다. 이렇게 동심원 외교는 일단락됐다.

Episode 6

인사가 만사다

대통령의 인사 철학

2008년 1월 말, 대통령실 초대 수석비서관 인선 구상에 한창이던 이명박 대통령 당선인은 인사담당 참모에게 이런 지시를 내렸다.

"청와대 수석들은 베스트 오브 베스트(*best of best*)로 선발하라."

얼마 후 이 당선인은 삼청동 인수위 대회의실에서 청와대 수석비서관들을 한 명씩 소개하면서 "제 입장에서는 베스트 오브 베스트를 뽑았다"며 "조금 부족한 점이 있더라도 실제로 일하면서 두잉 베스트(*doing best*)하면 된다"고 설명했다. 최적의 인물로 최상의 성과를 내겠다는 의지를 표현한 것이다. 이 대통령 인사철학의 기본은 '실용'에 있었다. 실용주의 원칙에 입각해 '누가 그 일을 가장 잘할 수 있는가', '국민의 기대에 부합하는 사람인가'를 먼저 생각했던 것이다.

실제 이명박 정부 초대 내각의 면면을 보면 실용·개방적인 인사 원칙이 잘 드러난다. 관료나 정치인 출신에서 벗어나 공직과 민간에서 전문성과 업무 역량을 통해 정상에 오른 신선한 인물들이 내각에 대거 포함된 것이다. 경실련 출신의 노동법 전문가인 이영희 노동부 장관, 해남에서

베스트 오브 베스트 촛불정국이 마무리된 뒤인 2008년 6월 청와대 개편으로 2기 수석진이 출범한 날 국무위원들과 함께 기념촬영

참다래 농장을 직접 경영하면서 '벤처 농업계의 이건희'로 불렸던 정운천 농림수산식품부 장관 등이 대표적 예다. 이 대통령은 또 '헌법 지킴이'라는 별명을 갖고 있던 개혁적 보수성향의 이석연 변호사를 법제처장에 임명하고 백범 김구 선생의 손자인 김양 상하이 총영사를 보훈처장에 임명하는 등 인재 풀을 넓히는 데도 신경을 썼다.

대통령의 이런 인사 철학의 바탕에는 대기업 CEO와 서울시장을 거치는 등 다양한 경험을 통해 축적한 용인술이 있었다. 다양한 분야에서 많은 사람들을 만나며 접촉면을 넓혀온 이 대통령은 상대방의 장단점을 정확하게 파악하는 편이었다. 나는 주요 사회 지도층 인사들이 화제에 오를 때마다 그에 대한 세간의 평가까지도 꿰뚫고 있는 이 대통령의 이야기를 들으면서 여러 번 놀란 적이 있다.

특히 이 대통령이 전임 정부에서 임명된 검찰, 국세청, 경찰청 등 대표적인 사정·정보기관장들을 유임시킨 것은 매우 이례적이었다. 이들 기관은 이전까지만 해도 정권이 바뀌면 기관장 교체 0순위였기 때문이다. 하지만 이 대통령은 달랐다. 노무현 정부 말기에 임명된 임채진 검찰총장, 한상률 국세청장, 어청수 경찰청장은 유임됐고, 이명박 정부 초대 국정원장의 경우 노무현 정부에서 법무부 장관을 지낸 김성호 씨를 임명했다. 이는 기본적인 능력과 자질을 갖추고 새 정부의 국정 철학에도 부응할 수 있다면 전임 정부의 각료라도 계속 쓸 수 있다는 것이 이 대통령의 생각이었기 때문이다. KBS 사장을 포함한 공공기관장과 공기업 사장 대부분이 이명박 정부 초반 자리를 유지할 수 있었던 것도 가능한 한 이들의 임기를 보장해야 한다는 대통령의 철학이 반영된 결과였다.

이런 인사 방침에 대해 여권 내부에서는 불만도 적지 않았다. 현실적으로는 대선에 기여한 사람들에 대한 논공행상을 위해서도 자리가 필요했기 때문이다. 하지만 이 대통령의 뜻은 확고했다. 이는 지난 수십 년간 한국 사회를 옭아맨 지역 균열과 이념의 대립 구도를 타파하고 미래를 향해 나아가겠다는 대통령의 의지의 표현이기도 했다.

530만 표가 준 착시

그러나 현실은 만만치 않았다. 2008년 2월 18일, 국무총리 및 국무위원 후보자 16명이 발표되자 통합민주당은 '고소영'(고려대·소망교회·영남), '강부자'(강남 부자) 내각이라고 맹비난했다. 이명박 정부 초대 총리인 한승수 총리는 한 달여 만에 가까스로 국회 인사청문회를 통과했고 일부 장관 내정자는 국회와 언론의 검증 공세를 이겨내지 못하고 정부 출범 직전 자진 사퇴했다.

이러자 보수 진영에서도 인사 난맥상을 비판하는 목소리가 나오기 시작했다. '고소영·강부자'는 이명박 정부 내내 부담스러운 프레임이었지만 한편으로 이는 잘못된 정보를 바탕으로 한 정치적 공세의 성격도 있었다. 일례로 소망교회 출신 고위 공직자는 인수위를 포함해 이명박 정부 5년간 4명에 불과했는데, 특히 1기 내각의 경우 강만수 기획재정부 장관이 유일했다. 나는 언론에 "백설기에 콩이 몇 개 들어갔다고 해서 그걸 콩떡으로 부를 수는 없지 않느냐"고 해명했다. 그러나 통합민주당과 비판적 언론의 공세로 만들어진 정치적 프레임에서 벗어나기는 쉽지 않았다.

이명박 정부 초대 내각 인선이 난항을 겪은 것은 인사청문회 제도 강화 때문이기도 했다. 2000년 인사청문회 도입 당시 대상 공직자가 국무총리 등 23명이었던 것이 2005년에는 국무위원 후보자 전원으로 대상이 확대됐지만 실제 조각 단계에서 이것이 전면 시행된 것은 이명박 정부부터였다.

정보·사정기관장의 유임은 보다 중요한 측면에서 문제점이 노출되었다. 김대중·노무현 정부 10년을 거치는 동안 이들 기관은 위상의 축소, 불투명한 조직운영, 폐쇄적인 내부문화 등으로 전반적인 역량이 떨어져 있었다. 실제 DJ 정부 들어 벌어진 '북풍(北風) 수사'로 중국 내 대북 정보망이 붕괴되고, 햇볕정책의 추진 결과 미국, 일본과의 정보 공유 체제가 무너진 것은 부인할 수 없는 사실이다.

대통령의 인사권은 국민들에게 국정운영의 방향이나 새로운 변화를 분명하게 알릴 수 있는 중요한 수단이다. 일반 국민들은 청와대 비서진이나 각료의 교체를 통해 정권교체를 실감하는 경우가 많다. 특히 핵심 권력기관장의 교체는 그 자체로 상징성이나 파급력이 크다. 이런 점에서 이명박 정부 출범 당시 검찰총장, 국정원장, 국세청장 등 전임 정부에서 일했던 사정기관장들이 유임된 것이 전체적으로 정권교체의 체감도와 정보・사정기관 내부의 긴장도를 떨어뜨린 것은 사실이다.

게다가 유임된 권력기관의 수장들은 새 정부의 국정 철학을 완전히 체화(體化) 하지 못했다. 이는 곧바로 정보 콘텐츠의 부실과 컨트롤타워의 부재로 이어졌다. 실제 정부 출범 초기 국정원이 청와대에 보고한 공직자 감찰 내용 중에는 기본적인 사실관계조차 맞지 않는 내용들이 적지 않았다. 일례로 나만 해도 '서울 강남의 고급 술집에서 술을 마신 뒤 대기업들에게 술값을 대납하도록 압력을 행사했다'거나, '청와대 비서관들에게 휴가비로 5백만 원씩 돌렸다'는 식의 악성 루머가 마치 사실인 것처럼 정보기관을 통해 대통령에게 보고됐다. 이런 황당한 내용에 대해 나는 개인적으로도 불쾌했지만 '대통령의 측근인 나에 관한 정보도 이렇게 엉터리라면 다른 분야는 오죽하겠느냐'는 생각이 들었다. 그러던 중 얼마 후 회의 참석을 위해 청와대를 방문한 김성호 국정원장을 우연히 본관 계단에서 마주쳤을 때 "어떻게 그런 근거 없는 소문을 검증도 하지 않고 VIP에게 보고할 수 있느냐"고 강하게 항의한 일도 있었다. 나에 대한 이런 소문들은 결국 사실무근으로 밝혀졌지만 청와대 감찰팀은 "VIP 지시사항"이라며 확인과 해명을 요구하기까지 했다.

이 밖에도 '청와대 고위 관계자가 광주광역시의 기업인과 지역 유지를 만나 개인적인 이유로 자금 지원을 요청했다'는 내용도 있었는데, 확인 결과 해당 인사는 총선을 준비하던 전임 정부의 청와대 인사로 밝혀졌다. 이런 어이없는 사례들이 수시로 발생해 청와대 비서관회의에서 화제에 오르는 일이 잦아지자 점차 정보·사정기관 라인의 개편이 불가피하다는 인식이 확산됐고 이는 이 대통령에게도 그대로 보고됐다. 정보기관의 정보 수집 역량 저하는 이후 미국산 쇠고기 광우병 파문과 촛불시위 정국에서 청와대가 신속하게 상황을 판단하고 이에 따른 맞춤형 대응을 하는 데 저해 요인이 된 것이 사실이다.

나는 정보기관이나 사정기관은 대통령의 국정운영과 상황판단을 돕는 눈과 귀 역할을 해야 한다고 생각한다. 정보기관이 국정 현안과 관련해 국내외에서 진행되는 사안의 사실관계를 정확히 파악하고 향후 전개 방향에 대한 정밀한 분석과 전망을 제시할 수 있어야 한다는 의미다. 물론 정보기관이 불법 도청이나 사찰을 통해 정권의 안위를 지키는 데 열중하거나 정치적 반대파를 제거하기 위해 대통령이 검찰 수사권을 악용하는 과거의 적폐는 청산돼야 한다.

이 대통령도 평소 참모들에게 "권력은 80%만 써야 한다"는 말을 입버릇처럼 강조했다. 이는 정보정치나 공작정치에 대한 경계 때문이었다. 실제 이 대통령은 집권 초에 정보·사정기관장의 대면보고를 받지 않았다. 이는 역대 정권과는 다른 모습이었다. 실제로 내가 정치부 기자였던 1998년 DJ 정부 출범 초기에는 전국 경찰서 정보과장이 특정지역 인맥으로 대거 바뀌었다는 소문이 나돌았었다. 물론 이 이야기가 사실이었는지는 정확히 확인할 수 없었지만 다른 한편으로 정보기관의 중요성을 반증하는 사례이기도 하다.

각 분야의 정책을 집행하는 중앙부처의 경우는 전임 정부 각료를 유임시키더라도 상대적으로 크게 문제될 것이 없었다. 이명박 정부는 경선캠프 때부터 시작해 대선캠프, 인수위를 거치면서 새 정부가 추진할 정책을 세밀하게 설계했을 뿐 아니라 이 대통령 자신이 정책 현안을 꿰뚫고 있었기 때문이다. 그러나 권력기관은 그 속성상 일반 행정기관과는 성격이 다르다. 정보·사정기관장의 임기 보장은 해당기관의 조직 안정성과 업무 연속성 측면에서는 긍정적이다. 하지만 이들 기관이 갖는 상징성과 중요성을 감안한다면 대통령의 국정운영 철학과 DNA를 공유할 수 있는 인사가 기관을 이끌며 변화와 개혁을 주도했어야 했다.

특히 그 역할의 막중함을 생각한다면 권력기관장에게는 화려함보다는 국가와 국민, 정권의 성공을 위해 언제든 자리에서 물러날 수 있다는 각오가 필요하다. 흔히 중국의 고사에서 이상적인 참모상으로 '선참후주'(先斬後奏: 먼저 실행 후 보고) 형 참모가 언급되곤 한다. 그러나 나는 권력기관장들은 '선참부주'(先斬不奏) 형 참모가 되어야 한다고 생각한다. 국가와 국민, 대통령의 국정 철학을 헤아려 선제적으로 행동하되 임명권자에게 정치적 부담을 지우지 않고 끝까지 무한 책임을 질 수 있어야 한다는 뜻이다. 이명박 정부 출범을 앞두고 인수위 업무보고에서 국정홍보처의 한 간부는 "우리는 (시키는 대로 하는) 영혼이 없는 공무원"이라고 말해 여론의 질타를 받은 적이 있다. 이처럼 영혼 없는 인사는 정보기관의 수장으로는 적합하지 않다. 돌이켜 보면 집권 초 이 대통령의 권력기관장 인선과 임기 보장 실험이 적절했는지에 대해서는 다소 아쉬움이 남는다. 결국 이명박 정부의 철학에 실질적으로 부합하는 정보·사정기관장 인선과 내각이 꾸려진 것은 정권 출범 1년이 지난 후였다.

이 대통령은 중도실용 이념에 입각해 일로 평가받는 정부를 만들고 국정운영을 시스템화하기 위해 취임 전부터 많은 고심과 노력을 했다. 정

청와대 수석회의

권 초 내각 인선도 이 같은 고민의 연장선상에 있었다. 그러나 정부가 출범한 후 우리가 직면한 현실은 정권교체를 고민하면서 품었던 이상과는 괴리가 있었다. 성공적인 국정운영을 위해서는 정부 정책에 대한 국회의 협조, 공직 사회의 변화, 우호적인 언론 환경과 여론의 지지 등이 모두 뒷받침되어야 하지만 실제 환경은 그렇지 못했던 것이다.

무엇보다 531만 표라는 압도적 표차로 대선에서 승리하면서 집권세력 내부에 형성된 지나친 자신감이 정권 출범 초반 긴장감을 떨어뜨리고 여론의 흐름을 간과하게 만든 것도 부인할 수 없는 사실이다. 무엇보다 새 정부의 정책을 뒷받침할 수 있는 인재 풀과 지지세력을 어떻게 확보하고 활용할 것인지에 대해서도 더욱 진지하게 고민했어야 했다. 국민들의 압도적 지지로 탄생한 정권이라는 정당성에 대한 자신감이 지나친 나머지 인수위 단계에서도 비전과 정책을 앞세운 반면, 현실적으로 10년 만에 되찾아온 보수 정부의 운영에 필요한 인적 인프라 구축에는 소홀했던 것이다.

새 술은 새 부대에 이 대통령이 청와대 개편으로 새로 임명한 2기 수석진을 직접 소개하고 있다. (왼쪽부터) 강윤구 사회정책, 박병원 경제, 정동기 민정, 정정길 대통령실장, 맹형규 정무, 김성환 외교안보, 박재완 국정기획, 정진곤 교육과학문화수석비서관(〈동아일보〉 DB)

한국 정치에서 대선을 치른 후 나타나는 선거불복 심리는 항상 존재했다. 1997년 김대중 후보가 이회창 후보를 누르고 대통령에 당선됐을 때 신한국당 내 일부 의원들은 한동안 선거결과를 인정하지 않았다. 그 결과로 당시 김종필 국무총리 지명자에 대한 인준 동의안을 6개월 가까이 처리하지 않았다. 2002년에는 노무현 후보가 대선 재수에 나선 이회창 후보에게 승리한 뒤 개표부정 논란이 일어 재검표 소동까지 빚었다. 박근혜 정부 출범 이후에도 야당으로부터 '컴퓨터 집계과정에서 개표부정이 있었다'는 허무맹랑한 주장이 나오기도 했다.

그러나 5백만 표가 넘는 압승은 이명박 정부의 핵심 관계자들에게서 '계기만 주어지면 이 같은 대선 불복의 심리가 언제든지 돌출할 수 있다'는 경계심을 빼앗아 갔다. 나중에 들은 이야기지만, 2007년 대선 직후 2백여 개 재야단체들이 모여 선거불복 투쟁을 계획했다는 정보가 인수위에 보고되었다고 한다. 그럼에도 당시 이들 재야단체의 움직임과 여론의 흐름에 대해 민감하게 주의를 기울인 참모는 거의 없었다. 531만 표의 착시현상에 빠져 상상력이 부족했던 것은 아니었을까 가끔 되짚어보곤 한다.

Episode 7

광우병 파동과 촛불사태

촛불에 둘러싸인 청와대

2008년 4월 21일 아침 일본 도쿄의 한 호텔. 취임 후 첫 미국과 일본 순방을 마친 이 대통령은 서울로 떠나기 전 수행기자단과의 조찬간담회에서 방미 직전 타결된 한미 쇠고기 협상에 대한 이야기를 꺼냈다.

"쇠고기 협상은 질 좋은 고기를 들여와서 시민들이 값싸고 좋은 고기를 먹자는 겁니다. 미국 쇠고기를 강제로 수입하는 것이 아닙니다. 마음에 들지 않으면 국민들이 덜 사먹으면 되는 거예요"

이 대통령은 합리적이고 경제적인 관점에서 이렇게 설명했고 나 역시 별다른 의미를 두지 않고 기자들에게 대통령의 발언 그대로 브리핑을 했다. 솔직히 말해 미국산 쇠고기 문제는 시장에서 소비자들의 합리적 선택에 의해 해결될 사안이라고 생각했기 때문이다. 실제 1980년대 일본은 미국의 통상 압력을 완화하기 위해 미국산 오렌지 등 농산물에 대한 수입 개방의 폭을 넓힌 적이 있다. 그러나 일본의 복잡한 유통구조와 외국산 농산물에 대한 일본 소비자들의 거부감으로 판매가 저조하자 나카소네 당시 총리가 직접 나서 "미국산 농산물을 사 주자"고 호소하면서 직접 마트에 가 오렌지를 사서 시식하는 장면을 연출하기도 했다. 그러나 일본의 폐쇄적인 유통구조 때문에 미국산 농산물은 결국 일본 시장을 제대로 뚫지 못했다.

이 대통령의 발언 역시 미국산 쇠고기의 안전에는 이상이 없는 만큼 소비자들이 찾지 않는다면 시장 기능을 통해 자연스럽게 문제가 해결될 수 있다는 의미였다. 쇠고기의 안전 문제와 관련해서는 시중에 "미국산 쇠고기를 먹고 광우병에 걸릴 확률은 로또에 당첨돼 당첨금을 찾아오다가 벼락에 맞을 확률"이라는 농담 섞인 비유까지 나돌고 있었다. 과거 수년간 미국과 캐나다를 합쳐 3억에 가까운 북미 대륙의 인구 가운데 불과 3명이 광우병에 걸렸다는 통계에 바탕을 둔 이야기였다.

하지만 파장은 예상하지 못한 방향으로 번졌다. 얼마 후 MBC 〈PD수첩〉을 통해 방송된 "미국산 쇠고기, 과연 광우병에서 안전한가"는 매우 자극적이고 왜곡된 내용으로 방영돼 대규모 촛불시위에 불을 붙였다. 5월 초 '이명박 탄핵을 위한 범국민운동본부'와 '광우병 국민대책회의' 등이 결성되면서 촛불시위는 걷잡을 수 없이 확대됐다. 한 달 후에는 전국적으로 수만 명의 시민들이 시위대에 동참했다. 쇠고기 수입 문제는 모든 이슈를 빨아들이는 블랙홀이 되었고 서울광장의 시위대는 "MB OUT! 미친 소 OUT!"이 적힌 피켓을 들고 정권 퇴진을 외쳤다.

촛불시위가 절정이었던 5월의 어느 늦은 밤, 나는 업무를 마치고 밤 12시가 넘어서야 청와대를 나섰다. 그때 청계천 쪽에서 '와' 하는 함성이 청와대까지 들려왔다. 촛불시위에 참가한 수만 명의 시민들이 외치는 구호였다. 그때 문득 내 머릿속에 1980년 5월 '서울의 봄' 당시 시위대의 모습이 스쳐 지나갔다. 그때의 시위는 민주화에 대한 열망의 분출이었지만,

과연 2008년 5월 서울광장에 모인 시위대가 정권 퇴진 구호까지 외치는 이유가 무엇인지 이해할 수 없었다. 무엇보다 531만 표 차라는 압도적 지지를 바탕으로 10년 만의 정권교체에 성공한 이명박 정부가 출범한 지 불과 두 달 만에 이런 대규모 시위가 벌어졌다는 사실에 당혹스러웠다. 다른 한편에서는 이명박 정부에 적대적인 인터넷 매체 등 일부 언론들이 광우병 논란과 미국과 쇠고기 수입 문제를 재협상해야 한다는 비판 기사를

촛불집회 서울광장과 광화문 일대를 가득 메운 촛불시위 현장 (〈동아일보〉 DB)

매일 수백 건씩 쏟아냈다.

나는 광우병 논란과 쇠고기 협상과 관련한 새로운 주장이 나올 때마다 청와대의 입장을 설명하느라 눈코 뜰 새가 없었다. 농림수산식품부, 외교통상부 등 주무부처도 그날그날 단편적 대응을 하긴 했지만 그때까지만 해도 언론 보도나 여론 동향에 대한 범정부적인 체계적 대응은 이뤄지지 못했다. 사이버 공간에서도 '광우병 괴담'이 급속히 퍼져 나가고 있었지만 정부에 대한 무차별적인 공격을 제대로 방어할 수 있는 시스템이 채 갖춰져 있지 않았다. 이런 상황이 이어지자 청와대 안팎에서 홍보라인을 교체해야 한다는 여론도 높아져갔다.

설상가상으로 농림수산식품부가 수입 쇠고기와 관련된 미국 정부의 발표 내용을 오역하는 사태가 발생했다. 당초 한미 양국은 미국 정부가 '강화된 동물사료 조치'를 발표하면 월령이 30개월 이상 된 쇠고기도 수입한다는 데 합의했었다. 그런데 5월 2일 미국 정부가 연방 관보에 밝힌 동물사료 조치를 농림수산식품부가 번역하는 과정에서 '30개월 미만의 소는 도축 검사를 받지 않아도 사료로 사용할 수 있다'는 내용을 '30개월 미만 소 가운데 도축 검사를 통과한 소만 사료로 사용할 수 있다'고 오역해 언론에 발표했다. 소에게 먹이는 동물성 사료의 조건이 미국 정부가 실제 발표한 내용보다 엄격한 것처럼 바뀐 것이다.

사실은 단순한 번역상의 실수였지만, 야당과 시민단체는 때를 만난 듯 더욱 거센 공세에 나섰다. 이들은 "미국의 연방 관보에 게재된 동물사료 조치는 2005년 10월 미국 정부가 당초 입법예고했던 내용보다 오히려 후퇴한 조치"라며, "정부가 이를 감추고 쇠고기 수입에 정당성을 부여하기 위해 일부러 오역한 것"이라고 주장했다. 단순 번역 실수라는 농수산식품부의 거듭된 해명에도 불구하고 시민단체들의 반발은 갈수록 거세졌다. 급기야 나는 "실무적 실수로 불필요한 오해를 끼친 것을 유감스럽게 생각한다"고 사과했다. 여론을 잠재우기 위해서는 고개를 숙일 필요가 있다는 판단에서였다.

문제는 이런 공식 사과를 이 대통령에게 사전보고를 하지 않은 채 나의 독자적 판단으로 한 것이었다. 가뜩이나 청와대와 각 부처의 미지근한 대응이 못마땅했던 이 대통령은 나를 불러 "청와대 대변인 사과는 대통령이 사과하는 것이나 마찬가지다. 사과를 하더라도 농림수산식품부에서 실무적으로 하면 되는데 왜 청와대 대변인이 나서느냐. 아직도 자리의 무거움을 모른다"며 호되게 질책했다. 그 10여 분이 마치 한 시간이나 되는 듯 길게 느껴졌다.

나는 그 전후에도 대통령을 보좌하면서 그렇게 크게 혼이 났던 경험이 없다. 자괴감과 함께 대변인 자리에서 물러나야 할지도 모른다는 생각까지 들었다. 오죽하면 당시 그 자리에 함께 있었던 이종찬 민정수석비서관이 "대통령이 너무 화를 내서 대변인이 교체되는 줄 알았다"고 말할 정도였다. 그러나 정작 두어 달 뒤 청와대 비서진이 전면 교체될 때 수석진 가운데 나만 유임됐다.

재협상 논쟁과 1기 참모진 교체

광우병 집회가 계속되는 가운데 야당과 시민단체에서는 한미 쇠고기 협상을 폐기하고 전면 재협상을 시작하라는 요구를 내놓았다. 재협상 문제가 새로운 정치 쟁점으로 부상하면서 청와대 내부도 대처방안을 놓고 의견이 갈렸다.

2008년 6월 초 한미 양국은 '미국의 쇠고기 수출업자들이 월령이 30개월 이상 된 쇠고기를 자율적으로 한국에 수출하지 않도록 한다'는 내용에 잠정합의하고 그 이행을 미국 정부가 보장하는 방향으로 의견을 모았다. 다만 이 같은 내용을 기존 합의문의 본문을 고치는 대신 부칙에 담기로 했다. 이를 놓고 청와대 내부에서는 이 내용을 국민들에게 어떻게 설명할 것인지를 둘러싸고 논쟁이 벌어진 것이다. 정책라인에서는 "국가 간 신뢰를 고려해야 하는 만큼 기존의 협상 내용을 전면 부인하는 재협상이라는 용어를 사용해서는 안 된다"는 입장이었다. 반면 정무라인은 "재협상에 대한 국민들의 요구가 강하고 추가 협상이 내용적으로는 사실상 재협상과 다를 바 없기 때문에 재협상이라는 말을 쓰자"고 맞섰다. 그러나 참모회의가 결론을 내지 못한 채 논쟁만 길어지자 우리들은 "꼭 봉숭아 학당을 보는 것 같다"는 자조 섞인 농담도 했다.

이 대통령은 "국가 간의 관계야말로 신뢰를 얻는 것이 가장 중요하다"며 추가 협상이라는 용어를 쓰자는 의견에 손을 들어 줬다. 재협상이라는 용어를 사용하면 당장은 국내 정치적으로 득이 될지 모르지만 장기적으로는 국가 간의 합의를 국내 정치적 이유로 뒤집는 듯한 이미지를 줌으로써 국익에 도움이 되지 않는다는 판단에서였다.

이런 재협상 논쟁 과정을 지켜보면서 나는 최인호 씨의 소설 〈상도〉에서 주인공인 거상 임상옥이 했던 "신용이야말로 장사로 얻을 수 있는 최대의 자산"이라는 말을 떠올렸다. 미국과의 관계에서도 당장은 작은 손해를 보더라도 신뢰를 얻을 수 있다면 나중에 훨씬 더 큰 국익으로 돌아올 수 있다는 것이 당시 이 대통령의 생각이었고 나도 전적으로 동감이었다.

나는 기자들에게 "공식적으로 재협상을 요구하면 한국은 국제 거래에서 신용불량자가 된다. 추가 협상을 하더라도 국민이 염려하는 '30개월령 이상 쇠고기'에 대한 현실적 해법을 찾을 수 있기 때문에 실질적 효과는 같다"고 설명했다. 어려운 상황 속에서 이처럼 국가 간의 신뢰를 지킨 결과 우리가 얻은 결실은 생각보다 컸다. 그해 8월 초 한국을 찾은 부시 대통령은 한국의 미국 비자면제 프로그램(VWP) 연내 가입, 한국 대학생을 대상으로 한 미국 내 연수취업(WEST) 프로그램 신설, 한미 FTA 조기 의회 비준 약속 등의 선물을 안겨 줬다.

더 예상 못했던 선물은 일본의 로비로 미국 지명위원회(BGN)가 독도 영유권 표기를 '한국령'에서 '주권 미지정 지역'으로 변경했을 때 '깜짝선물'로 주어졌다. 촛불정국이 간신히 마무리된 직후인 그해 7월 말 미국 지명위원회가 독도 영유권 표기를 변경했다는 갑작스런 소식에 청와대 비서실은 아연실색했다. 다른 사안도 아닌 독도 영유권과 관련된 문제인 만큼 조기에 수습되지 못한다면 또다시 촛불정국 때와 같은 위기에 봉착할 수 있었기 때문이다. 그러나 정상적인 절차로 지명위원회 결정을 뒤집는 데는 절차상 빨라도 몇 개월이 걸릴 수밖에 없었기 때문에 위기감은 더욱 커졌다. 또 일본의 장기간에 걸친 로비공작의 결과였기 때문에 절차를 밟아도 결정을 뒤집을 수 있다는 확신도 없었다. 더구나 이 소식이 전해졌을 때 이 대통령은 마침 휴가 중이었다.

그러나 부시 대통령의 대응은 단호하고 빨랐다. "빠른 시간 내에 원상복구를 하는 것은 절차상 무리"라며 반대하는 콘돌리자 라이스 국무부 장관에게 부시 대통령은 "내 친구 이 대통령의 입장이 어렵다. 그가 원하는 대로 처리하라"며 강력히 지시했고 결국 1주일 만에 독도 표기는 원상 복구됐다. 국내의 어려움에도 불구하고 신뢰를 지킨 결과였다. 부시 대통령은 이 문제가 수습된 직후인 그해 8월에 방한해 가진 정상회담 때 이 대통령이 감사의 뜻을 전하자 "콘디(콘돌리자 라이스의 애칭)가 한 일이다. 나는 잘 모른다"며 눈을 찡끗했다. 그의 장난기 가득한 표정이 지금도 기억이 생생하다.

마침내 이 대통령은 재협상이냐 추가 협상이냐를 둘러싼 쇠고기 협상 국면을 마무리 짓기로 결심하고 6월 19일 기자회견을 가졌다. 한 달 전 쇠고기 파동과 관련한 대국민 담화에 이어 두 번째로 국민 앞에 선 것이다. 이 대통령은 무거운 표정으로 "국민이 원하지 않는 한 30개월령 이상의 미국산 쇠고기가 우리 식탁에 오르는 일이 결코 없도록 하겠다"고 밝혔다. 그러면서 "시위대 함성과 함께 제가 오래전부터 즐겨 부르던 〈아침이슬〉 노랫소리를 들었다. 시가지를 가득 메운 촛불의 행렬을 보면서 국민들을 편안하게 모시지 못한 제 자신을 자책했다"고 토로했다.

이날 회견문의 사과 수위를 놓고 청와대 내부에서는 진통이 적지 않았다. 한 달 전 이 대통령은 대국민 담화를 통해 쇠고기 사태와 관련해 유감을 표명했지만 촛불시위는 진정되지 않았고 보수 언론조차도 사설이나 칼럼 등을 통해 대통령의 진정성 있는 사과가 필요하다고 연일 촉구하고 있었다. 그러나 나는 이 대통령에게 "어려운 상황일수록 오히려 꿋꿋하고 담대하게 국민들에게 설명하고 이해를 구해야 한다"며 정면 돌파를 건의했다. 하지만 그때만 해도 감성적인 사과 표현을 담아야 한다는 의견이 다수였다. 이 대통령은 평소 참모들이 자유롭게 의견을 개진하도록 한 뒤 이를 종합해 절충하는 스타일이다. 이 대통령은 최종적으로 회견문에 〈아침이슬〉 내용을 넣고 초안에 담겼던 감성적인 내용은 상당 부분 줄이도록 지시했다.

대통령 기자회견을 준비 중이던 6월 중순, 류우익 대통령실장은 실장 주재 수석비서관회의가 끝난 뒤 비장한 표정으로 말했다.

"촛불사태로 인한 대통령의 짐을 덜어드리려면 지근거리에서 보좌하는 우리부터 책임지는 자세를 보여야 합니다. 나부터 물러나겠습니다."

내각의 전면 개편과 청와대 참모진 교체 가운데 어느 쪽을 택할까를 놓고 고심하던 이 대통령의 마음을 류 실장이 먼저 읽고 꺼낸 말이었다. 자리에 있던 다른 수석들도 한 사람의 예외 없이 일괄 사의를 표명하자는 데 동의했다. 결국 한미 쇠고기 추가 협상 타결 발표 하루 전인 6월 20일 류 실장을 비롯한 1기 청와대 참모진은 일괄 사표를 제출했다. 당시 이 대통령은 내각의 전면 개편도 검토했지만 총리와 각료들에 대한 국회 인사청문회에 대한 부담 때문에 비서실을 전면 개편하기로 결단을 내렸다.

이 대통령은 6월 21일 신임 대통령실장에 정정길 울산대 총장을 임명하고 7명의 수석비서관을 모두 교체했다. 수석비서관급 가운데 유임된 사람은 내가 유일했다. 촛불사태로 1기 참모진이 불가피하게 물러났지만 이 대통령은 이들이 '베스트 오브 베스트'였다며 매우 안타까워했고 후일 이들을 다시 중용했다. 류우익 대통령실장은 이후 통일부 장관으로 복귀했고 박재완 정무수석은 고용노동부 장관을 거쳐 기획재정부 장관을 맡았다. 이주호 교육과학문화수석과 김중수 경제수석은 각각 교육부 장관과 한국은행 총재로 임명됐다. 김병국 외교안보수석은 한국국제교류재단 이사장과 초대 국립외교원장을 역임했다.

정권퇴진 구호까지 등장하며 이명박 정부 출범 초기 국정을 마비시켰던 대규모 촛불시위는 보는 입장에 따라 다양한 해석이 가능할 것이다. 나는 촛불사태가 어느 한 가지 원인 때문에 촉발됐다고 생각하지는 않는다. 이는 2007년 대선패배 후 진보 진영 내부에 형성된 선거 불복의 심리, 인포데믹스(*infodemics*: 정보전염병), 신자유주의 이데올로기에 대한 반발, 정부의 소통 부족 등 여러 요인이 상승작용을 일으켜 나타난 결과였다.

표면적으로는 미국산 쇠고기에 대한 왜곡된 정보가 괴담으로 확대 재생산 되면서 대중의 불안 심리를 자극한 것이 큰 요인이었다. 특히 〈PD수첩〉의 "미국산 쇠고기, 과연 광우병에서 안전한가"라는 프로그램은 미국 동물보호협회가 제작한 도축장의 젖소 학대 동영상을 '광우병 소 도축 장면'으로 왜곡하거나 검증되지 않은 주장들을 여과 없이 내보냈다. 이 프로그램은 언론이 게이트 키핑 역할을 망각했을 때 진실이 어떻게 왜곡돼 전파되고 정치·사회적 아노미 현상을 초래하는지 적나라하게 보여준 사례다. 당시 나는 〈PD수첩〉 방송 내용에 대해 검찰이 수사에 착수한 점을 고려해 직접 대응은 자제했다. 자칫 수사에 가이드라인을 제시한다는 비판을 받을 수 있다는 생각에서였다. 하지만 1년 뒤 검찰이 수사 결과를 발표하고 PD와 작가 등 제작진 일부를 기소했을 때 나는 브리핑을 통해 다음과 같이 비판했다.

"언론으로서의 본분을 망각한 MBC 〈PD수첩〉은 음주운전과 다를 바 없다. 그쯤 되면 사회적 공기가 아니라 흉기다."

또한 미국산 쇠고기에 대한 광우병 논란은 인포데믹스의 폐해를 적나라하게 드러낸 예이기도 하다. 〈PD수첩〉 방영 후 인터넷에서는 중고생을 중심으로 광우병은 생리대나 기저귀로도 전염되며 심지어 공기를 통해서도 감염된다는 등의 황당한 루머가 마치 사실처럼 유포됐다. 또 영화 제목을 패러디한 '뇌송송 구멍탁'은 광우병을 상징하는 용어가 됐다. 왜곡된 정보가 한 번 퍼지면 전염병처럼 걷잡을 수 없이 사회 전체에 빠르게 확산될 수 있음을 보여주는 정보화 사회의 병리 현상이었다.

김대중-노무현 정부를 거치는 동안 진보 진영 시민단체들의 영향력이 확대된 것도 촛불시위가 확산된 배경 중 하나였다. 특히 촛불시위를 주도한 집단 중 일부는 자극적이고 선동적인 구호를 앞세워 촛불시위의 성격을 이명박 정권의 퇴진을 요구하는 정치시위로 변질시켰다. 이후에도 이들은 이름만 바꾼 채 제주해군기지 건설, 평택미군기지 이전, 4대강 사업 등 이명박 정부의 국책사업에 줄곧 반대했다.

한편 특정 세력의 주장이 정치적 시위로 확산되느냐 일회성으로 끝나느냐를 결정짓는 것은 중간 지대에 있는 일반 시민들이 정서적으로 동조하느냐의 여부다. 촛불시위 초기에는 일부 선동 세력의 주장에 시민들이 "정부가 국민들의 안전에 무관심하다"며 호응했던 측면이 있었다. 그러나 시간이 지나면서 광우병 괴담이 왜곡된 정보에 바탕을 둔 것임이 점차 드러난 데다 시위 장기화에 따른 피로감과 폭력적 시위에 대한 시민들의 외면, 대통령의 사과와 추가 협상 타결 등의 수습책이 이어지면서 시위가 진정됐다.

지금 돌이켜 보면 아쉬움이 많이 남는다. 청와대와 정부는 시민들이 일부 세력의 근거 없는 주장에 휩쓸려 거리로 나오는 상황이 발생하지 않도록 선제적이고 적극적인 노력을 기울였어야 했다. 하지만 10년 만의 정권교체로 새로운 국정운영 시스템이 제대로 자리를 잡기도 전에 촛불시위라는 예기치 못한 사태가 터지면서 범정부적인 체계적 대응이 이루어지지 못했다. 나 역시 오랫동안 언론사에서 일했지만 미증유의 사태에 직면해 대처에 미숙함이 있었던 것이 사실이다.

촛불사태는 1997년 IMF 외환위기 이후 한국 사회에 누적된 좌절과 울분이 표출된 측면도 있다. 신자유주의 논리가 우리 사회를 지배하면서 많은 국민들이 실직과 가족 해체의 고통을 겪었다. 무한대의 경쟁과 적자생존에 내몰린 국민들의 삶은 갈수록 힘들어졌다. 이런 상황에서 '경제성'을 앞세운 미국산 쇠고기 수입의 논리가 국민들의 불만을 폭발하게 만드는 기폭제가 되었던 것이다.

사회 내부의 축적된 울분이 극단적으로 폭력적 양상을 띠게 되는 경우에는 재앙을 초래할 수도 있다. 내가 〈동아일보〉 도쿄특파원으로 있으면서 목격했던 1995년 옴진리교 신자들의 '지하철 사린가스 테러' 사건이 대표적 예다. 일본 경시청이 역사상 최악의 테러로 꼽은 이 사건은 옴진리교 신자들이 도쿄 시내 지하철 3개 노선의 차량 5군데에 맹독성 사린가스를 뿌려 11명의 승객이 사망하고 5천 5백 명이 중경상을 입은 대형참사였다. 사건 당일 도쿄 프레스센터에 있는 사무실에 출근하기 위해 내가 탔던 지하철이 테러 대상 지하철 바로 다음 편이었기 때문에 나로서는 더욱 잊을 수 없는 사건이기도 하다. 당시 일본의 전문가들은 "오랫동안 억눌린 일본 사회 내부의 불만이 폭발해 초래된 참사"라고 분석했다. 어쩌면 대규모 촛불시위를 촉발시킨 뿌리에도 IMF 외환위기 이후 누적된 국민들의 상처와 울분이 맞닿아 있는지도 모른다.

정부의 소통 노력이 부족했던 것 역시 촛불시위가 확산된 중요한 원인이다. 미국산 쇠고기에 대한 광우병 논란이 커졌을 때 관련 부처에서는 미국산 쇠고기가 안전하다는 것을 기술적·통계적으로만 이해시키려고 했다. 이를테면 "미국 쇠고기를 먹는 미국 유학생이나 재미교포들은 지금까지 수백만 명이 넘는데 한 번도 광우병에 걸린 사례가 없다"는 식이었다. 또 미국산 쇠고기 수입과 미 의회의 한미 FTA 비준을 연계해 우리가 얻을 수 있는 경제적 반대급부를 강조하는 데 주력했던 측면도 있다. 촛불사태 초기 TV 토론회에 출연했던 관계 부처의 담당자들은 과학적 근거를 바탕으로 반대 진영을 설득하기 위해 나름대로 애썼지만 다수 국민들의 정서적 공감을 이끌어 내지는 못했다. 물론 해당 인사들이 언론이나 대중 앞에 나서서 설득하는 일에는 익숙하지 않았다는 한계도 있다.

일반 국민들의 정서를 이해하지 못한 채 합리적 설명에 치중했던 이 같은 소통 방식은 결과적으로 정부가 식품 안전이나 국민들의 건강 문제를 등한시한다는 인상을 주었다. 정치적 반대 진영에서는 이명박 정부를 냉혹한 시장주의 정권, 성장제일주의 정권으로 낙인찍고 집요하게 청와대를 공격했다. 이런 분위기 때문에 광우병 논란과 쇠고기 협상에 대해 이성적인 토론이 이뤄지지 않았던 점에 대해 나는 지금도 매우 안타깝게 생각한다. 그렇지만 당시 청와대와 정부는 국민 건강과 안전이 최우선이라는 점을 촛불시위 초기부터 지속적으로 강조했어야 했다.

촛불사태는 나에게도 성찰과 반성의 계기가 됐다. 무엇보다 설득과 소통의 차이에 대해 일깨워 주었다. 나는 진정한 소통은 단순히 남의 말을 잘 들어주는 것에 그치는 것이 아니라 상대의 눈높이에 맞춰 그 생각을 이해하고 대화해야 한다는 것을 절감했다. 특히 이 과정에서 '아버지의 언어' 못지않게 '어머니의 언어'로 말하는 것이 중요하다는 것을 느꼈다.

설득과 이성에 치우친 소통보다는 상대방의 감정과 정서를 배려하는 소통이 이 시대에 요구되는 소통방식인 것이다.

돌이켜 보면 1970년대 대학생활을 시작했고 1980년대 비약적인 경제성장을 보며 청춘을 보냈던 나 역시 '아버지의 소통방식'에 익숙했던 것이 사실이다. 하지만 촛불사태가 터졌던 2008년 여름 우리 사회의 정서, 특히 집회에 적극적으로 참여했던 2030세대의 정서는 과거와는 달랐다. 이른바 '88만 원 세대'의 좌절과 울분이 이미 그해 청년들 사이에서 확산되고 있었던 것이다.

나는 2008년 촛불사태가 준 소통의 교훈은 현 정권에서도 유효하다고 생각한다. 박근혜 대통령은 '아버지의 언어'와 '어머니의 언어'로 모두 소통할 수 있는 조건을 갖추고 있다. 강력한 정치적 카리스마가 있을 뿐 아니라 여성 특유의 섬세함과 따뜻함도 부각시킬 수 있다. 그러나 박 대통령이 국민과의 소통에서는 자신의 강점을 충분히 발휘하지 못하는 것 같아 안타깝다.

통한의 대운하 포기

촛불이 남긴 또 하나의 국가·사회적 손실은 바로 이명박 후보의 대선 공약이었던 한반도 대운하를 포기한 것이다. 사실 내가 2007년 7월 초 경선캠프에 합류한 직후 가장 먼저 한 일 중 하나는 당시 최대의 쟁점이었던 한반도 대운하의 필요성을 설득력 있게 알릴 수 있는 홍보전략을 짜는 일이었다. 그 일환으로 나는 대운하의 정당성을 객관적으로 설명해 줄 전문가를 찾고 있었다. 그러던 중 지인으로부터 운하 전문가인 박재광 위스콘신대 환경공학과 교수를 소개받았다.

마침 박 교수는 여름방학을 맞아 한국 정치의 쟁점으로 떠오른 운하의 타당성을 해외 운하의 탐방을 통해 직접 조사해 볼 계획을 세우고 있었다. 나는 그에게 해외 운하 탐방 르포를 국내 언론사에 기고해 줄 것을 제안했고, 그는 흔쾌히 받아들였다. 그의 해외 운하 탐방기는 9회에 걸쳐 한 인터넷 매체에 연재됐다. 이는 바로 홍보기법 중 하나인 '제 3자 인증'(*third party endorsement*) 전략이었다. 당사자가 아니라 제 3의 전문가 등을 통해 자기주장을 객관화함으로써 설득력을 얻는 방식으로 마케팅 분야에서는 적극 활용되고 있는 기법이다.

박 교수의 해외 운하 탐방은 2007년 8월 초 시작됐다. 그는 먼저 미국 중부를 북에서 남으로 관류하는 미시시피 강과 플로리다 운하를 둘러 봤다. 박 교수는 특히 해안을 따라 170여 ㎞에 걸쳐 수로를 건설한 플로리다 운하를 탐방하기 전에는 '바다를 통해서 충분히 운송이 가능한데 굳이 해안을 따라 수로를 건설할 필요가 있었을까'에 대해 의문을 가졌었다고 한다. 그러나 운하 탐방을 통해 바다를 통한 해운의 경우 일정 크기 이상의 대형 선박만 운행할 수 있는 반면 연안수로는 바지선 등 수심이 얕은 곳에서 다닐 수 있는 다양한 배를 사용할 수 있어 운송에 효율적이라는 사실을 알게 됐다는 것이다.

당시 미국 중부에서는 대평원에서 생산된 곡류를 운반하는 데 주로 미시시피 강 운하를 운송수단으로 활용하고 있었다. 운하가 다른 운송수단보다 안전하다는 게 입증되었기 때문이다. 2002년 미국 텍사스에서 발생한 유해물질 사고 건수를 보면 항공이 37건, 도로가 1,035건, 기차가

126건이었는데 운하는 단 2건에 그쳤다.

박 교수는 산과 들판을 가로지르고 물을 건너는 도로보다는 기존의 물길을 이용하는 운하가 더 환경친화적이라는 측면에서도 운하를 높이 평가했다. 더욱이 운하의 경제성은 이미 미국에서 충분히 입증되고 있었다. 박 교수가 방문한 미국 플로리다 운하의 항해부 책임자에 따르면 플로리다는 연안수로로 인해 약 13만 명의 고용효과와 연간 약 7조 5천억 원의 경제적 효과를 거두고 있었다. 박 교수는 우리나라의 경우 4대강의 수자원을 효율적으로 운영해 홍수와 가뭄을 최소화하는 것만으로 충분히 운하의 경제성이 있다고 분석했다. 특히 "한국이 물 부족 국가인데도 매년 홍수 피해를 겪는 것은 치수(治水)에 문제가 있다는 반증"이라며, 미국과 캐나다처럼 운하건설을 통해 홍수와 가뭄에 종합적으로 대응해야 한다고 주장했다.

박 교수는 운하 탐방을 위해 벨기에, 네덜란드, 독일도 찾았다. 국토면적은 우리나라의 1/7 수준에 불과한 벨기에는 당시 7개의 운하를 운영하고 있었다. 내륙 운하를 이용한 연간 운송량은 1억 톤에 달한다. 흥미로운 것은 벨기에 회사의 85%가 운하에서 10㎞ 이내에 위치해 있다는 점이다. 그만큼 벨기에서는 운하가 주요 운송 수단인 것이다. 운하의 나라로 불리는 네덜란드는 아예 물류 운송이 필요한 회사는 모두 운하 옆에 자리 잡고 있다. 도로를 무작정 건설할 수도 없고, 철도의 수송능력에도 한계가 있는 만큼 물류비용을 낮출 수 있는 대안으로 운하만큼 적합한 게 없다는 게 박 교수가 해외 운하 탐방을 통해 얻은 결론이었다.

그는 우리나라가 물 부족을 겪는 대표적인 이유가 강수량의 70%가 여름 장마철 때 내리는데, 이를 물그릇에 담아두지 못하고 바로 흘려보내기 때문이라고 설명했다. 물 관리, 국토개발, 환경친화적 운송수단 등 3박자가 대운하 사업으로 해결 가능한 셈이다.

당시 박 교수가 연재한 운하 탐방 시리즈는 2007년 대선 때 이명박 후보의 대표적 공약이었던 한반도 대운하 건설의 정당성을 뒷받침해 주는 중요한 논거가 됐다. 뿐만 아니라 박 교수는 이명박 정부가 대운하를 포기한 뒤에도 4대강 사업의 추진 필요성을 역설하는 전도사가 됐다. 심지어 2011년에는 4대강 사업 반대론자들과 격렬한 논쟁을 벌이다 명예훼손으로 고소를 당해 1심에서 2억 원의 배상 판결을 받기도 했다.

하지만 촛불정국의 여파로 이명박 후보의 대선 공약이었던 한반도 대운하 사업은 끝내 첫 삽을 뜨지 못한 채 좌초됐다. 이 대통령은 촛불정국이 마무리되어 가던 2008년 6월 19일 가진 특별기자회견에서 "국민이 원하지 않으면 대운하 사업을 추진하지 않겠다"고 선언했다. 야당과 재야단체는 물론 한나라당 내의 일부 세력까지 한반도 대운하에 반대하는 만큼 이 역사(役事)를 밀고 나가기에는 추동력이 부족했기 때문이다.

그런데도 한반도 대운하의 트라우마는 지금까지 따라다니고 있다. 한반도 대운하를 포기한 뒤 추진된 4대강 살리기 사업을 둘러싸고 임기 중 끊임없이 '언제든 한반도 대운하를 재추진하기 위한 사전작업'이라는 의혹이 제기됐던 데다 퇴임 후에도 논란이 계속되고 있기 때문이다. 최근 충청도 지역을 중심으로 중부지역이 극심한 가뭄에 시달리면서 4대강 공사의 유효성이 입증되었음에도 불구하고 야당 등 비판론자들이 이런저런 이유를 붙여 반대하는 것을 보면 어떤 사람들에게는 정부가 추진하는 사업에 무조건 반대하는 DNA가 유전자에 각인돼 있는 것이 아닌지 의문이 들 정도다.

돌이켜 보면 정부의 국책사업은 거의 예외 없이 거센 반대에 부딪혔던 것이 우리의 역사다. 2010년 설립 40주년을 맞은 경부고속도로와 세계 최고 공항으로 자리매김한 인천국제공항 역시 그랬다. 1970년대 초 경부고속도로를 건설할 때 당시 야당 의원들은 "재벌들이 골프 치러 가기 위한 길이다. 우리나라에는 고속도로를 달릴 차가 없다"고 반대하면서 심지어 고속도로 건설현장에 드러눕기까지 했다. 인천국제공항 건설 당시에도 반발이 컸다. "갯벌을 매립해 활주로를 만들면 비행기가 이착륙할 때 지반이 가라앉을 위험성이 있다", "공항 예정지가 철새 이동경로여서 새와 비행기가 충돌할 수 있다", "세계 주요 공항 가운데 해일 위험에 노출돼 있는 유일한 공항"이라는 등 다양한 반대 논리가 제기됐다.

그러나 국책사업에 반대했던 학자나 정치인, 시민단체 가운데 어느 누구도 과거 자신의 반대 논리가 잘못됐음을 인정하고 진솔하게 사과한 사람을 본 일이 없다. 사과는커녕 이들은 평택미군기지 이전 현장이나 제주해군기지 건설 현장 등을 옮겨 다니며 판박이 주장을 계속하고 있다. '국책사업 반대 인명록'이라도 만들어야 할 판이다.

나는 경선캠프에 뒤늦게 합류했지만 한반도 대운하에 대한 관심과 애착만은 남달랐다. 모두가 불가능하다고 말했던 청계천 복원사업처럼 이 대통령이 난관을 뚫고 한반도 대운하를 완성했다면 홍수·가뭄에 대비하는 것은 물론 물류 혁명, 수변 문화공간의 확충 등을 아우르는 21세기형 친환경 종합 국토개발이 이뤄졌을 것이라고 생각한다. 더욱이 이 물길이 신의주까지 연결된다면 이는 한반도 통일 물결로 이어져 후세에 두고두고 역사적인 일로 평가받을 것이다. 앞으로 누가 됐든 이 비전과 구상을 반드시 되살려 한반도 대운하를 추진하기를 기대한다.

Episode 8

55인 항명 파동

공천 항명 파동과 집권세력의 분열

"잘못된 인사와 퇴색한 개혁공천에 대해 청와대와 당 지도부가 대국민 사과를 해야 한다."

제 18대 총선을 보름 남짓 앞둔 2008년 3월 23일. 비장한 표정의 한나라당 친이계 공천자 55명이 여의도 당사에 모였다. 이들은 '이명박 정부와 한나라당을 걱정하는 총선후보 일동'의 이름으로 긴급성명서를 발표하고 이 대통령의 친형인 이상득 의원의 총선 불출마를 요구했다. '친박학살' 논란을 일으키며 공천 문제로 친박계와 친이계가 날선 대립을 계속하던 와중에 터진 '55인 공천 항명 파동'은 친이계 내부의 누적된 갈등을 폭발시킨 결정적 사건이었다. 수도권 의원들을 주축으로 한 이날 집단행동을 주도한 사람은 정두언 의원.

그는 언론과의 인터뷰에서 "후배들이 죽어 가는 현장을 두고 볼 수 없었다"면서 이상득 의원의 총선 불출마만이 이 대통령과 한나라당을 위한 길이라고 강조했다. 이 의원이 끝내 총선후보 등록을 강행하자 정 의원은 "역사를 보면 충신들이 결국에는 항상 승리한다"며 자신과 55인을 '생육신'으로 불러달라고 말하기까지 했다.

이 대통령이 서울시장 재직 당시 정무부시장으로 인연을 맺었던 정 의원은 대선캠프에서 선거전략과 홍보를 총괄하며 '대통령 이명박'을 만드는 데 핵심적인 역할을 했다. 이런 공을 인정받아 그는 2007년 12월 말 출범한 대통령직인수위원회 인선을 주도했다. 그런데 인수위가 본격적인 활동을 시작한 뒤 얼마 지나지 않아 여권과 언론에서는 "정 의원이 인수위와 새 정부 조각 작업을 좌지우지한다"는 말이 돌았다. 실제 인수위에는 정 의원의 고교(경기고) 동기 여러 명이 전문위원으로 참여하고 있었다. 심지어 정 의원이 이 대통령에게 4월 총선의 공천권 30%를 요구했다는 이야기까지 돌았다. 정 의원에 대한 시중의 여러 이야기들을 접한 이 대통령은 결국 내각과 청와대 인선 작업에서 정 의원을 배제시켰다. 정권 초반부터 측근에 의한 권력 사유화 논란이 생기는 것을 막기 위해 정 의원에게 일종의 '경고'를 한 셈이다.

이렇게 되자 정 의원은 초대 내각의 조각과 청와대 인선에서 더는 영향력을 행사할 수 없게 됐다. 그가 55인의 공천 항명 사태를 주도한 배경에는 자신의 영향력이 축소된 데 따른 상실감과 소장파 리더로서의 결기 등이 복합적으로 작용한 것이 아닌가 생각한다. 그러나 이상득 의원이 소장파의 요구를 일축하고 자신의 지역구인 포항에 출마해 당선됨으로써 이들의 거사는 '찻잔 속의 태풍'으로 끝나고 말았다. 여기에 '왕의 남자'로 불리며 소장파 주장에 동조했던 이재오 의원마저 4월 총선에서 문국현 창조한국당 후보에게 석패하면서 여의도를 떠나야 했다. 이로써 정권의 중요한 축이자 여당 내에서 개혁적 목소리를 대변할 수 있는 세력의 존재감이 엷어진 것이다.

공천 파동과 소장파 의원들의 항명 사태로 한나라당이 어수선해지자 청와대에서도 사태 추이를 예의주시하지 않을 수 없었다. 4월 총선을 목전에 두고 있었던 데다 국정 과제를 원활하게 추진하기 위해서는 당청 간 긴밀한 공조가 필수적이기 때문이었다. 당시 언론의 가장 큰 관심사는 항명 사태에 대한 대통령의 생각이었다. 청와대 출입기자들은 대변인인 내게 항명 사태에 대한 코멘트를 요청했다. 나는 "충정은 이해한다. 그렇지만 문제 제기 방식이 거칠고 적절치 않다"고 답했다.

거사의 명분은 차치하고 자신들의 주장을 대통령에게 설명하기 위한 노력을 충분히 하지 않은 채 언론에 성명서부터 발표하는 일방적 행태는 온당치 못하다는 게 내 생각이었다. 나의 발언은 청와대 핵심 관계자의 발언으로 곧바로 보도됐고 기사가 나간 날 저녁 나는 정 의원으로부터 문자메시지를 받았다.

'누가 그런 말을 했는지 내가 다 안다. 사람이 의리가 있어야지.'

그는 내가 자신의 편을 들 것으로 생각했는데 비판적 코멘트를 내놓자 매우 서운했던 모양이다. 사실 정 의원과는 대학 76학번 동기인 데다 내가 대선캠프에 합류한 직후 정 의원은 내가 어려움을 겪을 때 나를 엄호하거나 변호해 주어 고마운 생각을 갖고 있었다. 이 때문에 정 의원에 대한 약간의 부채의식도 있었다. 그러나 개인적인 인연이 청와대 대변인으로서의 본분보다 우선일 수는 없었다. 이 문자메시지를 받고 나는 곧바로 정 의원에게 "지금 나는 대통령을 모시는 참모다. (친구로서가 아니라) 대통령의 참모로서 한 이야기이니 오해하지 말라"고 답을 보냈다. 이는 권력 교체기 정치부 기자로 청와대를 출입하면서 내 나름대로 보고 느꼈던 것을 토대로 정 의원에게 해 주고 싶었던 진심이 담긴 충고이기도 했다. 청와대에서 대통령의 참모로 일하는 한 공과 사를 엄격히 구별해야 한다는 것을 절감했기 때문이다.

하지만 그는 나에 대한 오해를 풀지 않았다. 오히려 기자들에게 나를 '간신 같은 참모'라고 이야기하고 다녔다. 이를 보다 못한 서울대 정치학과 후배인 신재민 당시 문화관광부 차관이 우리를 화해시키기 위해 어느 날 술자리를 마련했다. 나는 정 의원에게 "너는 정치하는 사람이고 나는 대통령의 참모 아니냐. 나 같은 친구까지 적으로 만들면 어떻게 큰 정치인이 되겠느냐"고 말했다. 정 의원도 흔쾌하게 쌓인 감정을 풀었다.

그날 술자리를 통해 앙금은 풀렸지만 정 의원과의 얄궂은 악연은 이듬해에도 이어졌다. 2009년 가을 국정감사에서 외국어고등학교가 사교육비 증가의 원인으로 지목되며 논란의 중심에 서자 정 의원은 외고를 특성화고에 포함시켜 사실상 외고 입시를 폐지하는 내용의 초중등교육법 개정안을 발의했다. 법안 발의에 앞서 그는 "교육부가 청와대의 눈과 귀를 가리고 있다"고 맹비난했고 정치권과 교육계에서는 외국어고등학교 폐지 논란이 격화됐다.

그러던 중 일부 언론에서 이 대통령이 "교육 포퓰리즘을 경계해야 한다"고 말했다고 보도했다. 당시 나는 외고 논란과 관련한 청와대 기자들의 쏟아지는 질문에 "내가 알고 있는 대통령은 급진적인 문제 해결을 선호하지 않는다"고 설명한 것이 전부였다. 그러나 내 발언은 '포퓰리즘'이라는 자극적인 용어로 기사화되었고, 정 의원은 자신과 대통령과의 관계를 이간질하기 위해 내가 대통령의 뜻을 왜곡해 기자들에게 전한 것이라고 생각한 것이다. 나는 곧 언론 브리핑을 자청해 "대통령께서 '외고 폐지는 포퓰리즘이다'는 말씀을 하신 일이 없다. 하시지도 않는 말씀을 마치 하신 것처럼 보도하는 것은 잘못된 것"이라고 분명하게 설명했다. 내 의도와는 전혀 상관없이 언론 보도가 우리 두 사람의 갈등을 더욱 증폭시킨 셈이다.

국회나 정부에 몸담고 있는 사람들 시각에서 보면 청와대라는 곳은 담장이 높은 데다 대통령의 뜻을 직접 확인하기도 어려운 게 사실이다. 그러다 보니 청와대 내부 사람들과 의사소통에 문제가 생기면 오해로 굳어지기 쉽다. 내가 청와대에 있으면서 정 의원과 뜻하지 않은 오해가 쌓인 것은 어쩌면 청와대라는 조직의 특성 때문일지도 모른다. 그렇지만 이런 오해에도 불구하고 나는 기회가 있을 때마다 이 대통령에게 "정 의원을 품고 가야 한다"고 이야기했다.

하지만 공천 항명 사태 이후 정 의원의 행보를 보면서 한편으로 안타깝고 답답한 마음이 들었던 것도 사실이다. 돌이켜 보면 당시 정 의원의 충정도 충분히 이해가 간다. 자신이 주역이 되어 만든 새 정부가 중도개혁적 궤도에서 멀어져 가는 것이 아니냐는 안타까움 때문에 한 행동이었기 때문이다. 다만 그런 강직한 성품 때문에 좀더 오해가 증폭된 측면도 있었다고 생각이 든다. 그런데도 내가 그에게 참모의 소임을 강조했던 것은 대통령 측근이나 참모들의 '역할 인식'(*role perception*)이 그만큼 중요하다고 생각했기 때문이다. 당시 나는 참모로서의 소임에 충실했을 뿐이었지만 그 과정에서 내 의도와는 전혀 상관없이 정 의원과 오해가 생겼던 것이다. 이런 일을 겪으면서 한편으로 정치라는 것이 인간관계를 황폐하게 만든다는 생각도 들었다.

정부 출범 직후 여의도 발(發) 공천 파동과 항명 사태가 남긴 후유증은 컸다. '대통령 이명박'을 만든 측근 그룹은 분열됐고 권력 내부의 균형은 깨졌다. 정 의원과 이 대통령과의 거리가 더욱 멀어진 가운데 제 18대 총선에서 이재오 의원마저 낙선하면서 대선캠프 출신의 친이계 의원들은 구심점을 찾지 못했다. 이재오 의원은 한나라당 대선 경선과 17대 대선에서 이명박 후보 캠프의 좌장 역할을 맡아 선거 캠페인 최전선에서 뛰어난 역량을 발휘한 인물이다. '왕의 남자'로 불리기도 했던 그가 친이계 내부에서 차지하는 위상은 매우 컸다. 심지어 이 대통령도 사석에서 "친이계는 친이재오계를 말하는 것이냐"는 농담을 했던 적도 있다. 하지만 그는 2008년 총선에서 예상치 못한 낙선의 쓴잔을 마셨고 선거 후 홀연히 미국으로 떠났다.

만약 이 의원이 당선되어 국회에 계속 남아 있었다면 친이계 내부의 갈등과 분열을 막고 이 대통령의 국정 과제를 뒷받침하는 역할을 했을 것이다. 그리고 특히 막 국회에 진입한 소장파 의원들의 멘토 역할을 하면서 실질적으로 당을 이끌어가는 중심축이 될 수 있었다는 게 내 생각이다. 이재오 의원의 부재 속에서 내가 정 의원에게 기대했던 것은 한나라당 안에서 이 대통령의 지지세력을 이끌면서 이재오 의원의 공백을 채우는 역할이었다. 그렇지만 정 의원은 공천 항명 사태를 거치는 동안 이 대통령과 멀어졌고 그 이후에도 거리는 쉽게 좁혀지지 않았다.

2008년 제 18대 총선을 앞두고 이 대통령은 '정치할 사람들은 국회로 가고 청와대에 있는 사람들은 정책을 중심으로 열심히 일하면 된다'는 생각을 갖고 있었던 것 같다. 그러나 청와대나 정부가 의욕적으로 추진하는 정책도 언제든 국회에서 좌절될 수 있는 한국의 정치 구조상 대통령의 리더십만으로 모든 현안을 돌파할 수는 없다. 집권당 내에 대통령이 지향하는 국정 어젠다를 뒷받침할 정치세력이 확실히 뿌리내려야 하는 이유다.

'세종시 수정안 파동'은 이를 잘 보여준 사례다. 18대 총선 이후에도 계속된 친박계와 친이계의 대립, 친이계 내부의 분열과 특정 세력으로의 권력 쏠림이 낳은 폐해는 2010년 6월 세종시 수정안 국회 부결이라는 파탄적 결과로 돌아왔다. 이 대통령은 2009년 세종시 수정안을 추진하면서 "내가 정치적으로 좀 편안하려고 국가가 불편한 것을 할 수 있겠느냐"고 호소했지만 결국 국회의 문턱을 넘지 못했다. 세종시의 뼈아픈 경험은 성공적인 정부, 지속 가능한 정권을 위해서는 대통령과 '정치적 DNA'를 공유하는 사람들이 국회와 정부, 사회 각 분야에서 핵심 세력으로 포진하는 것이 매우 중요하다는 사실을 확인해 줬다.

우리 역사에서도 유사한 교훈을 발견할 수 있다. 조선시대 광해군은 서자 출신의 한계를 극복하고 명·청 교체기에 등거리 외교로 조선의 존립을 지키고 대동법과 같은 개혁을 추진했다. 광해군이 과감한 개혁을 실행할 수 있었던 것은 임진왜란 당시 의병활동을 주도함으로써 대의와 명분을 갖고 있던 정인홍 등 대북파의 강력한 지원 때문이었다. 하지만 대북파는 소수 세력이라는 근본적인 한계를 벗어나지 못했고, 결국 인조반정 후 집권세력이었던 서인들에 의해 절멸하면서 정치권에서 사라졌다. 이로 인해 대북파의 지지를 받았던 광해군의 개혁 정치와 실리 외교도 역사에서 빛을 잃고 만 것이다.

되돌아보면 '55인 항명 파동'으로 표면화된 친이계 내부의 갈등, 이재오 의원의 낙선 등은 정권 초반 이 대통령의 국정 수행 동력을 약화시킨 결정적 요인이었다. 핵심 국정 과제의 추진을 위해 여권 전체가 힘을 결집시켜야 할 시기에 집권세력 내부의 갈등과 분열이 나타나면서 국회 내에 대통령의 지지기반이 튼튼하게 구축되지 않았던 것은 매우 아쉬운 부분이다.

Episode 9

대변인에서 스핀닥터로

선전과 공보, 그리고 홍보

2009년 6월, 이 대통령이 버락 오바마 대통령과의 한미 정상회담을 위해 미국 워싱턴을 방문했다. 6월 16일 대통령 집무실인 오벌오피스에서 열린 정상회담은 당초 계획된 한 시간을 훌쩍 넘겼다. 정상회담장 옆 루스벨트룸에서 예정된 확대 정상회담에 참석하기 위해 대기 중이던 양국 참모진은 정상회담이 길어지면서 확대 정상회담이 취소되자 자연스럽게 이야기를 나누게 됐다. 대화 도중 오바마 대통령의 한 참모는 나에게 이런 말을 했다.

"우리는 매일 백악관에서 '오바마 드라마'를 만들고 있습니다."

그는 공개된 행사나 기자회견 등을 제외하고 백악관 내부에서는 오로지 대통령 전속 사진사만이 대통령을 촬영할 수 있다고 설명했다. 언론 등에 공개된 백악관 내부의 대통령 사진은 모두 자체적으로 찍은 것이라는 이야기다. 기자단을 대표하는 풀 기자가 국무회의장이나 청와대 행사장에 들어와 대통령의 모습을 자유롭게 찍는 우리나라와는 문화가 완전히 달랐다. 그는 또 각각의 대통령 사진에는 당시 상황에 맞는 어떤 메시

박태환 만세 2008년 8월 8·15 경축사 독회 도중 박태환의 베이징올림픽 남자 자유형 400m 우승 소식에 환호하는 이 대통령과 참모들. 이런 자연스러움이 배어 나오는 사진이 어떤 연출보다 호소력 있다.

지가 담겨 있다는 말도 덧붙였다.

백악관 참모의 이런 설명을 들었을 때 나는 조금 놀랐다. 그리고 이는 내가 PI (*President Identity*) 에 대해 진지하게 고민하게 만든 계기가 됐다. 백악관 집무실 입구 낭하를 걸어 나오는 고뇌에 찬 듯한 오바마의 뒷모습, 회의실 구석 자리에서 참모들과 함께 모니터로 생중계되는 오사마 빈 라덴 제거작전을 바라보는 광경 등 우리가 외신에서 접했던 백악관의 오바마 대통령 사진은 모두 일정한 기획과 연출을 거쳐 탄생한 일종의 '정치적 메시지'인 것이다. 실제 백악관은 홈페이지 내 "오늘의 사진" 메뉴를 통해 대통령 전속 사진사가 찍은 사진 중 가장 인상 깊은 사진을 매일 한 건씩 선정해 공개한다. 대통령은 물론이고 관련 인물이나 장소 등에 의미를 부여한 한 장의 사진을 통해 당일 전하고 싶은 메시지를 전달하는 것이다.

일반적으로 '대통령 홍보'를 말하면 이에 대해 부정적인 편견을 가진

'오바마 드라마'를 만든다 때로는 한 장의 사진이 백 마디의 메시지보다 효과적일 때가 있다. 백악관 홈페이지에 실린 오바마 대통령의 사진. 뒤쪽에서 찍음으로써 주인공이 국민임을 암시한다.

사람들이 적지 않다. 나는 이것이 선전, 선동과 공보, 홍보를 구별하기 못하기 때문이라고 생각한다. 선동은 특정한 정치적 목적을 위해 사실을 과장·왜곡하여 대중을 호도하는 것이다. 나치의 선전장관 괴벨스가 "대중은 거짓말을 처음에는 부정하고 그 다음엔 의심하지만 되풀이하면 결국에는 믿는다"고 말한 것은 선동 정치의 상징적 표현이다. 괴벨스는 탁월한 선전 선동가였지만 사실이나 진실을 은폐하고 왜곡했다.

공보는 언론 등을 활용해 주어진 사실을 일반 국민들에게 효과적으로 알리는 것이다. 특히 대통령 행보와 관련한 공보활동은 대통령의 체취나 진정성을 국민들에게 생생하게 전달할 수 있어야 한다. 일례로 2008년 12월 4일 새벽 이 대통령이 서울 송파구의 가락시장을 방문했을 때, 나는 다시 취재기자로 돌아간 마음으로 대통령의 일거수일투족을 자세히 '취재'해 청와대 기자들에게 설명했다. 대통령과 시장 상인들과의 대화는 물론 강추위 속에 시장에서 김장배추를 나르는 대통령의 모습, 야외 난로 옆에서 농민들과 커피를 마시며 위로하는 장면 등을 구체적으로 전했다.

또 이 대통령이 해장국집에서 상인들과 아침식사를 하는 자리에 현장 취재를 나온 풀 기자를 배석시켜 직접 대통령의 목소리를 들을 수 있도록 했다. 이날 오후 석간신문에는 가락시장에서 무시래기를 파는 박부자 할머니가 대통령의 손을 붙잡고 울먹이는 사진과 함께 대통령이 가락시장 방문기사가 1면 머리기사로 대서특필됐다. 특히 이 대통령이 박 할머니에게 다가가 "20년간 착용한 목도리인데 할머니께 드리겠다"며 목에 감아주는 장면은 네티즌 사이에서도 화제가 됐다. 박 할머니는 대통령이 무시래기 4개를 사고 건넨 2만 원을 극구 사양하며 "대통령과 나라가 잘되길 매일 기도한다"고 말하기도 했다. 이 대통령의 이 같은 행보는 금융위기로 어려움에 처한 많은 서민들에게 큰 힘과 위로가 됐다.

대통령의 행보나 정부정책을 부각시켜야 할 때와 그렇지 말아야 할 때를 정확히 판단하는 것도 청와대 공보에서 매우 중요하다. 이를 위해서는 언론에 대한 깊은 이해와 정무적 감각이 필수적이다. 실제 내가 청와대 대변인으로 일하는 동안 민감한 사안에 대해 정확한 정무적 판단에 기초하여 대응해야 했던 경우가 적지 않았다. 이는 단순히 정치적 이슈뿐 아니라 민심에 큰 영향을 줄 수 있는 사회적 사건, 사고 등도 포함된다. 이때 청와대가 선제적 · 적극적으로 대응한다면 정부에 비난 여론이 집중되는 것을 피하고 신속한 후속대책을 유도할 수 있다.

일명 '나영이 사건'으로 불리는 2008년 말 조두순의 아동 성폭행 사건이 대표적인 예다. 조두순은 등교하던 8살 나영이(가명)를 학교 근처의 교회 화장실로 끌고 가 장기가 손상될 정도로 성폭행하는 반인륜적 범죄를 저질렀다. 이후 2009년 9월 대법원이 조두순 사건에 대해 징역 12년의 형량을 확정하자 잔인무도한 범행에 비해 형량이 턱없이 낮다는 여론이 비등하기 시작했다. 주요 포털 사이트에는 네티즌들의 서명운동이 벌어졌고, 인터넷 기사의 클릭 수가 무려 1백만 건을 넘어섰다. 청와대 게시판에도 관련 글이 폭주했다.

당시 나는 이 사안에 대한 대응을 소홀히 할 경우 모든 비판이 청와대와 정부로 돌아올 수 있다는 걱정이 들었다. 공보수석실에서는 이 같은 여론의 흐름과 언론 보도를 종합적으로 분석한 뒤 "조두순 사건에 대한 대통령의 단호한 메시지와 행보가 필요하다"는 내용을 일일 브리핑에 담아 이 대통령에게 보고했다. 이후 이 대통령은 국무회의와 수석비서관회의에서 연이어 "그런 반인륜적인 흉악범은 평생 격리시켜야 한다"고 강조했다. 이 대통령의 강력한 메시지가 공개되면서 청와대를 향한 비난여론은 거의 나오지 않았다. 대통령 발언 이후 법무부는 대법원 양형위원회에 아동 성범죄에 대한 기준 형량을 높여달라고 건의했다. 또 국회에서는 아동 성폭행범 등 특정 범죄자에 대한 전자발찌 부착기간을 최장 30년으로 늘리는 방안이 추진, 2010년 관련법 개정안이 통과되었다.

이 밖에 전국 초등학교와 중학교를 대상으로 '학교 보안관 제도'가 2011년 시행되면서 외부인 범죄나 학교 폭력을 예방하는 데 큰 역할을 했다. 이 대통령의 단호한 메시지가 일련의 대책과 제도 개선의 시발점이었던 것이다.

일반 국민들이 잘 체감하기는 어렵지만 민감한 외교 안보 사안을 다뤄야 할 때도 정무적 판단이 필요한 경우가 적지 않다. 북한의 천안함 폭침에 대한 UN 안보리 논의가 한창 진행 중이던 2010년 6월, 캐나다에서 G20 정상회의가 열렸다. 당시 이 대통령은 한중 양자회담을 통해 중국에 안보리의 대북제재 동참을 요구할 계획이었다. 천안함 폭침이 발생한 지 불과 3개월 만에 이뤄지는 한중 정상의 만남이었기 때문에 회담내용에 대한 언론의 관심은 컸다. 정상회담 당일 아침, 외교부 장관과 외교안보수석 등이 참석한 수석비서관회의에서 공보 대응과 관련해 나는 다음과 같은 의견을 냈다.

"기본적으로 로키(*low-key*)로 대응하면서 중국이 대북제재 결의에 찬성할 경우 우리가 중국을 설득한 과정을 나중에 후일담 형식으로 공개하는 것이 좋겠습니다."

사안의 민감성 때문에 어차피 정상회담 관련기사는 보도되겠지만, 중국의 태도가 모호한 상황에서 우리가 적극적으로 언론에 알리는 것은 위험부담이 크다는 것이 내 생각이었다. 만약 청와대에서 한중 정상회담 결과를 언론에 적극적으로 홍보했는데 우리가 원하는 성과가 나오지 않을 경우 '외교역량의 부족'이라는 역풍을 맞을 수도 있었기 때문이다. 또 중국 입장에서 보면 애초부터 입장을 바꿀 생각이 없는 데도 한국이 중국에 외교적 압박을 가하기 위해 정상회담 결과를 언론에 대대적으로 홍보하는 '언론 플레이'를 한 것이라고 생각할 수도 있었다. 이 대통령도 나의 생각이 일리가 있다며 언론 대응은 최소화하도록 했다.

이 대통령은 실제 한중 정상회담에서 후진타오 주석에게 "천안함 문제로 한중 양국이 서로 얼굴 붉힐 일이 없기를 바란다"는 강한 표현까지 사용했지만, 나는 로키 대응기조에 따라 당시에는 이를 언론에 브리핑하지 않았다. 이 대통령은 한중 정상회담 당시의 답답하고 아쉬웠던 마음을 후일 회고록에서 술회했다.

앞에서 잠깐 언급했던 2008년 7월 미국 지명위원회에서 독도 표기를 '한국령'에서 '주권 미지정 지역'으로 변경해 국내에서 논란이 일었을 때도 마찬가지였다. 촛불정국이 겨우 수습된 상황에서 이 사건은 전혀 예상하지 못했던 돌발 악재였다. 특히 독도 문제는 국민 정서와 직결되는 휘발성이 큰 사안이었기 때문에 우리는 매우 당혹스럽고 긴장했다. 이 대통령이 휴가 중인 상황에서 유명환 외교통상부 장관을 비롯한 외교라인 참모진 전원 교체를 요구하는 여론도 커지기 시작했다. 청와대에서는 곧 정정길 대통령실장 주재의 긴급 대책회의가 소집됐다. 나는 "외교라인을 전면 교체하라는 야당의 공세에 대해 선제적이고 적극적인 대응을 하는 것이 좋겠다"는 의견을 냈고, 정 실장이 내 의견을 포함한 대응방안을 휴가 중인 이 대통령에게 보고했다.

이튿날 나는 청와대 기자들의 질문에 "외교라인 경질을 검토할 것"이라는 강도 높은 브리핑을 했고, 이는 잠시 야당의 비판을 누그러뜨리는데 도움이 됐다. 이런 가운데 다행히 주미한국대사관과 외교 당국은 지명 표기를 바로잡기 위해 총력을 기울였고 결국 부시 대통령의 지시로 독도 표기는 원상 복구되었다. 덕분에 외교라인이 경질되는 사태까지 가지 않았지만 당시의 긴박했던 순간을 떠올리면 지금도 가슴을 쓸어내리게 된다. 이렇듯 공보는 정확한 정보와 사실을 기초로 언론을 통해 호의적 여론을 조성하는 동시에 언론 보도로 인한 리스크는 최소화하도록 관리하는 것이라고 할 수 있다.

그러나 홍보는 공보를 넘어서는 보다 능동적인 개념이며 종합적인 '기획·연출'이 핵심이다. 즉, 단순한 사실 전달의 차원을 넘어 '콘텐츠'를 만드는 것을 의미한다. 국정운영의 목표를 달성하기 위해 콘텐츠를 기획·제작하고 관리하는 종합적 행위를 정부 차원의 홍보로 규정한다면 이는 현대 정부운영에 있어 매우 중요한 것이다. 정치 선진국에서 이른바 '스핀닥터'(*spin doctor*) 라고 불리는 참모가 존재하는 것도 바로 이런 이유에서다. 내가 백악관에서 보았던 역대 미국 대통령의 사진이나 "오바마 드라마를 만든다"는 백악관 참모의 설명은 모두 '종합 연출'을 의미하는 것이라고 볼 수 있다.

하지만 우리나라에서는 청와대나 정부에서 하는 공보나 홍보활동을 마치 정권 유지를 위해 언론을 통제하거나 정권에 불리한 내용을 은폐, 왜곡하는 것으로 오해받는 경우가 적지 않다. 이는 과거 권위주의 정권의 보도 통제와 공작정치가 남긴 부정적 유산 때문일 것이다. 나는 성공적인 국가운영을 위해서는 공보와 홍보가 모두 필요하다고 생각한다. 특히 치밀한 기획과 연출을 통해 대통령의 국정운영 메시지와 핵심정책을 홍보하는 것은 선진국에서는 이미 일반화됐다.

2015년 초 오바마 대통령도 자신의 핵심정책인 '오바마 케어'(건강보험 개혁안) 가입을 독려하기 위해 셀카봉을 들고 직접 코믹 동영상을 촬영해 큰 화제를 모았다. 오바마는 영상에서 혀를 빼꼼히 내밀며 윙크하거나 거울을 보며 우스꽝스러운 표정을 짓는 등 스스럼없이 '망가지는' 모습을 공개했다. 그러면서도 "한 달에 1백 달러도 되지 않는 돈으로 건강보험을 들 수 있다"며 자연스럽게 오바마 케어를 홍보했다. 이 동영상은 1주일 만에 조회 수가 5천만 건을 넘어서며 '대박'을 쳤고 덕분에 건강보험 가입자 수도 급증했다. 나는 이것이 바로 정책홍보의 힘이라고 생각한다.

모바일과 SNS 사용이 일상화된 지금 청와대 홍보도 한 단계 업그레이

훌륭한 미디어 정치의 성공모델로 평가받는 오바마 대통령의 사진

드되어야 한다. 역대 정부에서 청와대 대변인이나 공보(홍보) 수석은 앞서 설명한 홍보보다는 공보 기능에 충실했던 것이 사실이다. 나 역시 1기 청와대 대변인 시절에는 공보 역할에 치중했던 측면이 많았다. 그때까지 나는 청와대의 '종합 홍보' 기능에 대해 다소 인식이 부족했던 데다 신문사에서 오랫동안 칼럼과 사설을 쓴 탓에 나도 모르게 '계몽주의적 언론관'이 몸에 배어 있었다. 여기에 이명박 정부 출범과 함께 국정홍보처가 폐지되고 각 부처 대변인실의 위상이 약화되면서 주요 현안에 대한 공보업무가 청와대로 집중됐다. 특히 정권 초반부터 광우병 논란과 촛불시위라는 초유의 사태를 겪으면서 청와대 홍보기능을 강화할 만한 환경이 조성되지 않았던 이유도 컸다.

대통령 드라마를 만들라

내가 청와대 대변인 겸 공보수석, 홍보수석비서관 등으로 근무했던 2년 반 동안 두 차례의 청와대 조직 개편이 있었다. 첫 번째는 2008년 6월 말 촛불사태 직후 단행된 조직 개편이다. 큰 틀에서 '1실-7수석-1대변인' 체제를 유지하되 공보수석실 기능을 보완하기 위해 홍보기획관을 신설했다. 홍보기획관은 한나라당 대변인을 지낸 박형준 전 의원이 맡았다. 주목할 만한 변화는 홍보기획관 아래 국민소통비서관을 둔 것이었는데, 이는 인터넷과 SNS 등 뉴미디어를 통한 소통과 여론 동향 분석을 강화하기 위한 것이었다. 두 번째는 대변인실과 홍보기획관실을 통합하고 홍보수석을 신설했던 2009년 8월 말의 조직 개편이었다.

두 번째 청와대 참모진 개편을 앞두고 나는 이 대통령에게 언론정책과 공보·홍보 기능을 총괄하면서 '스핀닥터' 역할을 하는 홍보수석실을 만들 필요가 있다고 보고했다. 이는 청와대 대변인 생활을 통해 얻은 경험과 교훈, 홍보의 방향 등에 대한 내 나름의 정리된 생각을 건의한 것이다. 이 대통령은 나의 제안을 수용했고 결국 3기 참모진 출범과 함께 나는 홍보수석으로 자리를 옮겨 관련 업무를 총괄하게 되었다. 개편 이후 방송기자 출신인 박선규 언론2비서관과 김은혜 부대변인이 '투톱 대변인'으로 호흡을 맞췄다. 조직 개편으로 대변인실과 홍보기획관실을 흡수한 홍보수석실은 비서관 6명, 직원 80여 명에 달하는 청와대 내 최대 비서관실로 재탄생했다.

이처럼 두 차례의 조직 개편을 통해 청와대는 활발하고 적극적인 대국민 소통에 나섰으며 정무 현안에 대한 대응 역량도 이전보다 대폭 강화되었다. 이 같은 변화가 가능했던 것은 언론 보도와 여론 흐름에 대한 정밀한 분석이 바탕이 됐기 때문이다. 경선캠프 때 시작해 대선과정은 물론 인수위 때까지 계속했던 '데일리 리포트'는 청와대 대변인실에서는 '일일 브리핑'으로 이름이 바뀌었고 청와대 홍보수석실이 생긴 뒤에도 계속해서 핵심적인 역할을 했다. 그 과정에서 보고서의 내용이나 수준도 계속 업그레이드됐다.

사실 CIA(미국 중앙정보국)도 중요 정보의 80% 이상을 언론 보도 등 공개된 소스에서 얻는다. 언론비서관실에서 작성한 일일 브리핑은 언론 보도와 여론 동향을 종합적으로 분석한 뒤 대통령의 당일 메시지나 행보를 압축적으로 제시하고 정무적 판단을 돕는 1~2페이지 분량의 짧은 보고서다. 여기에는 대통령이 외부 행사에서 강조할 필요가 있는 메시지나

일산경찰서 방문 여자 초등학생 납치 미수사건이 발생하자 이 대통령은 현장인 일산파출소와 경찰서를 전격 방문해 수사를 독려했다.

유의해야 할 용어, 행동요령 등이 구체적으로 담겨 있다. 또 대형 사건사고가 발생했을 때 대통령이 어떤 행보를 보여야 하는지에 대해서도 조언했다.

이 때문에 일일 브리핑은 이 대통령이 매일 아침 반드시 찾는 청와대의 핵심 보고서 중 하나였다. 물론 최종 판단은 이 대통령의 몫이지만 참모진 의견에 귀를 기울이고 합당하다고 판단하면 즉시 추진하는 이 대통령의 스타일이 성공적인 대국민 홍보로 이어진 경우가 여러 차례 있었다. 여자 초등학생 납치미수 사건이 발생했을 때 경기도 일산의 파출소를 전격적으로 방문했던 것이 좋은 예다.

정부출범 한 달 후인 2008년 3월 말 일산의 한 아파트에서 50대 남성이 여자 초등학생을 마구 때려 납치하려다 실패한 사건이 발생했다. 당시 경찰은 CCTV 화면조차 제대로 확인하지 않은 채 이 사건을 단순폭행으로 처리하려 했고 이에 대한 비난 여론이 들끓었다. 공보수석실은 일일 브리핑을 통해 경찰의 부실한 초동수사에 대한 대통령의 엄정한 메시지가 필요하다고 보고했다. 사건 발생 5일 후 이 대통령은 일산경찰서를 예고 없이 방문해 "일선 경찰이 너무 해이해 있다. 범인을 빨리 잡으라"고 질타했다. 대통령 지시가 떨어지고 몇 시간 후 범인이 검거되면서 이날 이 대통령 행보의 의미도 더욱 부각됐다.

북한의 천안함 피격이 발생한 지 불과 나흘 만인 2010년 3월 30일, 이 대통령이 천안함 실종자 구조작업이 진행 중이던 백령도를 전격 방문한 것도 일일 브리핑을 통한 건의가 받아들여진 경우다. 백령도는 북한의 지대함 유도탄과 해안포가 집중 배치돼 있는 장산곶에서 13㎞밖에 떨어져 있지 않은 최전선이어서 역대 대통령들도 이곳 방문만은 피했다.

당시 국방부와 청와대 내부에서도 대통령의 안전문제를 거론하며 반대하는 의견이 많았다. 그러나 천안함 폭침 직후 소집된 NSC(국가안전보장회의) 멤버 중 이 대통령을 포함한 절반이 병역 미필자라는 점에서 비판이 만만치 않았다. 이런 비판 여론을 잠재우고 국민들의 안보 불안을 해소하기 위해서는 군 통수권자의 과감한 행보가 필요하다는 것이 내 생각이었다. 결국 이 대통령의 백령도 방문계획은 당일 출동명령을 받은 최근접 경호원 10여 명에게만 구두로 전달됐고, 보안을 위해 작전명도 정하지 않은 '비공식 수행'으로 처리했다. 당시 서해상에는 강풍이 불고 파도가 높았지만 이 대통령은 실종자 가족을 만나기 위해 천안함 구조작업을 하던 독도함에서 2.3㎞ 떨어진 광양함까지 고무보트를 타고 이동하는 위험까지 감수했다.

이슈 컨트롤타워를 만들다

나는 홍보수석이 되자마자 매주 월요일 대통령 주재 수석회의와 별도로 매일 열리는 대통령실장 주재 수석회의에서 공보 현안을 가장 먼저 논의할 것을 제안했다. 이른바 '공보현안회의'의 신설이었다. 나는 그 논거로 "수석회의는 이슈 관리회의가 되어야 한다. 핵심 현안에 대한 언론 보도와 여론 동향을 모니터링한 뒤 이를 토대로 청와대가 선제적으로 대응전략을 세워야 한다"는 점을 제시했다.

공보현안회의에서는 당일 주요 현안에 대해 관련 부처에서 발표할 메시지 내용과 청와대의 대응, 부처 간 정책조율은 어떻게 해야 하는지 등까지 결정했다. 국정운영의 헤드쿼터 역할을 한 셈이다. 이에 따라 박흥신 언론비서관 주도로 각 비서관실별로 당일의 주요 이슈를 취합한 뒤 그중 중요한 이슈에 대해서는 공보현안회의에서 20~30여 분 동안 집중적으로 논의했다. 회의 결과는 각 비서관실을 통해 해당 부처로 즉각 전파됐고 대통령에게도 함께 보고됐다. 또 전날 회의 안건에 대한 처리결과와 관련 언론 보도 등 사후의 진행 상황도 빠짐없이 체크했다.

공보현안회의에서는 다양한 이슈들이 논의됐다. 일례로 2010년 초여름 기상 이변에 따른 이상 저온과 폭우가 반복되자 "김장철 배추 파동이 발생할 가능성이 있으므로 긴급 수입 등 선제적 조치를 검토할 필요가 있다"는 내용을 관련 부처에 전달했다. 하지만 얼마 후 청와대 조직 개편으로 내가 홍보수석 자리에서 물러나면서 회의가 제대로 운영되지 못했다. 결국 그해 가을에 배추 한 포기 값이 1만 5천 원을 훌쩍 넘어서며 배추 대란이 현실화됐고 그때서야 다시 청와대 대책회의가 소집됐다.

나는 그 모습을 보면서 몇 달 전 공보현안회의의 내용이 떠올라 안타까웠다. 이 밖에 미디어법 처리, 4대강 사업 등 당청 간 의견을 조율할 필요가 있는 정무적 사안들도 공보현안회의의 의제였다. 4대강 사업의 경우 "여당에서도 이 사업을 적극적으로 홍보해 청와대 후방 지원에 나서야 한다"는 공보현안회의의 결론을 당 지도부에 전달했다. 그 결과 한나라당 내에 4대강 홍보 대책회의가 만들어졌고 청와대에서도 그 회의에 참석해 당청 간 소통을 확대할 수 있었다. 공보수석회의를 처음 시작할 때 회의체를 홍보수석실이 주도하는 것에 대해 일부에서 불만의 목소리도 있었다. 그러나 이 회의가 현안에 대한 적절한 대응을 하는 데 도움이 된다는 인식에 따라 다른 수석실에서도 긍정적인 입장으로 돌아섰다.

살아 있는 PI

내가 홍보수석을 맡은 후 PI를 위해 우선적으로 추진했던 일 중 하나가 대통령 사진과 영상 메시지를 분석하고 개선하는 작업이었다. 나는 이 대통령의 미국 순방 당시 백악관에서 본 역대 미국 대통령들의 사진에서 신선한 충격을 받았다. 한 장의 사진에서 우러나오는 메시지나 무게감이 우리와는 차원이 달랐기 때문이다. 우리나라의 경우 대통령 사진이 행사 중심인 데다 포즈나 표정도 관례적인 모습이 대부분이다. 대통령의 성찰이나 고뇌가 자연스럽게 배어 나오거나 인간적이고 소탈한 모습의 사진이 거의 없는 것이 사실이다. 사진 속의 대통령은 대부분 권위적인 이미지로 대중들에게 각인되어 있다. 나는 살아 있는 PI를 위해서는 대통령의 체취가 묻어나오는 사진, 메시지를 던져줄 수 있는 사진을 만드는 일이 시급하다고 생각했다.

사실 대통령 사진에 대한 문제는 이전부터 청와대의 '숙제' 중 하나였다. 내가 홍보수석에 임명되자마자 이 작업에 착수한 것도 이런 이유에서였다. 나는 먼저 2008년 이 대통령 취임 직후부터 약 1년 반 동안 주요 일간지에 실린 대통령 사진 2천여 장과 방송에 보도된 영상물을 외부 전문기관에 의뢰해 분석하도록 지시했다. 요즘으로 치면 일종의 '사진 빅데이터(*big data*) 분석'을 시도했던 것이다. 이를 담당한 대형 광고기획사는 청와대, 외교 현장, 민생 방문 등 유형별로 이 대통령의 표정과 위치, 사진 속 주변 인물을 정밀하게 분석했다.

분석 결과, 대통령 사진이나 영상에 수행원이 지나치게 자주 노출되는 것이 가장 큰 문제점으로 지적됐다. 이렇다 보니 대통령이 사진이나 영상의 주인공으로 부각되지 못하고 메시지의 집중도 역시 떨어진다는 것이다. 특히 거의 모든 대통령 사진에 경호팀 직원들이 등장했는데, 나는 이 문제부터 개선해야 한다고 생각했다.

수석비서관이나 유관부처 장관, 정치인들이 대통령 사진에 과도하게 얼굴을 드러내는 관행도 고쳐야 할 부분이었다. 청와대 회의나 집무실 사진도 문제였다. 국무회의 사진은 대통령이 중앙에 위치한 정면 사진이 대부분이었고, 집무실 사진은 대통령이 결재하거나 지시하는 사진이 많았다. 대통령과 국무총리, 비서실장이 나란히 청와대 복도를 따라 회의장으로 들어오는 사진이나 영상 역시 지양해야 한다는 지적이 나왔다. 비교 대상으로 제시된 백악관 참모회의는 참석자들이 테이블에 앉거나 서서 자연스럽게 오바마 대통령의 이야기를 듣는 모습이었다. 심지어 회의를 주재하는 오바마 대통령의 한쪽 팔만 찍은 사진도 있었다.

나는 이 내용을 대통령을 포함한 청와대 전체가 공유할 필요가 있다고 생각했다. 이에 따라 홍보수석실은 매월 한 차례씩 열리는 청와대 확대비서관회의에서 사진분석 결과를 발표했다. 대통령이 직접 주재하는 확대비서관회의는 선임행정관까지 참석하는 150여 명 규모의 청와대 내 최대 회의다. 참석자들은 발표 내용을 들으면서 그간의 대통령 사진촬영의 문제점과 개선 필요성에 대해 공감했다. 발표가 끝날 무렵 나는 "경호와 의전팀들은 앞으로 대통령 사진에 자주 노출되지 않도록 신경을 써 달라"고 부탁했다. 하지만 경호팀 입장에서는 외부행사 시 대통령을 근접에서 경호해야 하는 현실적 고충도 있었다. 이로 인해 사진촬영 때마다 홍보수석실과 경호팀 간에 작은 실랑이가 벌어지기도 했는데, 그럴 때면 내가 먼저 카메라 앵글에서 빠지면서 경호팀 인력들도 자연스럽게 동참하도록 만들었다.

대통령이 지역행사에 참석하는 경우 사진촬영 시 '불필요한' 조연들을 정리하는 것이 쉽지 않았다. 해당 지역구 국회의원들부터 자치단체장, 유관부처 장관, 공기업 사장 등에 이르기까지 대통령과 '인증샷'을 찍기 위해 몰려드는 사람들이 하나둘이 아니기 때문이다. 나는 사진촬영 직전 빠져야 할 사람들을 솎아내는 '악역'을 맡지 않을 수 없었는데, 때로는 누구를 빼야 할지 매우 난감했다. 지역행사를 감안해 해당 지역구의 국회의원들은 가끔 사진에 포함시키기도 했지만 장차관 등 고위 관료들이 대통령 옆에서 '그림'을 망칠 경우 여지없이 내 손에 이끌려 나와야 했다.

또 행사 도중 대통령의 자연스런 표정과 제스처를 담기 위한 연출과 촬영감독 역할도 나의 몫이었다. 수차례의 시행착오를 거쳐 재탄생한 대통령의 사진들은 이전과는 확실히 차별화되었다. 상투적인 의전용 사진이 거의 사라졌고 대통령의 모습은 훨씬 생동감 있고 자연스러웠다. 2009년 가을 이 대통령이 포항의 죽도시장을 방문해 선물로 받은 아이스크림 통을 어깨에 멘 채 아이스크림을 한 입 베어 무는 사진, 서울 남대문시장에서 홀로 상인들 틈에 섞여 있는 모습, 매대의 옷을 들고 이리저리 살펴보는 장면 등이 대표적인 예다. 오바마 대통령처럼 우리 대통령의 사진도 스토리를 담은 사진으로 바뀌기 시작한 것이다.

이런 변화는 청와대 내부에서도 호평을 받았다. 아쉬운 것인 이 같은 변화가 오랫동안 지속되지 못했다는 것이다. 청와대를 떠나고 한참 뒤에 대통령 사진을 다시 보았을 때 나는 과거로 회귀한 듯한 느낌을 받았다.

SNS에 눈을 뜨다

두 번의 청와대 조직 개편 이후 홍보 기능이 강화되면서 대통령과 국민과의 접점을 확대하기 위한 다양한 시도가 이어졌다. 대표적 사례가 청와대 블로그 개설과 〈대통령이 떴다〉 시리즈다. '푸른 팔작지붕 아래 대통령과 함께 쓰는 청와대 이야기'라는 제목의 공식 블로그에서는 언론에는 비춰지지 않았던 이 대통령의 소탈한 모습이 고스란히 담겼다. 특히 블로그 내 동영상 코너인 〈대통령이 떴다〉는 이 대통령을 주연 배우로 한 일종의 논픽션 민생 탐방 다큐멘터리다. 영상의 생동감을 높이고 젊은 감각을 불어넣기 위해 대학생들로 구성된 별도의 촬영팀이 콘티부터 취재, 자막까지 전 과정을 자유롭게 만들었다. 이는 2007년 대선캠프 공보실의 SNS 담당 실무자들이 청와대 국민소통비서관실에서 다시 뭉쳐 만든 작품이다.

사실 청와대 블로그를 처음 기획할 때 청와대 일부에서는 대통령 일상이 지나치게 많이 노출되는 것 아니냐는 우려도 있었다. 그러나 나는 이 대통령의 진솔한 모습과 일상의 체취를 국민들에게 자연스럽게 보여주는 것이 더 중요하다고 생각했다. 청와대 블로그에는 국민들에게 알려지지 않았던 청와대 내부 풍경과 직원들의 일상, 대통령과 영부인의 민생 현장 방문기 등이 사진과 함께 공개되었다. 대학생 기자들은 대통령의 최전방 부대 시찰과 재래시장 방문, 김윤옥 여사의 미소밥차 배달 봉사 현장을 동행 취재하면서 블로그에 생생한 후기를 남겼다.

〈대통령이 떴다〉 시리즈 중에서는 2010년 추석을 앞두고 이 대통령이 청와대 공식 트위터에 처음 글을 올리는 장면을 묘사한 "대통령의 트위터 데뷔기"가 단연 인기였다. 당시 이 대통령은 "대통령께서는 청와대에서 추석을 보내시나요"라는 한 트위터 팔로워(*follower*)의 질문에 "비밀입니다"라고 입력, 주변 직원들을 폭소케 했다. 또 대통령의 트위터 접속을 확인한 네티즌들이 잇따라 질문을 던지자 "제가 독수리 타법이라 답변이 짧아 미안하다"라며 재치 있게 답하기도 했다. 또 청와대의 어린이날 행사를 담은 "대통령 할아버지의 엉덩방아"도 히트작 중 하나다. 이 동영상에는 이 대통령이 다문화가정, 소외계층 어린이 180명을 청와대로 초청해 잔디밭에서 게임을 벌이던 중 몰려든 어린이들에게 밀려 뒤로 넘어지는 코믹한 장면이 담겨 화제를 모았다.

2007년 대선 당시 이명박 후보의 TV 광고로 유명해진 욕쟁이 할머니(강종순)가 운영하는 실내포장마차를 이 대통령이 다시 찾은 동영상 역시 많은 네티즌들에게 잔잔한 감동을 주었다. 대선 당시 강 할머니의 포장마차에 다시 오겠다고 약속했던 이 대통령은 2009년 12월 12일 밤, 김윤옥 여사와 함께 깜짝 방문하며 2년 만에 약속을 지켰다. 예상치 못한 대통령의 기습 방문에 강 할머니는 깜짝 놀랐고, 이 대통령은 일행들과 막걸리를 나누며 포장마차의 번영을 기원하는 건배를 제의하기도 했다. 김윤옥 여사도 할머니를 손을 잡고 따뜻하게 위로하며 파란색 목도리와 점퍼를 선물했다.

〈대통령이 떴다〉 시리즈와 함께 매주 월요일 아침 KBS1 라디오와 교통방송(TBS · TBN), 유튜브를 통해 방송된 〈주례 라디오 연설〉도 의미 있는 시도였다. 이는 이 대통령이 직접 제안한 아이디어였는데 미국 프랭클린 루스벨트 대통령의 라디오 연설인 〈노변담화〉(*fireside chats*)에서 착안한 것이다. 라디오 연설은 대통령이 직접 국정운영의 방향을 알려 국민과의 소통을 강화하기 위한 것이었다. 연설은 2008년 10월 첫 전파를 탄 후 2012년까지 계속되었는데, 이 대통령은 해외순방을 마치고 귀국하는 비행기 안에서도 연설을 녹음할 정도로 열정을 쏟았다.

그리고 이 대통령의 취임 200일을 즈음한 2008년 9월 9일 〈대통령과의 대화, 질문 있습니다〉 프로그램이 지상파TV 4사를 통해 생중계되었다. 처음 이 프로젝트를 추진했을 때 나는 이 대통령이 일본을 방문했을 때 했던 〈일본 국민 100인과의 대화〉를 떠올렸다. 촛불정국 과정에서 국론이 분열되고 경제위기에 대한 국내외 우려가 커지는 상황에서 대통령과 국민과의 접촉면을 넓힐 필요가 있다는 생각도 했다. 대화의 형식은 미국의 타운홀 미팅(*town hall meeting*)과 같은 방식이 적절하다고 판단했다.

2008년 9월 9일 밤 KBS, MBC, YTN, MBN 등 방송 4사를 통해 생중계된 〈대통령과의 대화, 질문 있습니다〉에서 이 대통령은 100명의 국민패널과 전문패널 앞에서 국정 현안에 대해 솔직하게 소신을 밝혔다. 특히 청와대에서는 다양한 목소리를 가감 없이 듣기 위해 이명박 정부에 비판적이었던 진보적 성향의 인사들을 전문패널로 섭외했다. 이 자리에서 이 대통령은 '정부가 대기업 프렌들리 정책을 펴고 있는 것이 아니냐'는 지적에 "대기업은 사실 도와줄 게 없지만 대기업의 역할도 큰 만큼 대기업이 잘되는 것에 대해서도 부정적으로 보면 안 된다"고 설명했다. 민감한 이슈였던 미국산 쇠고기 파동 관련 질문에 대해서는 "초기에 미국산 쇠고기는 곧 광우병이라는 잘못된 정보가 전달되면서 국민들에게 걱정을 끼쳤다"며 당당하게 답했다. 또 9월 경제위기설에 대해서는 "IMF 금융위기 때처럼 경제가 파탄이 나는 일은 결코 없을 것"이라며 국민들을 안심시켰다.

나는 〈대통령과의 대화, 질문 있습니다〉가 청와대와 국민과의 거리를 좁히고 국민들의 신뢰를 회복하는 데 큰 역할을 했다고 생각한다. 대통령과의 대화는 2009년 한 해에만 두 차례 더 추진되는 등 이 대통령 재임 기간 중 총 다섯 차례에 걸쳐 진행됐다. 이를 통해 이 대통령은 4대강 사업, 세종시 수정안, 인사문제 등에 대한 구상을 국민들에게 진솔하게 설명했다.

물론 그렇다고 반대 의견을 가진 사람들이 자신의 생각을 바꾼 것은 아니다. 중요한 것은 한 발 더 가까이 다가서려는 자세와 마음가짐이 바로 '소통'의 시작이라는 사실이다. 이를 통해 말하는 사람의 진정성이 전달된다면 이해의 폭은 조금 더 넓어질 것이다. 진정한 소통은 '입'이 아닌

'귀'로 하는 것이기에 대통령이 국민들의 생각을 귀담아들으려고 노력한다면 그 모습 자체만으로 효과가 있다.

이 같은 이유로 나는 언론특보 시절 이 대통령에게 "대통령의 체취를 국민들에게 자주 보여주는 것이 소통에도 좋은 만큼, 한 달에 한 번 정도는 국민과의 대화를 갖는 것이 좋겠다"는 과감한 조언을 했다. 당시 청와대 안팎의 여러 사정으로 인해 나의 조언은 받아들여지지 않았는데 이는 다소 아쉬운 부분이었다.

한국 경제를 해외에 알려라

대통령직인수위원회에서 노무현 정부의 청와대 관계자들로부터 업무 인수인계를 받던 2008년 초 어느 날, 외신을 담당했던 비서관이 나에게 이런 말을 했다.

"외신은 평소에는 눈에 잘 띄지 않지만 위기가 닥쳤을 때 중요하기 때문에 꾸준히 관심을 갖고 챙겨야 합니다."

그는 이어 "1997년 외환위기 당시 한국을 취재하는 해외 언론에 대한 대응이나 홍보가 잠깐 강화되었다가 위기가 끝나고 나니 다시 원래대로 돌아가더라"는 말도 덧붙였다. 2008년 9월 글로벌 금융위기가 휘몰아쳤을 때 그의 조언이 문득 머리를 스쳤다. 미국의 대형 투자은행인 리먼브러더스 파산을 시발점으로 미국발(發) 금융위기가 전 세계를 강타했고 신흥국 금융시장은 요동쳤다. 이런 가운데 해외 유력 언론들은 "대외의존도가 높은 한국이 '제 2의 외환위기'에 직면할 수 있다"는 기사를 쏟아

내기 시작했다. 영국 〈파이낸셜타임스〉는 10월 17일자 기사에서 "한국이 아시아 국가 중 세계 금융위기의 첫 번째 희생자가 될 것이라는 우려가 증폭되고 있다"고 보도했다. 금융위기의 여파로 수출과 내수가 급격히 얼어붙은 상황에서 해외 언론의 잇따른 '한국 위기설'은 우리 경제를 벼랑 끝으로 몰고 갈 수도 있었다. 더구나 당시는 북한이 미국의 대북 테

〈파이낸셜타임스〉와의 인터뷰

〈월스트리트저널〉과의 인터뷰

러 지원국 해제 지연에 대한 반발로 영변 핵시설을 재가동하는 등 북핵 리스크도 커지고 있던 때였다.

그러나 위기를 부추기는 외신들의 보도에 대해 정부 차원의 신속하고 효과적인 대응은 이뤄지지 못했다. 소홀한 외신관리가 초래한 결과였다. 과거 김대중·노무현 정부에서는 공보처와 국정홍보처에서 주요 국가의 재외공관에 해외 홍보를 담당하는 공사급 공보관을 파견했다. 이들은 현지 언론, 학계 등을 상대로 우리나라의 실상을 정확히 알리고 잘못된 정보를 바로잡는 첨병 역할을 했다. 하지만 국정홍보처 폐지 이후 재외공관의 공보관 인력이 대폭 축소됐고 그 기능을 흡수한 해외의 한국문화원은 해외 언론과의 네트워크를 제대로 관리하지 못했다.

그러나 글로벌 금융위기라는 비상상황에 처한 만큼 경위를 따져 문제를 시정하고 장기적인 대책을 마련할 여유가 없었다. 해외 언론에 한국 경제의 정확한 상황을 알리기 위해 급한 대로 사공일 국가경쟁력강화위원장이 나섰다. 그는 1989년부터 10여 년간 IMF 특별고문으로 활약하면서 영국 〈파이낸셜타임스〉 등 해외 유력 언론과 네트워크를 구축해 놓았기 때문이다. 이후 이 대통령은 범정부 차원의 대책 마련을 지시했고, 곧 외신 담당을 겸하던 김은혜 부대변인이 중심이 되어 금융위원회와 유관부처 합동의 TF팀이 꾸려졌다.

TF 회의에서는 해외 투자자들과 언론에 우리나라의 경제상황을 설명하기 위한 '한국 경제 바로 알리기 지원단'을 주요 금융 중심지에 파견하자는 아이디어가 나왔다. '주식회사 대한민국'에 대한 해외 기업설명회(IR)인 셈이다. 민관합동기구인 이 지원단은 금융위원회와 기획재정부, 외교통상부, 한국은행 등 정부기관 고위 관료와 국책 및 민간 연구기관

전문가들로 구성됐다. 지원단장에는 서울대 경제학과 교수 출신의 이창용 금융위원회 부위원장이 임명됐다. 그는 당시 미 대통령 자문 국가경제위원회 위원장 물망에 오르던 로렌스 서머스 전 하버드대 총장의 애제자였다. 국제 경제계에서 서머스의 영향력이 컸기 때문에 그가 전면에 나섬으로써 우리 경제의 신뢰도를 높이는 데도 큰 도움이 됐다.

하지만 예상치 못한 문제가 생겼다. 기획재정부가 지원단 활동에 필요한 예산 편성이 어렵다며 난색을 표시한 것이다. 나는 한국 경제에 대한 우려가 확산되고 있는 중대 시점에 예산 문제 때문에 지원단 활동이 지연된다면 상황이 더욱 악화될지도 모른다는 걱정이 들었다. 그래서 곧바로 이 대통령에게 이 문제를 보고했다. 결국 이 대통령은 윤진식 정책실장을 불러 긴급예산을 편성하도록 지시했고 재원이 마련됐다.

이후 지원단은 2008년 말부터 유럽, 아시아, 미국을 차례로 돌면서 주요 투자은행(IB) 방문, 외신기자와 외국계 애널리스트 간담회 등을 개최하면서 한국 경제에 대한 우려를 불식시키기 위해 노력했다. 우리나라가 금융위기를 조기에 탈출할 수 있었던 것은 이 대통령의 진두지휘하에 추진된 정부의 적극적인 시장안정 조치 때문임은 두말할 나위가 없다. 그렇지만 '한국 경제 바로 알리기' 같은 해외 홍보활동도 금융위기를 극복하는 데 일조했다고 생각한다.

금융위기가 수습된 후 청와대는 외교통상부와 협의해 해외 현지 언론에 대한 공보 대응은 주재국 대사가 책임지고 진행하도록 했다. 또 기획재정부, 금융위원회 대변인 직급을 기존 4급에서 3급으로 격상하고 외신 대변인을 별도로 채용하도록 했다. 나는 각 부처 대변인실에 외신 브리핑과 장차관들의 외신 인터뷰 일정 등을 청와대에 보고하도록 했다.

청와대 대변인실의 외신업무 역시 기사 스크랩에서 기획·홍보 중심으로 바뀌었다. 일례로 그간 대통령의 내·외신 인터뷰는 한 언론사와 단독으로 진행하는 것이 관례였지만 나는 국내외 언론사를 함께 묶어 합동으로 대통령 인터뷰를 진행하도록 방침을 바꿨다. 이를테면 연합뉴스와 일본 교도통신이 공동 인터뷰를 하는 식이었다. 이는 대통령의 단일한 메시지가 내·외신을 통해 동시에 전파됨으로써 시너지 효과를 극대화하기 위한 목적이었다. 이 과정에서 이 대통령을 인터뷰했던 외신기자들 중 일부는 후일 본사의 간부가 되었고, 이 대통령과 한국에 대해 우호적인 취지의 기사와 칼럼을 많이 썼다.

내가 홍보수석일 때 추진했던 〈김치 크로니클〉(*Kimchi Chronicle*: 김치 연대기)은 당시까지만 해도 한식에 대한 이해가 크지 않았던 미국에서 큰 반향을 일으켰던 프로젝트였다. 외신을 담당하던 조현진 행정관이 어느 날 이 기획 아이디어를 들고 나를 찾아왔다. 나는 그 내용이 참신해서 한국 문화를 홍보하는 데 제격이라는 생각이 들었다. YTN 기자 출신인 조 행정관은 오랜 기간 해외에서 생활한 덕분에 외국 사정에 밝았고, 이 대통령 임기 말에는 청와대 부속실장으로 승진하기도 했다.

〈김치 크로니클〉은 한국 음식관광 TV 시리즈로 우리나라의 대표 음식인 김치를 소개하면서 한국의 관광지와 문화도 함께 알리는 프로그램으로, 미국의 음식 다큐멘터리 전문가인 찰스 핀스키 감독이 연출을 맡았다. 휴 잭맨, 헤더 그레이엄 등 할리우드 최고 배우들과 세계적인 셰프 장 조지도 출연했다. 영화 〈X맨〉 시리즈로 우리에게도 친숙한 휴 잭맨은 직접 요리할 정도로 한식의 열렬한 팬이었는데 나중에 서울시 홍보대사도 맡았다. 이 프로그램을 계기로 한식의 전도사가 된 장 조지는 한국계 입양아인 아내 마르자 덕분에 한식의 매력에 빠지게 됐는데, 마르자는 평소 친분이 있는 헤더 그레이엄까지 이 프로젝트에 끌어들였다.

치밀한 기획과 준비를 통해 탄생한 〈김치 크로니클〉은 2011년 5월 미국 공영방송인 PBC를 통해 첫 전파를 탄 뒤 그해 여름까지 총 13부작이 방송됐다. 첫 방송 후 뉴욕에서 열린 기념 파티에는 미국의 유명인사와 현지 신문, 방송, 잡지 등 언론 매체 취재진 등 8백여 명이 몰리는 등 방송 내내 열기가 뜨거웠다.

비록 〈김치 크로니클〉 프로젝트가 마무리됐을 때 나는 청와대를 떠나 있었지만 미국에서 방송이 화제를 모으자 기업들의 한식 보급에 대한 후원이 이어지는 등 좋은 결실을 맺고 있다는 이야기를 듣고 가슴이 뿌듯했다. 특히 이 프로그램은 미국 내에서 한식을 웰빙 음식으로 인식하도록 만드는 데 크게 기여했을 뿐 아니라 이후의 한류 확산에도 일조했다는 평가를 받았다.

참모는 대통령의 얼굴이다

2000년 미국 대선이 끝난 뒤 부시 대통령 당선자는 선거 참모였던 애리 플라이셔를 백악관 대변인으로 지명하면서 "당신은 이 나라의 얼굴"이라고 말했다. 대변인은 말은 곧 대통령의 말이자 국가의 입장을 대변하는 만큼 메시지 관리를 신중하게 하라는 주문이었다. 부시 대통령의 이 말 속에는 또 플라이셔에 대한 깊은 신뢰와 함께 대변인의 재량권을 인정하겠다는 보다 깊은 뜻도 담겨 있었을 것이다. 2003년 7월 16일, 3백 번째 백악관 브리핑을 마지막으로 2년 반 동안의 대변인 생활을 마치는 플라이셔에게 부시 대통령은 이마에 입을 맞추며 "당신의 정책과 인간됨을 깊이 신뢰한다"고 말했다.

PI를 총괄하면서 청와대와 언론의 통로 역할을 하는 홍보 참모가 갖춰야 할 조건과 덕목은 무엇일까? 기획력, 정무 감각, 언론에 대한 이해 등이 기본적으로 갖춰야 할 자질이지만 그보다 더 중요한 요소는 바로 '대통령의 철학과 생각을 체화하는 것'이 아닐까 한다. 즉, 대통령과 정치적 DNA를 공유할 수 있어야 한다는 뜻이다. "인정받았기에 해낼 수 있었다. 나는 행운아"라는 말을 남기고 퇴장한 플라이셔 대변인과 끝까지 그에게 무한 신뢰를 보낸 부시 대통령 사이에는 바로 '정치철학의 일체화'가 있었다.

대변인이나 홍보수석은 항상 대통령의 입장에서 현안을 바라보고 문제의 핵심을 꿰뚫는 브리핑을 할 수 있어야 한다. 그렇게 되어야만 비로소 청와대 홍보의 주인공인 대통령도 빛나기 마련이다. 특히 이 과정에서 홍보 참모가 충분한 재량권을 가질 필요가 있다. 준비된 브리핑은 다르지만 시시각각 움직이는 상황을 그때그때 기자들에게 설명해야 하는 홍보 참모의 입장에서는 일일이 대통령의 재가를 받고 브리핑을 할 시간적 여유가 없는 경우가 대부분이다.

부끄러운 고백이지만 나는 청와대 대변인으로 일하던 2009년 1월 초 '대형사고'를 쳤다. 연말부터 여의도를 중심으로 개각설이 퍼지자 청와대 출입기자들은 하루에도 몇 차례씩 내용을 확인하기 위해 전화로 나를 괴롭혔다. "확정된 바 없다"는 판에 박힌 답변을 되풀이하던 나는 어느 날 그만 "설 전에 개각은 없다"고 질러 버렸다. 나의 발언은 곧바로 기사화되었고 철통 보안 속에 2~3일 뒤 개각 발표를 준비하던 청와대 내부는 발칵 뒤집혔다.

기사가 나간 후 정정길 대통령실장이 경위를 물었다. 나는 "도저히 같은 말만 반복할 수 없어서 이야기해 버렸다"고 자수한 뒤 이 대통령에게 "예정대로 개각 발표를 한 뒤 기자들에게 공식 사과하겠다"고 말했다. 그러자 이 대통령은 "대변인 말이 신뢰를 잃어서는 안 된다"며 개각 발표를 1주일 늦췄다. 나는 "대변인의 말은 곧 대통령의 말"이라고 강조했던 대통령의 뜻을 다시 확인할 수 있었고 가슴이 뭉클했다. 나는 그 뒤 더욱 열심히 일했고 이 때문에 대상포진까지 걸렸다.

북한이 '광명성 2호'로 명명한 장거리 미사일을 시험 발사했던 2009년 4월 5일, 우리 정부의 대응을 묻는 기자들의 질문에 나는 "북한은 로켓을 쏘지만 우리는 나무를 심는다"고 말했다. 앞서 그날 오전 이 대통령은 식목일 기념식수를 하면서 북한의 미사일 발사 소식을 듣고 지나가는 이야기로 "뭐, 우리는 나무나 심지"라고 말했다. 나는 대통령의 이 말을 우리 정부는 북한의 도발에 대해 침착하고 의연하게 대처해 나가겠다는 의미로 재해석해 브리핑했던 것이다. 이후 언론 보도를 본 이 대통령은 생각이 미치지 못했던 미세한 부분까지 대변인이 간파해 언론에 설명한 데 만족했다는 후문이다.

그해 8월 김대중 전 대통령 조문을 위해 북측 사절단이 서울을 방문했다. 나는 언론에 "사설(私設) 조문단의 방문"이라고 설명하며 당국 차원의 교류가 아님을 분명히 했다. 북한이 핵실험과 미사일 발사로 군사적 긴장을 높이면서 다른 한편으로 조문단을 이용해 남남갈등을 유발하려는 전술을 구사하려는 의도가 역력한 만큼 쐐기를 박을 필요가 있다고 판단했기 때문이었다. 나는 대통령의 뜻도 "잘못된 행동에 보상은 없다"는 정부의 대북정책의 원칙은 확고하며 북측 조문단의 전술에 결코 말려들지 않겠다는 것이라고 생각했다. 내 브리핑이 언론에 보도된 뒤 며칠 후이 대통령은 국회 상임위원장단을 청와대로 초청했다. 이 자리에서 한 상임위원장은 나의 브리핑 내용을 거론하며 "간단한 말로 상황을 잘 정리했다"고 칭찬하기도 했다.

내가 시의적절한 브리핑을 할 수 있었던 것은 2007년 경선캠프에 합류한 이후 이 대통령을 근접 보좌하면서 자연스럽게 대통령의 철학을 체화했기 때문이다. 그래서 어떤 사안은 대통령에게 직접 확인하지 않아도 그 생각을 알 수 있었던 것이다. 물론 대통령의 생각을 읽기 위해 나 스스로 부단히 노력했고 시행착오를 통해 배운 적도 많았다. 돌이켜 보면 2008년 하반기 이후 단행된 두 번의 청와대 참모진 개편과 내가 추진했던 일은 나를 단순히 대통령의 발언을 전하는 대변인에서 벗어나 홍보 참모로 완성시키는 하나의 과정이었는지도 모른다.

Episode 10

국정의 목표는 서민 챙기기

중도강화론의 등장

2009년 6월 22일 오전 대통령 주재 청와대 수석비서관회의. 금융위기의 극복과정에서 심화된 양극화와 이에 따라 아직 경기회복의 온기가 미치지 못하는 서민경제를 어떻게 회복시키느냐가 이날 회의 주제였다. 거시경제지표는 개선되고 있었지만 서민들은 여전히 경제위기 속에서 어려움을 겪고 있는 상황이었기 때문이다.

겨우 아랫목을 데울 정도인 회생의 온기가 윗목까지 확산되는 데 적지 않은 시간이 걸릴 수밖에 없는 만큼 지표개선과 체감경기와의 괴리를 어떻게 메울 것인가에 대해 논의가 집중됐다. 토론이 진행되던 중 홍보기획관실에서 여론조사 결과를 보고하면서 "대선 당시 이명박 후보를 지지했던 중도보수 성향의 국민들이 이탈하고 있다"고 설명했다. 결론은 집토끼(고정 지지층)를 다시 잡아야 한다는 것이었다. 토론이 마무리될 무렵 이 대통령은 이후 후반기 국정기조의 핵심이 된 '친서민 중도실용'에 대해 다음과 같이 압축적으로 말했다.

"우리나라가 지나치게 좌다, 우다, 진보다, 보수다 하는 이념적 구분을 하고 있다. 사회통합은 구호로만 되는 게 아니다. 좌의 정책이건 우의 정책이건 국민들에게 도움이 된다면 적극적으로 가져다 써야 한다."

그러면서 이 대통령은 친서민 대책의 일환으로 진보 진영의 상징적 의제 중 하나였던 '마이크로크레딧'(*microcredit*: 무담보 소액대출)을 확대해 빈곤층의 영세사업을 지원할 것을 지시했다. 이 대통령의 발언을 듣자마자 나는 직감적으로 이것이 국정운영의 매우 중요한 전환점이 될 것이라고 확신했다. 왜냐하면 진보 진영의 '낙인찍기'로 보수 우파, 기득권 수호자의 이미지가 덧씌워진 이명박 정부가 '중도개혁'이라는 본래의 국정운영 기조로 돌아가는 계기가 마련될 수 있다고 생각했기 때문이다. 서울시장 재임시절과 대선과정에서 '정치인 이명박'의 좌표는 줄곧 중도개혁에 자리매김되어 있었다. 이 때문에 한나라당 대선 경선과정에서 상대 진영으로부터 '과연 이명박은 보수인가'라는 의문이 끊임없이 제기됐다.

그러나 정권 초반 터진 광우병 사태와 촛불시위, 이후 글로벌 금융위기를 극복하는 과정에서 정책 선택의 현실적 제약과 그 결과 심화된 양극화로 인해 기득권을 편든다는 이미지가 덧씌워진 것이 사실이었다. 〈동아일보〉 재직 시절 '뉴라이트'라는 화두를 처음 제시했던 나로서는 '중도로의 이동'은 곧 이명박 정권의 제자리 찾기라고 생각했기에 당시 이 대통령의 말을 듣는 순간 '바로 이거다'라는 생각이 강하게 들었던 것이다.

회의 도중 나는 이 대통령에게 "언론에 회의 내용을 브리핑하겠다"고 말한 뒤 회의장인 집현실을 나와 서둘러 기자실로 향했다. 기자들에게는 "중대 발표가 있다"고 미리 이야기해 놓은 터였다. 평소보다 30분 빠른 오전 10시쯤 기자실에 도착한 나는 브리핑룸으로 몰려든 기자들에게 대통령의 발언 내용을 전하면서 이를 '중도강화론'으로 명명했다. 다만 '좌우 이념에 관계없이 국민에게 필요한 정책이면 과감히 수용해야 한다'는 이 대통령 발언만은 브리핑하지 않았다. 보수 진영 일각에서 이 대통령에 대해 "이념적 지향점이 불분명하다"고 비판했던 만큼 자칫 이 발언이 여과 없이 보도될 경우 '통치 철학의 부재'라는 비판을 받을 수도 있다는 우려 때문이었다.

나는 중도강화론의 의미를 묻는 기자들의 질문에 "이것은 한마디로 'MB다움'의 회복, '이명박스러움'으로의 복귀를 말한다"고 정리했다. 'MB다움'의 회복은 이 대통령이 대선 때부터 표명했던 중도실용의 국정 철학으로 돌아간다는 뜻이었다. 중도강화론은 이날 석간신문과 다음 날 조간신문의 1면 주요 기사로 보도되는 등 큰 반향을 일으켰다. 중도강화론이 언론에 대서특필되면서 이 대통령의 정책 행보도 더욱 빨라졌다. 수석회의 다음 날 열린 국무회의에서 이 대통령은 사교육비 경감방안 마련을 지시하는 등 서민정책에 대한 강한 의지를 내비쳤고, 언론에서도 대통령의 서민정책 구상을 연일 주요 기사로 보도했다. 단번에 국정의 중심 이슈가 된 중도강화론은 두 달 후 이 대통령이 8·15 경축사에서 집권 2기 국정기조로 공식 천명한 '친(親) 서민 중도실용'을 예고하는 신호탄이었다.

그러나 국정의 새 화두로 부상한 중도강화론은 예상대로 진보와 보수 양쪽 진영에서 거센 비판을 받았다. 며칠 후 민주당 정세균 대표는 "이 대통령이 국정쇄신, 국정기조의 변화 없이 정치쇼에 몰두하고 있다"고 비난했다. 민주당의 이 같은 비판은 청와대가 자신들의 어젠다를 선점함으로써 핵심 지지층인 서민과 중산층이 이탈할 수 있다는 위기감에서 나온 것이었다. 실제 내가 중도강화론을 브리핑한 직후 평소 친분이 있던 야당의 한 중진 의원은 내게 전화해 "이 사람아, 우리 의제까지 청와대에서 다 가져가면 우리는 뭘 먹고사느냐"는 푸념 섞인 항의를 하기도 했다. 나는 그의 말을 들으면서 '우리가 정말로 이슈를 선점했구나'라는 확신을 다시 한 번 갖게 됐다.

반면 가뜩이나 한나라당 대선후보 경선 때부터 이 대통령의 이념 성향에 대해 의구심을 품어왔던 강경보수 진영에서는 "중도강화론의 이념적 지향점이 무엇이냐"는 근본적인 문제제기를 했다. 이른바 '원조보수'로 불리던 김용갑 한나라당 상임고문은 "10년 좌파 정권하에서 목숨을 걸고 싸우던 보수 우파는 닭 쫓던 강아지가 지붕 쳐다보는 꼴이 됐다"고 혹평했다. 이회창 자유선진당 총재도 "보수와 진보의 이념을 떠난 무색투명한 중간지대인 중도라는 것은 존재하지 않고 오직 환상일 뿐"이라고 비판했다.

이처럼 중도강화론이 정치사회적 논쟁으로 확산되는 것을 보면서 나는 그 배경과 철학에 대해 명확히 설명해야 할 필요를 느꼈고, 이후 추가 브리핑을 쏟아내며 의미를 부각시키는 데 주력했다. 특히 진보 진영의 비판은 의당 그럴 수 있다고 생각했지만, 보수 진영의 의구심을 해소하기 위해서는 중도강화론이 결코 보수적 가치를 버리는 것이 아니라는 점을 분명히 알릴 필요가 있었다. 며칠 뒤 나는 중도강화론을 보완 설명하기 위한 브리핑을 자처해 다음과 같이 말했다.

"중도의 강화란 국가적 정체성, 시장경제, 자유민주주의, 법치, 그리고 세계로 열린 대한민국 등의 중심적 가치를 지키면서 중도에 있는 세력들을 좀더 포용하겠다는 의미이지 가운데 서서 양쪽을 눈치 보겠다는 것이 아니다."

그러나 나의 추가 설명에도 불구하고 논란은 좀처럼 수그러들지 않았다. 이 같은 상황에 대해 이 대통령은 정치권 논쟁에 청와대가 일일이 대응하거나 휩쓸릴 필요가 없다고 판단했다. 대신 구체적인 정책행보로 그 방향을 드러낸다면 국민들이 쉽게 이해할 수 있을 것이라고 생각하고 후속대책을 잇따라 제시했다.

중도강화론과 뉴라이트

중도강화론은 사실 새로운 개념은 아니었다. 이는 이 대통령이 서울시장 시절부터 보여준 각종 정책행보에서도 고스란히 드러났던 철학이자 가치다. 이 대통령은 서울시장 시절 저소득층 고등학생을 대상으로 한 '하이 서울 장학금', 서민을 위한 재개발 임대아파트 건설 같은 친서민 정책을 적극적으로 도입했다. 서울시 시내버스 운행 시스템에 준공영제를 도입했을 때는 이를 '사회주의 정책'이라며 반대하는 사람들도 있었다. 2007년 대선에서 이명박 후보가 531만 표라는 압도적 표차로 대통령에 당선될 수 있었던 것도 이 같은 이념적 유연성과 실용주의가 중도층의 전폭적 지지를 이끌어 냈기 때문이다.

그러나 이명박 정부가 출범하자마자 '강부자 내각', '부자 정권'이라는 비판이 제기됐던 것이다. 내가 언론에 중도강화론을 설명하면서 이를 'MB다움의 복원'이라고 표현한 것은 이명박 정부가 개혁적 보수의 색채를 되찾아야 한다는 믿음 때문이기도 했다. 나는 또 중도강화론이야말로 내가 〈동아일보〉 재직시절 처음으로 제기해 정치사회적 화두가 되었던

'뉴라이트'와도 일맥상통하는 것이라고 판단했다. 뉴라이트 운동이 당시 좌편향되었던 한국 사회를 좀더 오른쪽으로 이동시켜 합리적 자유주의 가치를 사회 저변에 확산시키는 데 기여한 것처럼, 나는 중도강화론을 통해 뉴라이트적인 가치를 한 단계 업그레이드시킬 수 있다고 믿었다. 중도강화론은 '노블리스 오블리주'를 바탕으로 '올드라이트'와 좌파 모두와의 결별을 고했던 뉴라이트의 이념과도 일맥상통하는 것이다.

이 대통령은 당시 수석비서관회의에서 중도강화론을 명시적으로 언급하지는 않았지만 이미 여러 경로를 통해 '중도층 우군화'와 친서민 정책의 필요성에 대한 보고를 받았다. 대선 때부터 이 대통령에게 정무적 조언을 했던 자문교수 그룹에서는 중도 강화의 필요성을 지속적으로 건의했다. 이 대통령은 또 주말마다 원로학자나 과학자 등 외부 전문가들과 비공개 간담회를 갖고 다양한 의견을 청취했는데, 진보 성향의 한 원로학자는 "서민과 중산층을 위한 정책을 강화할 필요가 있다"는 조언을 했다. 박형준 홍보기획관도 대통령에게 "지지층 이탈의 최대 원인은 서민에 대한 배려 부족"이라는 내용의 여론분석 결과를 보고했으며, 한나라당 소장파 의원들도 청와대에 유사한 내용을 전했다.

이렇게 보면 중도강화론은 특정인의 주도로 어느 날 갑자기 부각된 것은 아니다. 글로벌 금융위기 이후 심화된 양극화 속에서 서민을 위한 국정기조의 변화를 요구하는 목소리들이 확산된 결과였다. 마치 실개천이 모여 큰 강을 이루듯 사회 곳곳에서 일어나던 대중들의 작은 의식변화와 자각의 흐름이 중도강화론이라는 시대의 물줄기를 만든 것이다.

이 같은 시대정신의 변화를 어떤 이는 지지율 회복이라는 정치적 관점에서, 또 다른 이는 국민 통합의 관점에서 이 대통령에게 전달했던 것이다. 나는 이런 상황이 내가 〈동아일보〉에서 처음 뉴라이트 시리즈를 기획할 당시의 환경과 비슷하다고 생각했다. 사회 저변의 의미 있는 움직임들을 선제적으로 포착해 시대적 담론으로 이끌어냈던 뉴라이트 기획처럼 중도강화론은 이명박 정부가 초심으로 돌아가는 계기이자 집권 2기 이후의 국정기조를 규정하는 핵심 가치가 됐다. 나는 뉴라이트라는 흐름에 이름을 붙였던 것처럼 새로운 국정운영의 변화를 '중도강화론'이라는 네이밍을 통해 상징적으로 부각시킨 것이다. 그런 점에서는 '스핀닥터'로서의 역할에 더욱 탄력이 붙은 셈이라 할 수 있다.

두 달 후 이 대통령은 8·15 경축사를 통해 "정부는 일자리와 교육, 문화, 보육, 복지 등 모든 분야에서 서민의 행복을 지원하는 데 더 많은 노력과 배려를 해 나갈 것"이라며 '친(親) 서민 중도실용'을 국정기조로 공식화했다. 중도강화론의 진화된 개념이었다.

본격적인 친서민 중도실용 행보에 나서다

중도강화론이 새로운 국정 화두로 부상하면서 청와대도 바빠졌다. 특히 나와 박형준 기획관은 전면에 나서 이 대통령의 '중도실용' 철학을 외부에 설명하는 데 주력했다. 내가 중도실용에 대해 설명하면서 들었던 예는 바로 부시 미국 대통령의 '온정적 보수주의'다. 2000년 미국 대선에서 부시 캠프의 캐치프레이즈였던 온정적 보수주의는 조세 감면으로 기업인들의 의욕을 북돋우는 대신 기업가들도 소득의 일부를 사회에 환원해 불평등을 개선한다는 취지다. 보수도 진보 못지않게 서민의 복지에 관심을 기울인다는 것을 강조하는 동시에 정치적으로 지지층을 확대하는 전략이기도 하다.

박 기획관은 빌 클린턴 행정부의 정치 참모였던 딕 모리스의 '삼각화(*triangulation*) 전략에 빗대 중도실용을 설명했다. 이는 중간층 유권자들이 거부감을 가지는 좌우 양 극단의 가운데에서 양쪽 어젠다를 적절히 섞어 중간의 입장을 취하는 전략을 말한다. 비록 설명의 방법은 달랐지만 궁극적으로 말하려는 것은 같았다. 중도실용을 이념이나 계급이라는 프레임으로 인식할 것이 아니라 서민들의 삶을 개선하고 진정한 사회 통합으로 나아가기 위한 수단으로 바라봐야 한다는 점이다.

이와 함께 나는 청와대 수석비서관회의에서 당시 삼성그룹이 사상 최대의 경상이익을 거두었다는 언론 보도가 나오고 있음을 지적하면서 "거시경제 지표의 개선에만 초점을 맞춰 정책을 홍보할 경우 서민들의 상대적 박탈감을 키울 수 있는 만큼 이런 홍보는 당분간 지양하겠다"고 선언했다. 이 대통령도 참모회의에서 "경제위기가 닥치면 가장 먼저 고통받는 것이 서민이고 가장 늦게 회복되는 것도 서민"이라는 말을 자주 했다.

이 대통령이 중도강화론과 친서민 중도실용 기조를 천명한 이후 각 부처들은 앞 다퉈 친서민 정책을 발표했다. 2009년 9월 금융 당국은 소액서민금융재단이 수행하던 무담보 소액대출을 미소금융사업으로 대폭 확대하고, 햇살론, 새희망홀씨 등의 서민금융 지원대책을 발표했다. 또 2009년 9월부터 2011년까지 보금자리주택 43만 호를 공급한다는 계획도 내놓았다. 정부는 또 2009년 하반기부터 도시 근로자 평균소득 이하 가구에 대한 보육료 지원을 늘리고, 학자금 부담완화를 위해 취업 후 일정 소득이 발생하는 경우에만 상환의무가 발생하는 '든든학자금 제도'를 도입했다.

이 대통령의 친서민 중도실용 기조가 국민들이 체감할 수 있는 구체적인 정책으로 구현되면서 대통령에 대한 지지율도 빠르게 반등했다. 4·29 재보선 패배와 노무현 대통령 서거 이후의 조문 정국으로 한때 20% 선까지 추락했던 이 대통령의 지지율은 2009년 가을에는 40% 중반대로 급상승했다. 경제의 회복과 함께 2009년 말 UAE(아랍에미리트) 원전을 수주한 직후에는 50% 초반까지 지지율이 뛰어올랐다.

돌이켜 보면 '중도강화론'과 '친서민 중도실용' 기조는 청와대가 국정운영의 어젠다를 선제적으로 제시함으로써 국정운영의 동력을 회복한 성공적 사례라고 생각한다. 친서민 중도실용은 보수의 입장에서 중도층을 포용하는 것이지만, 근본적으로는 이명박 정부 탄생의 주축인 중도개혁 세력의 복원이자 '뉴라이트적 가치'의 부활을 의미하는 것이기도 했다.

친서민 중도실용을 넘어 동반성장으로

내가 홍보수석으로 일하던 마지막 무렵인 2010년 6월, 모 언론사 사장과의 식사 자리에서 나는 다음과 같은 이야기를 들었다.

"요즘 우리 기자들이 지방산업단지를 취재 중인데 산단 내 중소기업마다 원청 대기업들이 납품단가를 후려치는 바람에 난리라고 합니다. 인력을 줄이면서 근근이 버티고 있지만 문 닫는 기업들도 속출한다는 군요."

그는 또 지방에서 중소기업을 경영하는 지인의 사례를 예로 들면서 "중소기업들은 억울해도 감독 당국에 이런 관행을 신고할 수 없다. 일감이 끊어지는 등 대기업들의 보복이 두렵기 때문이다"라고 덧붙였다. 실제로 금융위기 극복과정에서 대기업들은 손실을 줄이기 위해 협력업체에 대한 납품단가를 일방적으로 인하했고, 그로 인해 중소기업들의 경영은 더욱 더 악화됐다. '9988'이라는 숫자가 대변하듯 국내 전체 기업 99%가 중소기업이고 이곳에서 일하는 근로자는 전체 고용 인원의 88%에 달한다. 한국 경제의 근간이자 다수 국민의 생계의 터전인 중소기업들이 금융위기와 대기업의 횡포라는 이중의 고통 속에 신음하고 있었던 것이다. 당시 언론사 사장이 내게 전한 이야기는 이 같은 현실의 생생한 단면이었다.

나는 상황이 심각하다고 판단했다. 다음 날 이 대통령을 독대해 업무보고를 하는 자리에서 언론사 사장의 이야기를 전하면서 "이런 문제는 공식 라인을 통해 조사해서는 실태를 제대로 파악할 수 없다. 암행조사단 같은 것을 만들어 일정기간 동안 면밀하게 조사할 필요가 있다"고 건의했다. 하지만 이 대통령은 "요즘 중소기업 가동률이 올라간다고 하던데 …"라며 별다른 반응을 보이지 않았다.

이튿날 열린 실장 주재 수석비서관회의에서 나는 경제수석 대신 회의에 참석한 중소기업 담당 비서관에게 대통령에게 보고한 내용을 설명하면서 관련 대책을 시급히 마련해야 할 것 같다고 지적했다. 그러자 담당 비서관은 "그렇지 않아도 대통령께서 어제 오후에 경제수석실에 전화로 대기업의 납품단가 후려치기 등 하청실태를 조사하라는 지시를 하셨다"고 털어놓았다. 이 대통령은 내 보고를 받고 앞에서는 반응을 보이지 않았지만 곧바로 경제수석실에 실태 조사를 지시했던 것이다.

나중에 안 사실이지만 이 대통령은 내가 보고하기 이전에 이미 여러 경로를 통해 협력업체에 대한 대기업의 하청 횡포 사례를 들었고 그 심각

대통령과 총리는 2인3각 정운찬 총리는 세종시 수정안 마련에 앞장섰고 동반성장을 국정의 화두로 내세우며 이 대통령과 긴밀히 호흡을 맞췄다.(〈동아일보〉 DB)

성을 인식하고 있었다. 당시 정운찬 국무총리도 협력업체에 대한 대기업의 횡포가 빈번하다는 사실을 총리실 자체 조사를 통해 확인한 뒤 이 대통령에게 "특단의 조치가 필요하다"고 건의했다고 한다. 사실 이 대통령은 취임 초부터 중소기업에 대해 높은 이해와 관심을 갖고 있었다. 경제외교를 위해 해외 주요 국가를 방문할 때마다 김기문 중소기업중앙회장을 순방단에 포함시킨 것도 중소기업에 대한 배려의 일환이었다. 또 중소기업중앙회와 중소기업 대표들이 주최하는 송년모임에도 매년 빠지지 않고 참석할 정도로 중소기업에 대한 이 대통령의 애정은 컸다.

다른 한편으로 이 사례는 이 대통령의 업무추진 스타일을 보여주는 것이기도 하다. 다시 말해 어떤 사안이 발생하면 그때그때 즉흥적으로 반응하지 않고 다양한 의견을 청취하되 어떤 방안이 합리적이고 일리가 있다고 생각하면 주저 없이 행동에 옮기는 스타일인 것이다. 실제로 이 대통령은 특정 인물에 대해 참모들이 문제점을 지적하면 그 앞에서는 어떤 내색도 하지 않는다. 오히려 비판 대상이 된 인물을 변호하는 경우가 많다. 아마도 과거 건설회사에서 오랫동안 일하면서 투서 등 수많은 음해를 직접 겪었기 때문에 충분히 검증하고 확인하기 전까지는 어떤 경우에도 성급하게 대응하지 않는 습관이 몸에 배었기 때문인 것 같다.

정부의 실태 조사와 기업계의 의견 수렴을 바탕으로 마침내 2010년 9월 29일 대통령 주재 국민경제대책회의에서 '대·중소기업 동반성장 추진대책'이 발표되었다. 12월에는 실무기구로 동반성장위원회가 정식으로 발족했다. 이 대통령은 세종시 수정안 국회 부결에 대한 책임을 지고 총리직에서 물러난 정운찬 전 총리를 초대 위원장으로 임명했다. 동반성장위원회는 대기업별로 동반성장지수를 산정해 관심도를 높이는가 하면 중소기업 적합업종을 선정해 대기업의 진입을 억제하도록 했다. 사실 중소기업 적합업종은 2006년 폐지된 중소기업 고유업종 제도에서 유래한 것으로, 경제부처 장관과 대기업들이 강하게 반대하던 제도였다. 그러나 이 대통령은 "대기업과 중소기업이 서로를 신뢰하고 긍정적으로 평가하는 미래지향적 관계를 만들어야 한다"고 강조하며 이를 관철시켰다.

글로벌 금융위기를 극복하는 과정에서 단기간 내 경제를 회복시키기 위해 이른바 '낙수효과'로 불리는 대기업 중심의 경제정책은 불가피한 것이었다. 하지만 금융위기를 어느 정도 극복한 상황에서는 한국 경제의 고질적 병폐인 대기업과 중소기업 간 양극화 문제를 바로잡고 건전한 기업문화를 만드는 일이 갈수록 중요한 과제로 부상했다. 이 대통령이 동반성장의 화두를 제시한 것도 이 같은 문제의식 때문이다.

그러나 이 대통령은 법이나 제도로 강제하기보다는 기업 스스로 문화와 관행을 바꾸도록 유도하는 데 주안점을 두었다. 실제 이 대통령은 동반성장 정책의 지향점과 관련해 "대기업과 중소기업이 자율적으로 잘 해

나가는 문화가 중요하다. 이를 위해 정부의 역할은 무한대가 아니라 필수적 역할만을 해 나가겠다"고 여러 차례 강조했다. 법과 제도를 앞세워 기업을 억누르는 것은 근본적인 해결책이 아니라는 사실을 이 대통령 스스로가 잘 알고 있었기 때문에 대기업 총수들을 만나서도 사회적 책임과 기업문화의 변화를 계속 강조했다.

Episode 11

파란만장했던 세종시 수정 논란

9 · 3 개각과 정운찬 총리 임명

2009년 9월 2일 오전 청와대 춘추관. 현안 관련 백 브리핑을 위해 내가 기자실로 들어서자 출입기자들이 일제히 내 주위로 몰려들었다. 다름 아닌 이날 오후로 예고된 개각 발표 때문이었다. 언론의 최대 관심사는 역시 한승수 국무총리에 이어 이명박 정부 중반기 내각을 이끌 신임 국무총리의 인선이었다. 이런저런 질문 끝에 기자들은 내게 "새 총리는 차기 대권주자로서의 성격도 갖고 있는 것이냐"고 물었다. 나는 "그것도 배제할 수 없다"고 답했다. 나는 원론적 언급을 한 것이었지만 나의 발언은 각 언론사 정보 보고를 거쳐 10분도 채 안 돼 여의도 국회에 퍼졌다. 정치권은 술렁였고, 특히 한나라당 내 친박계 의원들은 "이 대통령이 박근혜 대표의 대항마를 키우려 한다"며 거세게 반발했다.

이날 오후 청와대는 정운찬 전 서울대 총장을 신임 국무총리에 내정하고 법무부 · 국방부 · 지식경제부 · 노동부 · 여성부 장관을 교체하는 '9 · 3 개각'을 공식 발표했다. 개각의 하이라이트였던 '정운찬 국무총리' 카드는 참신성은 물론 흥행 면에서도 대박을 터트렸다. 합리적 중도 성향이면서도 개혁적 경제학자인 정 전 총장은 이 대통령이 내세운 '친서민 중도실용'의 국정기조에 부합하는 인물이었다.

그는 서울대 총장이던 2002년, 사회적 약자 배려를 위해 지역할당제를 처음으로 도입하는 등 혁신적인 정책을 통해 대중적 인기도 높았다. 정 총리 내정자는 과거 이 대통령이 서울시장 시절 자신의 후임으로 서울시장 출마를 권유할 정도로 관심을 갖고 있던 인물이었다. 물론 정 전 총장이 처음부터 0순위는 아니었다. 이에 앞서 자유선진당의 심대평 대표가 총리 물망에 올랐지만 이회창 총재의 강한 반대 등으로 무산됐다. 국민 통합의 차원에서 고려됐던 호남 출신의 또 다른 인사는 인사검증 과정에서 사생활 문제가 불거지는 바람에 탈락했다.

아무튼 정운찬 국무총리 후보자가 공식 발표되자 여야 모두 촉각을 곤두세웠다. 민주당은 과거 자신들의 대선후보로 거론될 정도로 '야당 인사'라고 믿었던 정 전 총장의 전격적인 총리 발탁에 당혹해 했다. 자유선진당은 그들대로 '충청도 출신 총리' 임명으로 향후 충청권에서 입지가 줄어들 것을 우려했다. 무엇보다 긴장감이 가장 컸던 곳은 여권 내부였다. 특히 박근혜 전 한나라당 대표를 비롯한 친박계는 정운찬 국무총리 카드에 강력하게 반발했다. 이 대통령이 2012년 여당 대선후보로 정 후보자를 내세우려는 의도를 갖고 있는 것이 아니냐는 의심을 했기 때문이었다. 개각 발표 직전 내가 언론에 총리 후보자가 여권의 차기 대선주자의 가능성도 있다고 흘린 것도 친박계를 자극했다.

하지만 당시 내가 기자들에게 그렇게 설명했던 것은 어느 정도 의도적 측면이 있었음을 고백하지 않을 수 없다. 2007년 대선 이후 친박계는 사실상 '여당 내 야당' 역할을 하며 사사건건 국정의 발목을 잡았다.

마침 정운찬 총리 후보자가 정치권 안팎에서 차기 대선 잠룡 중 한 명으로 거론되고 있었기 때문에 나는 이런 상황을 이용해 친박계에 일종의 '경고'를 할 필요가 있다고 생각했던 것이다. 정운찬 총리 발탁을 놓고 언론에서는 "박 전 대표의 일방적 독주 체제인 여권 내 차기 대선의 구도가 난기류에 휩싸이는 것이 아니냐"는 전망을 내놓기까지 했다.

불붙은 세종시 수정 논란

"행정복합도시는 경제학자인 제 눈으로 보기에 아주 효율적인 플랜은 아니다. 원점으로 돌리기는 어렵지만 원안대로 다 한다는 것도 쉽지 않다."

2009년 9월 3일 오후 3시 서울대 사회과학대 기자회견장. 불과 두어 시간 전까지만 해도 경제학과 교수로 강단에 섰던 정운찬 전 총장이 국무총리 내정자의 신분으로 기자들 앞에 섰다. 질의응답이 한창 진행되던 중 그는 세종시 원안이 수정될 필요가 있다는 자신의 소신을 솔직하게 밝혀버렸다. 그러나 그의 이 한마디는 이듬해 6월까지 이어진 '세종시 수정안' 논란의 시작을 알리는 신호탄이 됐다. 기자회견 직후 언론들은 일제히 '정운찬, 세종시 수정안 추진'이라는 기사를 쏟아냈고 정치권은 발칵 뒤집혔다.

사실 세종시 수정안 추진 문제는 이전부터 청와대 내부에서 논의되고 있었지만, 정운찬 총리를 통해 공론화할 계획은 아니었다. 앞서 이 대통령은 이날 오전 청와대를 찾은 정 내정자와 면담하면서 나와 박형준 정무수석을 만나 조언을 듣고 가라고 했다. 나는 정 내정자에게 언론 대응과 관련해 "일부러 기자들을 피할 필요는 없고 가벼운 질문에만 대답하는 게 좋겠다"고 조언했다.

하지만 그가 세종시 문제를 이처럼 '정공법'으로 돌파할 것이라고는 전혀 예상하지 못했다. 얼마 후 열린 국회 인사청문회에서는 예상대로 모든 질문이 세종시 문제에 집중됐고, 그 바람에 정 총리는 자신의 의도와 관계없이 시작부터 '세종시 총리'로 각인되었다. 충청권을 설득할 수 있는 대안이 아직 마련되지 않은 상황에서 덜컥 불거진 세종시 수정 논란은 야당은 물론 한나라당 내부 갈등을 폭발시킨 기폭제였다. 정권 출범 초반 터진 '55인 공천 항명 파동'이 친이계 내부분열을 촉발시켰다면 세종시 문제는 '현재의 권력'인 이 대통령과 '미래의 권력'인 박 전 대표 간의 정면충돌을 초래할 수도 있는 민감한 사안이었다.

청와대와 국회, 법원을 제외한 대부분의 정부 부처를 세종시로 이전시켜 사실상 수도를 분할하는 세종시 원안에 대한 이 대통령의 우려는 컸다. 통일한국의 미래와 국가의 백년대계를 위해 임기 중에 이 문제를 바로잡아야 한다는 것이 대통령의 신념이었다. 나 역시 2008년 이 대통령의 남미 순방 당시 브라질 수도 브라질리아를 방문했던 기억이 떠올랐다.

당시 브라질의 한 공무원은 "180만 명의 시민 중에 브라질리아 내에 거주하는 인구는 일부이고 다수 공무원과 시민들은 외곽 위성도시에서 출퇴근한다"고 털어놨다. 심지어 루이스 이나시오 룰라 다 실바 대통령도 주말은 상파울루에서 보내고 월요일 아침에 브라질리아로 돌아온다고 했다. 행정수도로 설계된 지 50년 가까이 지났지만 사람들은 여전히 옛 수도인 리우데자네이루나 상파울루로 몰린다는 이야기였다. 브라질리아는 출퇴근이나 휴가철에는 마치 '유령도시'처럼 도시 전체가 텅 비는 경우가 많고, 자동차 흐름을 중시한 나머지 신호등과 인도를 적게 배치해 브라질 내 최대 교통사고 발생 지역이라는 오명까지 얻었다. 수도 이전을 위해 투입했던 막대한 외채는 브라질 경제에 큰 부담이 되었다.

세종시가 원안대로 추진될 경우 브라질리아처럼 되지 말라는 보장이 없었다. 행정 기능만 따로 분리해 세종시로 보낸다는 것은 현실적으로는 불가능에 가깝다. 뿐만 아니라 실제 정부 일을 하다 보면 청와대와 정부기관이 자주 만나 수시로 협의하는 일이 얼마나 중요한지 알게 된다. 나는 세종시 원안을 그대로 추진하는 것은 후대에 큰 짐을 떠넘기는 무책임한 행동이라는 확신이 들었다. 그러나 행정중심복합도시건설특별법이 이미 2005년 국회를 통과해 정부기관의 이전을 위한 공사까지 시작된 상황에서 모든 것을 원점으로 돌릴 수는 없었다. 때문에 청와대에서는 세종시에 행정기관 대신 기업과 학교 등을 이전해 자족 기능을 강화하는 것이 현실적인 대안이었다.

정 총리 취임 한 달여 만에 곧바로 논란이 불붙었다. 10월 23일 박 전 대표가 기자들에게 "세종시 건설은 원안에 플러스알파를 해야 한다"며 세종시 수정 논의를 일축한 것이다. 박 전 대표의 발언 이후 정치권 전체는 급속히 세종시 논란의 소용돌이로 빠져들었다. 충청권에서도 "이 대통령이 대선 당시 약속을 어겼다"며 거센 비난이 일었다. 이렇게 되자 청와대와 정부에서는 충청권 민심을 설득할 수 있는 수정안 마련작업에 본격적으로 돌입했다. 2009년 11월 16일 세종시 민관합동위원회가 출범하면서 충청도민들을 설득할 수 있는 구체적 대안을 만드는 작업이 시작됐다.

청와대에서는 박재완 국정기획수석이 대기업과 국내외 연구소 유치를 위해 적극적으로 뛰었다. 정운찬 총리를 비롯한 내각의 장차관들과 청와대 비서관급 이상 고위관료들은 연고지를 중심으로 지역언론과 시민단체, 재계 등을 전방위로 접촉하면서 수정안의 장점을 알리는 데 발 벗고 나섰다.

시간이 지날수록 논란은 더욱 확산됐다. 결국 이 대통령은 직접 나서기로 결심했다. 나는 타운홀 미팅 형식인 〈대통령과의 대화〉 자리에서 이 대통령이 세종시 수정안을 추진할 수밖에 없는 이유를 진솔하게 설명하는 방식이 효과적이라고 생각했다. 대통령의 방송 출연이 결정된 후 청와대에서는 대통령 모두 발언문과 예상 질의응답 등을 놓고 토론이 벌어졌는데, 역시 세종시 원안 파기에 대한 대통령의 사과 수위가 가장 큰 이슈였다. 회의에서 다수 참모들은 "단순하고 명쾌한 사과가 좋다"는 의견을 이 대통령에게 제시했다. 심지어 "그때는 제가 표에 눈이 멀어 그렇게 약속했다"라고 화끈하게 사과하자는 농반진반의 주장까지도 나왔다.

2009년 11월 27일 밤 10시, MBC 권재홍 앵커가 메인 MC를 맡고 김호기 연세대 사회학과 교수, 김진 〈중앙일보〉 논설위원 등이 전문패널로 참석한 〈대통령과의 대화〉가 KBS1, MBC, SBS 등 지상파 방송 3사를 통해 생중계됐다. 이 자리에서 이 대통령은 대선 당시 세종시 원안 추진 약속을 어긴 것에 대해 "처음에는 어정쩡하게 이야기했다가 선거가 다가오니 표를 의식해 계속 말이 바뀌었다"며 "지금 생각하면 부끄럽기도 하고 후회스럽기도 하다"고 진솔하게 사과했다. 이 대통령은 이어 "저 하나가 욕먹고 정치적으로 손해를 보더라도 이것은 해야 하지 않겠느냐"며 "세종시를 생산력이 있고 소득이 있고 일자리가 창출되는 자족도시로 만들겠다"고 약속했다.

이날 이 대통령은 4대강 살리기 사업, 경제성장, 남북관계 등 다른 국정현안에 대해서도 솔직하고 진솔하게 생각을 밝혔다. 〈대통령과의 대화〉는 늦은 밤 시간대에 방송되었음에도 불구하고 방송 3사 합산 시청률이 26.8%를 기록할 정도로 관심을 모았다. 특히 대통령의 메시지를 국민들에게 진솔하게 직접 전달했다는 점에서 성공적인 토론회였다. 이 대통령의 방송 출연 이후 세종시 수정 추진에 대한 지지여론은 높아지기 시작했고 수정안 마련작업도 다시 탄력을 받았다.

강도론과 TK발언의 진실

다음 해인 2010년 1월 11일 오전 10시 정부중앙청사 브리핑 룸. 2개월여의 작업을 거친 세종시 민관합동위원회의 세종시 건설계획이 마침내 모습을 드러냈다. 민관합동위원회가 발표한 세종시 수정안은 원안의 정부부처 이전을 백지화하는 대신 이 대통령의 대선공약이었던 국제과학비즈니스벨트를 세종시에 설치하고 삼성, 한화, 고려대, KAIST 등을 유치해 세종시를 '교육·과학 중심의 경제도시'로 변경하는 방안이다. 이로써 노무현 전 대통령의 수도이전 공약의 대체입법으로 2005년 제정된 행정중심도시 건설계획은 폐기의 기로에 서게 됐다.

수정안이 공개되자 찬성과 반대 진영의 여론전은 더욱 가열됐고 세종시는 모든 국정 이슈를 빨아들이는 블랙홀이 됐다. 특히 박 전 대표는 수정안 발표 직후 "원안 플러스알파에서 원안은 다 빠지고 플러스알파만 들어갔다. 결과적으로 국민에게 한 약속을 어기고 신뢰만 잃은 것"이라고 평가절하했다. 이 대통령과의 회동도 거부했다.

여권 내부의 갈등이 커지는 것을 보면서 나는 이 문제의 성패는 궁극적으로 청와대와 박 전 대표와의 기 싸움에 달려 있다고 생각했다. 박 전 대표의 입장 변화를 기대하는 것이 현실적으로 어려운 만큼, 박 전 대표를 포용하거나 제압해야만 세종시 논란이 종지부를 찍을 수 있다고 생각한 것이다. 또 개인적으로는 세종시 이슈가 6월 지방선거에서 여권에 부담으로 작용할 수 있는 만큼 서둘러 밀어붙이기보다는 차근차근 우호적 여론을 조성하면서 지방선거 이후 본격적으로 추진하는 것이 바람직한 전략이라고 생각했다.

하지만 청와대 내부에서는 우호적 여론이 높아지고 있는 만큼 세종시 수정안을 밀어붙여야 한다는 강경론이 우세했다. 참모진 중 일부는 신중한 추진이 필요하다고 생각했지만 이를 드러내 놓고 공론화할 수 없을 정도로 분위기는 이미 강경론 쪽으로 기울어져 있었다. 일부에서는 6월 지방선거에서 세종시 수정안에 대한 찬반 국민투표를 함께 실시하자는 주장도 나왔다. 하지만 이 대통령은 수정안의 내용과 당위성을 국민들에게 충분히 설명해 여론의 지지를 받으면 결국 박 전 대표도 뜻을 굽힐 것으로 판단하고 있었다.

세종시를 둘러싼 친이계와 친박계 사이의 갈등이 일촉즉발의 상황으로 치닫는 가운데 2월 초 이른바 박 전 대표의 '강도' 발언 파문이 터졌다. 2월 9일 이 대통령은 충청북도를 방문해 정우택 지사로부터 업무보고를 받는 자리에서 "잘되는 집안은 강도가 오면 싸우다가도 멈추고 강도를 물리치고 다시 싸운다. 강도가 왔는데 너 죽고 나 죽자 하면 둘 다 피해를 입을 수밖에 없다"고 말했다. 지자체장은 정파를 떠나 유능해야 하며 지역발전을 위해 여야가 합심해서 노력해야 한다는 의미였다.

그런데 이튿날 모 일간지가 1면 머리기사에 "이 대통령의 (강도) 발언은 세종시 수정안을 반대하는 박 전 대표를 겨냥한 것"이라고 보도하면서 파장이 커졌다. 박 전 대표 측근들이 이 대통령의 발언 내용과 취지를 정확하게 파악하지 않은 채 이 내용을 여과 없이 보고하면서 사태는 걷잡을 수 없이 악화됐다.

급기야 박 전 대표는 국회에서 기자들을 만나 "집안의 한 사람이 마음이 변해 강도로 돌변하면 그때는 또 어떡해야 하느냐"고 맞받아쳤다. 대선 당시 세종시를 원안대로 추진하겠다고 공약했다가 번복한 이 대통령을 사실상 '강도'로 지목한 것이다. 여기에다 이 대통령이 정 지사를 격려하기 위해 한 "일 잘하는 사람을 지원하고 싶다"는 발언 역시 친박 진영에서는 박근혜가 아닌 다른 대권 후보를 염두에 둔 발언이라고 곡해했다. 발언의 파장이 커지자 박 전 대표 측에서는 뒤늦게 이 대통령을 겨냥한 것이 아니라 '원론적 발언'일 뿐이라고 수습에 나섰지만 거의 전 언론이 박 전 대표의 발언을 '이 대통령을 강도라고 지목한 것'으로 간주해 기사화하고 있었다.

그럼에도 박 전 대표의 발언 당일 나는 직접 대응을 자제했다. 이 대통령의 발언이 어떤 맥락에서 나왔는지 이해한다면 박 전 대표 쪽에서도 뒤늦게라도 실수를 인정하고 해명할 것이라고 판단했기 때문이다. 사실 '강도론'은 이전부터 이 대통령이 조직의 단합을 강조할 때 즐겨 쓰던 비유다. 2007년 한나라당 경선 직후 당내 화합을 강조하기 위해 수차례 사용했고, 2008년 금융위기 국면에서도 정치권의 협력을 당부하면서 강도론을 언급했다. 나는 여당 관계자들을 통해 당시 현장에 있었던 친박계 송광호 최고위원에게 대통령의 발언내용을 언론에 정확히 알려 달라고 부탁했고, 송 의원은 "이 대통령의 발언은 그런 취지가 아니었다"고 적극적으로 해명에 나섰다.

하지만 이튿날 아침까지도 박 전 대표 쪽에서는 아무런 해명이 없었다. 언론에서는 이 대통령과 박 전 대표가 정면충돌했다는 보도가 봇물 터지듯 잇따랐다. 나는 더 침묵해서는 안 되겠다고 생각했다. 오전 7시 40분경 청와대 본관 대통령 집무실 앞에서 대통령을 기다렸다가 출근하는 대통령을 따라 집무실로 들어갔다. 그리고 박 전 대표 발언내용과 상황을 설명한 뒤 "무언가 대응이 필요할 것 같습니다. 제가 알아서 하겠습니다"라고 말했다.

이 대통령은 말없이 고개만 끄덕였다. 나는 곧바로 기자실을 찾아 "국정에 몰두하고 있는 대통령을 폄하하는 발언을 하고 해명조차 않는 것은 온당치 않다"며 "박 의원은 발언에 대해 해명하라"고 말했다. 또 "박 의원은 대통령에 대한 예의를 지키라"고 일침을 놓았다.

내 브리핑은 친박 진영을 들끓게 만들었다. 한 친박계 의원은 "여당의 전 대표를 거칠게 비판한 이동관 수석은 사퇴하라"고 주장하기까지 했다. 가까운 언론계 중진들은 내가 시종일관 '박근혜 의원'이라고 호칭하며 비판한 데 대해 "그렇게 해도 괜찮겠느냐"고 걱정하기도 했다. 친박 진영 일각에서는 내가 '박근혜 씨'라고 호칭했다고 주장했지만 실제 나는 정중하게 '박근혜 의원'이란 표현을 사용했다. 그런데도 최근까지 내가 '박근혜 씨'로 불렀다는 것이 마치 사실처럼 정치권에 나돌아 다니는 것을 보면 한 번 곡해가 발생하면 쉽게 불식되기 어렵다는 것을 다시 한 번 절감한다. 아무튼 나는 당시 브리핑에 대해 지금도 후회하지 않는다. 기본적인 사실 확인도 않은 채 대통령을 원색적으로 비난하는 상황을 그대로 보고 있는 것은 대통령 참모로서 도리가 아니라고 생각했기 때문이다.

세종시 수정안을 두고 치열한 찬반 여론전이 진행되던 2월 말, 나는 휴일을 이용해 청와대 출입기자 30여 명과 북한산을 올랐다. 등산을 마친 후 점심식사 자리에서 나는 미리 생각해두었던 이야기를 꺼냈다.

"세종시 문제가 지지부진하면 (대통령이) 중대 결단을 내릴 수도 있다."

내가 기자들에게 '중대 결단'까지 언급한 것은 친박계가 계속 세종시 수정안을 반대할 경우 국민투표라는 최후의 카드를 쓸 수 있다는 것을 암시해야 할 시점이라고 판단했기 때문이었다. 그런데 엉뚱한 곳으로 불똥이 튀었다. 식사가 끝날 무렵 세종시 문제에 대한 TK(대구·경북) 지역 언론의 기사 논조가 화제에 올랐다. 당시 TK 지역 언론들은 세종시 수정안에 대해 매우 비판적인 기사를 쏟아내고 있었다. 나는 "세종시 문제에 대해 TK 언론의 논조가 다소 지나친 것 아니냐, 대통령도 TK 출신인데 지역언론이 좀 도와 달라"고 부탁했다.

그런데 3월 1일 아침 청와대에 배달된 경북지역 한 일간지에는 "靑, 세종시 관련 대구·경북 언론 논조에 불만 많다"는 제목의 기사가 실렸다. 나는 어처구니가 없었다. 발언 내용도 사실과 달랐지만 이 기사를 쓴 기자는 당시 현장에도 없었기 때문이다. 나는 곧바로 해당 신문사의 편집국장에게 전화를 걸어 상황을 설명했고 해당 신문사 측은 다음 날 해명기사를 싣겠다고 약속했다. 하지만 정작 이튿날 이 신문은 내 해명 대신 "이동관 막장 발언 파문 확산"이라는 제목으로 내가 "TK ×들, 정말 문제 많다"고 발언했다고 한 걸음 더 나아갔다.

나는 대통령 참모이기 이전에 언론인 출신으로서 터무니없는 왜곡보도를 용납할 수 없었다. 나는 곧 해당 신문사에 정정보도를 요구하고 기사를 쓴 기자를 상대로 민형사 소송을 제기했다. 그러면서 TK 지역 국회의원들에게 일일이 전화를 걸어 기사내용은 전혀 사실이 아니라고 해명했다. 그런데도 친박계는 일방적으로 나를 '반TK주의자'로 낙인찍고 총공세를 폈다. 박 전 대표의 '강도' 발언 파문으로 친박계의 '타깃'이 되어 있던 터에 TK 발언 기사는 그야말로 불에 기름을 부은 격이 됐다. 파문이 정치권으로 확산되면서 내가 청와대에 들어온 이후 내보낸 직원들이 대부분 TK 출신이라는 근거 없는 소문까지 난무했다.

그러나 나는 주변의 만류에도 고소를 철회하지 않았다. 며칠 뒤인 3월 5일 이 대통령은 대구시청과 경북도청의 업무보고를 받기 위해 대구를 찾았다. 이 자리에서 대통령은 "대구가 분지(盆地)적 사고에 갇혀 그 안에서 네 편, 내 편 가르면 발전할 수 없다"며 지역이기주의를 간접적으로 비판했다. 이 대통령의 발언은 내게 힘을 실어 주는 것이었다.

이런 와중에 조해진, 정미경, 강승규, 신지호 의원 등 이른바 친이계 소장파 의원들은 "이동관 수석이 참모로서 자신의 역할과 책임을 다한 것인데, 친박계가 사퇴까지 요구하는 것은 지나치다"고 나를 옹호하며 '이동관 구하기'에 나서기도 했다. 결국 나의 'TK 발언'은 사실이 아닌 것으로 밝혀졌고 해당 신문사도 사과와 함께 3월 중순경 "이동관 수석의 TK 관련 발언 보도는 사실이 아니다"는 내용의 정정보도문을 게재하면서 상황은 수습됐다.

세종시 수정안 무산이 남긴 것

2010년 6월 2일 오후 6시 서울 여의도 한나라당 당사 2층 개표상황실. 방송 3사의 6·2 지방선거 출구조사 결과가 공개되자 무거운 침묵 속에 간간히 "어어 …" 하는 탄식이 흘러나왔다. 당초 우세하다고 판단했던 서울지역이 '경합'으로 보도되고 경기와 강원, 충북, 경남 등에서도 한나라당 후보가 열세로 나타났기 때문이다.

사실 선거 직전까지만 하더라도 전체적인 분위기는 한나라당에 우호적이었다. 세종시 수정 논란 속에서도 2009년 말 G20 정상회의 유치와 UAE 원전 수주 등에 힘입어 2010년 초 이 대통령의 지지율은 50%에 육박했다. 또 3월 말 북한에 의한 천안함 폭침 사태가 발생하면서 보수 진영이 결집하는 효과도 나타났다. 각종 여론조사에서도 한나라당의 낙승을 예상하는 분석이 우세했다. 이렇게 되자 친이계를 비롯한 한나라당 지도부 역시 선거결과를 낙관했다.

그즈음 나는 선거 사정에 밝은 YS시절 청와대 인사로부터 바닥 민심에 대한 이야기를 들을 기회가 있었다. 정보통인 그는 내게 "지금 밑바닥 민심이 심상치 않다. 최근 서울 한 지역의 야당 구청장 후보 출정식에 가보니 정권 탈환에 대한 의지와 열기가 너무 뜨거워 깜짝 놀랐다"고 전했다. 지역의 밑바닥 민심이 중앙당에서 생각하는 것과 판이하게 다르다는 이 인사의 말을 듣고 나는 경각심이 들었다. 혹시라도 당 지도부가 이 대통령의 높은 지지율만 믿고 바닥 표심을 간과하고 있는 것은 아닌가 하는 걱정이 들었던 것이다. 이후 나는 두어 차례에 걸쳐 이 대통령에게 "과거 정권이 밑바닥 정서를 정확하게 파악하지 않고 여론조사 결과만 믿다가 선거에서 진 경우가 여러 차례 있었다"며 바닥 민심을 면밀히 살필 것을 건의했다. 당시 한나라당 지방선거기획위원장이었던 정두언 의원에게도 이런 분위기를 전하면서 민심의 변화를 읽을 것을 조언했다.

결국 몇 달 후 한나라당이 선거에서 참패하면서 나의 우려는 현실이 됐다. 선거결과 전국 16개 광역단체장 중 한나라당이 승리한 곳은 서울시장과 경기도지사를 포함해 6곳에 그친 반면, 민주당은 7곳에서 승리하며 '지방권력'이 교체됐다. 4년 전 지방선거에서 서울의 25개 전 구청장을 싹쓸이했던 한나라당은 6·2 지방선거에서 현직 구청장들의 무더기 공천 탈락과 무소속 출마로 '다여(多與) 대 일야(一野)' 구도가 형성되면서 불과 4곳의 구청장만 건지는 수모를 겪었다.

세종시 수정안의 운명을 결정지을 충청북도·충청남도지사와 대전광역시장 자리도 전부 야당에 내줬다. 지방선거와 동시에 치러진 교육감선거에서도 진보성향 후보들이 전국 16개 시·도 교육감 중 6곳을 휩쓸며 약진했다. 한나라당의 이 같은 지방선거 참패는 '이명박 대세론'에 의지한 안일한 대응과 보수 내부의 분열이 초래한 후보 난립 등이 근본 원인이었다.

이어 6월 말 세종시 수정안이 국회에서 부결되면서 청와대는 결정타를 맞았다. 여기에서도 우호적 여론이 확산돼 가고 있는 만큼 친박 진영에 대한 설득을 계속해 나가면 세종시 수정안이 어떻게든 국회를 통과할 것이라는 안이한 판단이 작용했던 게 사실이다. 특히 당시만 해도 친박 좌장이었던 김무성 원내대표가 수정안에 찬성하는 입장으로 돌아섰기 때문에 이런 낙관론은 더욱 힘을 받을 수 있었다.

그러나 상황은 기대와 전혀 다른 방향으로 전개됐다. 세종시법 수정을

국민과의 약속은 지켜야
박근혜 전 대표가 세종시 수정안 표결에 앞서 반대토론에 나서 연설하는 모습(〈동아일보〉 DB)

위해 정부가 제출한 4건의 관련법 개정안은 2010년 6월 29일 국회 본회의에 상정됐다. 표결 직전 박 전 대표는 수정안 반대토론을 위해 5년 만에 국회 연단에 섰다. 당초 발언 순서에도 잡혀 있지 않았으나 박 전 대표가 고집해 첫 번째 반대토론자로 나선 것이다. 친박 진영이 흔들리고 있다고 판단 아래 내린 '극약처방'이었다. 예상을 깬 박 전 대표의 반대토론에 친박계의 분위기는 수정안 반대쪽으로 완전히 기울어졌다. 결국 재석 275명, 찬성 105명, 반대 164명, 기권 6명으로 세종시 수정안은 끝내 부결되며 10개월여의 지루한 논쟁에도 종지부를 찍었다.

세종시 수정안이 국회에서 부결된 날, 나는 '이제 산에서 내려갈 때가 됐다'는 생각을 했다. 수정안을 둘러싼 치열한 정치공방의 최전선에 있었던 지난 10개월 동안 나는 마치 벼랑 끝에 서 있는 듯한 느낌이었다.

세종시 수정안 표결 결과를 알리는 본회의장 전광판(〈동아일보〉 DB)

1997년 김영삼 대통령 임기 마지막 해에 청와대 출입기자로 권력의 내리막길을 지켜보았던 나는 세종시 수정안 부결은 국정운영의 중대한 변곡점이라는 생각이 들었다. 이제는 전면적인 인사 개편을 통해 국정운영의 새로운 방향 전환을 해야 할 시점이기 때문에 나 역시 이쯤에서 물러나는 것이 옳다고 판단한 것이다.

나는 며칠 후 이 대통령을 찾아가 "이제 자리에서 물러나겠다"고 사의를 표명했다. 대통령은 무거운 표정으로 묵묵히 내 말을 듣기만 했다. 결국 7월 중순 나는 정정길 대통령 실장과 박재완 국정기획수석, 박형준 정무수석 등과 함께 청와대를 떠났다.

세종시 문제와 같은 국가 사회적 이슈가 이성적 토론이나 합리적 판단이 배제된 채 정치적 논리에 휩쓸려 결정된 것은 지금 돌이켜 봐도 두고두고 아쉬운 대목이다. 합리적 공론(公論: *public opinion*)이 서야 할 자리를 감성적 중론(衆論: *mass opinion*)이 차지하면 국가 전체가 포퓰리즘의 혼란에 휘말릴 수밖에 없다. 최근 들어 세종시에 근무하는 공무원들이 절반 이상의 시간을 길에서 허비한다는 이야기를 들을 때마다 세종시 수정안을 어떻게든 관철해야 했다는 후회가 밀려온다.

Episode 12

두 번의 실패는 용납되지 않는다

혼란 속의 청와대

2010년 3월 26일 밤 10시 즈음, 청와대 근처에서 지인들과 저녁을 먹고 퇴근하던 중 김희중 청와대 부속실장으로부터 전화가 걸려 왔다. 김 실장은 다급한 목소리로 말했다.

"북한과 관련해 중대 사안이 발생했습니다. 긴급 외교안보장관회의가 소집됐으니 빨리 지하 별관 벙커로 와 주셔야겠습니다."

일명 '워룸'(*war room*)으로 불리는 청와대 지하별관의 위기관리센터는 글로벌 금융위기 당시 이 대통령이 1년 넘게 비상경제대책회의를 주재했던 곳이다. 나는 서둘러 차를 돌렸다. 북한군의 국지도발, 군사분계선에서의 교전 등 청와대로 가는 도중 온갖 상상이 머릿속을 스쳤다. 10여 분 후 위기관리센터 내 상황실에 들어서니 마침 이 대통령이 정정길 대통령실장, 김성환 외교안보수석 등과 함께 심각한 표정으로 이야기를 주고받고 있었다. 104명의 승조원을 태우고 서해 백령도 인근 해상에서 경계작전 임무를 수행하던 천안함이 침몰중이라는 보고가 청와대 국방비서관실에 접수되었기 때문이다.

잠시 후 김태영 국방부 장관, 현인택 통일부 장관 등 다른 회의 참석자들이 속속 도착했다. 40평 가까운 상황실 전면 벽에 설치된 10개의 대형 TV모니터에는 천안함 침몰 현장의 주변 해역 상황과 좌표, 지진파 등 관련 데이터가 표시되어 있었다. 워룸에는 육·해·공군의 작전사령부와 경찰청, 소방본부, 한국전력 등 국내 20여 개 주요 기관으로부터 실시간으로 전송되는 모든 정보가 집중되기 때문에 현장 상황을 신속하게 파악할 수 있다.

이 대통령 주재 회의가 시작되자 국방비서관실에서 천안함 침몰 위치

워룸에서 천안함 폭침 발생 당일 청와대 지하벙커에서 상황보고를 받는 장면

와 현재 상태, 탑승 인원 등에 대한 기본적인 브리핑과 함께 "인명 구조에 최선을 다하고 있다"고 보고했다. 이 대통령도 "지금 가장 중요한 것은 인명 구조"라며 신속한 구조를 지시했다. 시시각각 상황보고가 이어지는 가운데 회의 참석자들을 가장 혼란스럽게 했던 것은 침몰 원인이었다. 처음 합동참모본부와 해군 제 2함대사령부에서는 청와대에 "함정 선저가 원인 미상으로 파공(破空) 되어 좌초 중"이라고 보고했다. 이는 밤 9시 30분 경 천안함 포술장이 제 2함대사령부에 구조 요청을 하면서 진술한 내용에 기초한 것이었다. 첫 보고에 언급된 '좌초'라는 표현은 암초에 걸려 배가 침몰했다는 뉘앙스가 강한 표현이어서 초기 혼선을 증폭시킨 측면이 컸던 게 사실이다.

일부 회의 참석자들은 명확한 근거는 없지만 북한 잠수정의 소행일 가능성이 높다고 단정 짓기도 했다. 그러나 천안함이 수심 20m 내외 지점에서 침몰한 만큼 잠수함이 사고 해역까지 침입해 공격하는 것은 불가능하다는 군의 추가 보고가 올라왔다. 회의가 진행 중이던 밤 11시경에는 천안함 침몰 남방 해역에서 미식별 물체가 빠른 속도로 북상하고 있어 인근의 속초함이 함포를 쏘며 뒤쫓고 있다는 보고가 접수됐다. 하지만 상황 종료 후 이는 북한 잠수정이 아닌 새떼로 확인되었다. 밤 11시 반쯤 뒤늦게 회의에 참석한 국정원장은 여러 가설을 언급하면서 기뢰에 의한 폭발 가능성을 제기하기도 했다. 북한군의 상륙을 막기 위해 1970년대 말 우리 해군이 백령도 인근에 설치했던 육상조종기뢰 중에 회수되지 않고 남은 기뢰가 폭발하면서 천안함이 침몰한 것이 아니냐는 분석이었다. 이 밖에 천안함이 건조된 지 22년이나 된 노후화된 선박인 만큼 피로파괴일 가능성이 있다는 주장까지 나왔다.

회의는 자정을 넘겨서도 계속되었지만 참석자 중 어느 누구도 천안함 침몰 원인에 대해 자신 있게 말하지 못했다. 그러던 중 갑자기 한 케이블 방송이 '백령도 서해상에서 해군 초계함 침몰 중'이라는 뉴스속보 자막을 내보내면서 일반 국민들에게도 이 사실이 알려지게 됐다. 사고 원인에 대한 정보 부족으로 답답하고 혼란스러웠던 3월 26일 밤은 그렇게 지나갔다. 후일 조사과정에서 밝혀진 사실이지만, 당시 천안함 승조원들은 폭발 충격으로 대부분 정신을 잃었고 함정 전원이 완전히 끊어지면서 신속한 보고가 어려운 상황이었다. 실제로는 사고 직후 천안함 함장과 통신장이 "어뢰에 맞은 것 같다"는 증언을 했지만, 제 2함대사령부와 해군작전사령부는 이를 합참과 국방부 등 상부에 제대로 보고하지 않았다. 혼란스런 와중에 벌어진 행정적 실수지만 이 때문에 혼란이 더욱 커졌던 것이다.

1%의 가능성도 소홀히 하지 말라

실종된 천안함 승조원들에 대한 필사적인 구조작업이 밤새 진행된 가운데 사고 이튿날인 6월 27일 신문과 방송에서는 침몰 원인에 대한 추측성 보도가 봇물 터지듯 쏟아졌다. '암초에 의한 좌초', '노후로 인한 피로파괴', '내부 폭발사고', '북한 어뢰 또는 기뢰 공격' 등 상상할 수 있는 거의 모든 가능성이 제기되었다. 인터넷과 SNS에서는 천안함이 서해에서 훈련 중인 미국 잠수함과 충돌했다는 루머까지 확산됐다.

이날 아침과 저녁 두 차례에 걸쳐 외교안보장관회의를 소집한 이 대통령은 "가장 중요한 것은 실종자를 찾는 일"이라며 "한 명의 생존자라도 더 구조할 수 있도록 군은 모든 장비와 인력을 동원해서 구조작업에 최선을 다하라"고 지시했다. 특히 이 대통령은 사고원인에 대한 혼선과 국민 불안이 확산되는 것을 우려해 다음과 같은 지시를 내렸다.

"사건의 진상이 미궁에 빠지면 더 큰 국민적 의혹을 살 수 밖에 없다. 따라서 1%의 가능성도 소홀히 하지 말고 과학적이고 객관적인 조사를 통해 원인을 밝혀내야 한다."

그러면서 이 대통령은 "만약 이것이 북한의 공격에 의한 것이라면 준(準) 전쟁상황이라는 엄중한 인식을 갖고 대응해야 할 것"이라고 강조했다. 또한 6자회담 관련국은 물론 여야 각 당에게도 사건의 정확한 진행 상황을 설명할 것을 당부했다.

그러나 그 당시까지만 해도 북한의 움직임은 이상하리만큼 조용했다. 북한군의 교신상황을 감청하는 군 정보기관 쪽에서도 이와 관련한 어떤 내용이 포착되지 않았고 북한군의 병력이동도 감지되지 않았다. 일부 언론은 천안함 피격 수일 전 북한 비파곶에서 상어급 잠수함과 연어급 잠수정이 2~3일간 사라졌다고 보도했지만 당시로서는 불확실한 정보였을 뿐 구체적 증거는 어디에서도 찾을 수 없었다. 이 같은 상황에서 천안함 침몰을 곧바로 북한 소행으로 몰고 가기에는 부담이 컸다. 이 대통령이 신속한 구조작업과 함께 '과학적 조사'를 지시한 이유도 섣부른 예단으로 정치적 파장과 사회적 혼란이 커지는 것을 우려했기 때문이었다.

실제 2000년 러시아 핵잠수함 쿠르스크호가 침몰했을 때 푸틴 대통령은 이를 미국 잠수함 공격으로 인한 침몰로 예단하고 정치적 대응에 치중하다가 나중에 내부 폭발로 밝혀지면서 국제적 망신을 자초한 적이 있다. 나중에 밝혀진 사실이지만 북한은 우리 군의 감청을 의식해 천안함 피격 전후 일체의 움직임을 보이지 않은 채 침묵하고 있었다.

이 대통령은 3월 26일 밤 첫 회의 이후 38시간 동안 네 차례나 외교안보장관회의를 주재하고 그때그때 필요한 조치를 지시하는 등 진두지휘를 했다. 청와대는 이 같은 대형사건이 발생할 경우 초기 메시지가 매우 중요하다는 사실을 잘 알고 있었다. 그래서 이 대통령은 일체의 '사설(私說) 브리핑'을 하지 말라고 지시했고, 나 역시 직원들의 입단속에 특히 신경을 썼다.

언론에 알려야 할 중요한 내용이 있을 경우는 내가 현장에서 작성한 문안이 다른 참모들에게 회람된 후 최종적으로 대통령의 승인을 받아 외부에 발표되었다. 여러 차례 진행된 외교안보장관회의에서 이 대통령이 일관되게 강조한 메시지는 인명 구조가 최우선이며 과학적인 조사를 통해 진상을 밝혀야 한다는 것이었다. 또 천안함 침몰이 북한 공격에 의한 것으로 밝혀질 경우 단호하고 엄정하게 대처할 것이라는 점도 강조했다. 회의 중간에 진행된 언론 브리핑에서 나는 대통령의 메시지를 그대로 전달하면서 불필요한 추가 언급은 자제했다. 자칫 사족이 브리핑에 포함될 경우 사태의 본말이 뒤바뀌면서 사건의 초기 프레임이 왜곡될 수 있기 때문이었다.

팽팽한 긴장감 속에 신중한 공보 대응이 이어지는 가운데 예상치 못했던 청와대 관계자의 사설 브리핑이 천안함 사태의 초기 프레임을 뒤흔들었다. 이 대통령 주재 외교안보장관회의가 연속적으로 진행되던 어느 날 TV 화면의 뉴스 자막으로 "천안함 침몰이 북한의 소행이라고 단정할 근거가 없다"는 청와대 내부 관계자의 발언이 보도되었다. 뉴스를 본 이 대통령은 "지금 저게 도대체 무슨 소리야"라며 어이없어 했다. 나를 비롯한 다른 회의 참석자들도 매우 당혹스러웠다. 마치 북한이 이 사건과 무관하다는 인상을 줄 수 있는 부적절한 발언이었기 때문이다.

나는 곧바로 기자실로 건너가 기사 내용은 청와대의 입장이 아니라고 해명했지만 잘못된 사설 브리핑을 다시 바로잡기는 쉽지 않았다. 이는 결국 두 달 후 천안함 폭침의 결정적 증거인 북한 잠수정의 어뢰 추진체가 발견될 때까지 청와대가 보수와 진보 양쪽에서 비난받은 빌미가 됐다. 진보 진영에서는 사건 직후 보도된 청와대 관계자 발언을 근거로 "북한 소행으로 몰고 가서는 안 된다"고 주장했다. 반면 보수 진영에서는 "북한이 천안함을 공격해 침몰했는데도 정부가 이를 제대로 발표하지 않고 있다"며 비난했다.

사실 천안함 사태 초기 드러난 언론 대응의 혼선에는 국방부와 합참의 공보역량 부족에도 원인이 있었다. 천안함 침몰 직후 브리핑을 담당했던 국방부 대변인은 언론의 부정확한 취재내용을 바로잡을 수 있는 충분한 정보를 갖고 있지 못한 경우가 많았다. 이로 인해 사건 초기 천안함 침몰 시각이나 북한 잠수정 추적시각을 발표하면서 적지 않은 혼란을 야기했다. 또 군사작전과 현장대응을 지휘하는 합참의 브리핑은 해군 준장이 맡았는데, 공보에 대한 이해가 부족해 언론과의 마찰이 잦았다.

천안함 사태처럼 국민들과 국내외 언론의 관심이 집중되는 대형사건의 경우는 실체적 진실보다 오히려 작은 말실수 혹은 부분적 사실의 오류, 오락가락하는 해명 같은 지엽적 사안이 오히려 불신과 비판 여론을 증폭시키는 경우가 많다. 이때도 그랬다. 국방부는 군사기밀을 이유로 사고 초기 천안함 모습이 촬영된 TOD(열상감시장비) 영상을 일부만 공개했다. 그러다 비판 여론이 거세지자 뒤늦게 TOD 영상 전체를 공개했지만, 오히려 비판 여론을 증폭시키는 결과를 초래했다.

위험을 무릅쓴 이 대통령의 백령도 방문

천안함 피격 초기의 최우선 현안은 승조원 104명에 대한 생존자 확인과 구조작업이었다. 이 대통령도 3월 26일 밤 첫 외교안보장관회의를 시작으로 28일까지 네 차례의 비상회의를 주재하면서 "총력을 기울여서 구조작업을 진행하라"고 강조했다. 천안함 침몰 직후인 3월 26일 밤 9시 30분 경 제 2함대사령부에서 구조지원 요청을 받은 해양경찰이 승조원 구조작전을 실시하고, 이어 옹진군청 소속 어업 지도선도 구조작전에 동참했다.

이런 합동 구조작전에 힘입어 침몰 3시간여 만에 함체 선수에 있던 58명의 승조원이 구조되었다. 이후에는 실종자를 구조하기 위해 해난구조대(SSU) 및 수중폭파팀(UDT), 구조함인 광양함과 평택함, 해양조사선 이어도호와 미군 구조함 살보(Salvor) 함까지 투입된 대대적인 탐색 구조작전이 시작됐다. 그러나 피격과 함께 함체가 절단된 천안함이 빠른 유속에 휩쓸려 나가면서 구조작업은 상당한 어려움을 겪었다. 궂은 날씨와 수중의 시계(視界) 제한을 극복하며 군과 민간의 잠수사들은 캄캄한 바다에서 악전고투를 벌였다. 전문가들이 선체 내 산소상태를 고려해 '생존 마지노선'으로 제시한 3월 29일까지 추가구조 소식이 들려오지 않자 유가족과 정치권, 언론에서는 군과 정부에 대한 비판이 나오기 시작했다.

그러던 중 3월 30일 오전 이 대통령이 실종자 구조현장을 전격 방문했다. 현직 대통령의 백령도 방문은 처음이었다. 예정에 없었던 백령도 방문은 실종자 가족을 위로하고 현장의 구조대원들을 직접 격려하겠다는 대통령의 강한 의지 때문에 강행된 것이었다. 사실 백령도는 안보나 경호 측면에서 볼 때 매우 위험이 큰 곳이다. 북한의 지대함 유도탄과 해안포가 집중 배치된 장산곶에서 불과 13㎞밖에 떨어져 있지 않은 데다 파도가 높고 풍랑이 빈번하다.

특히 헬기로 서해 평택함에서 백령도까지 이동하려면 위험지역인 최단 직선 경로를 피해 남쪽으로 우회해야 한다. 때문에 전체적인 비행 거리가 길어져 다시 회항하기 위해서는 백령도에서 반드시 중간 급유를 받아야 한다. 그런데 만약 백령도에 접근하기 직전 북한의 공격 등 대통령의 신변을 위협하는 우발사태가 발생한다면 바다 위에서 오도 가도 못하는 위험천만한 상황에 처할 수 있다. 역대 대통령들이 백령도를 방문하지 못한 이유도 이 같은 경호상의 문제 때문이었다.

이 대통령이 백령도를 방문했던 당일 아침 참모회의에서도 신변안전 문제를 놓고 논쟁이 벌어졌다. 경호처를 비롯한 다수 참모들은 대통령의 백령도 방문에 반대했다. 특히 김인종 경호처장은 내가 백령도 방문을 주장하자 "무슨 일이라도 생기면 책임질 거냐"고 따져 묻기도 했다. 대통령 경호를 책임지는 입장에서 본분에 충실하기 위해 충분히 할 수 있는 지적이었다. 그러나 나는 "백령도 방문은 경호의 문제가 아니라 정치적 결단의 문제다. 군 통수권자인 대통령이 군의 구조작업을 독려하고 국민을 안심시키기 위해서라도 현장을 찾을 필요가 있다"고 주장했다. 결국 이 대통령은 "실종 장병 한 사람 한 사람이 내 자식, 내 부하 같은 사람

아니냐"면서 헬기 준비를 지시했다. 이렇게 되자 청와대와 군에 비상이 걸렸다.

청와대는 대통령의 백령도 방문수행 계획을 보통 때처럼 문서로 만들어 회람시키지 않고 당일 출동명령을 받은 최근접 경호원 10여 명에게만 구두로 전달했다. 현장 수행원도 나와 김성환 외교안보수석, 김병기 국방비서관 등으로 최소화했다. 또 언론에는 대통령이 백령도 방문을 마치고 청와대로 돌아올 때까지 관련 사실에 대한 엠바고(보도유예)를 당부했다.

이날 오전 10시 45분경, 청와대를 출발한 대통령 전용 헬기는 1시간 20여 분 뒤 구조작업 중인 서해 독도함에 도착했다. 이후 이 대통령은 실종자 가족이 있는 광양함까지 2.3㎞이 거리를 고무보트를 타고 이동했다. 당시 백령도 인근은 강풍이 심했는데, 높은 파도 때문에 대통령과 수행원들의 몸이 심하게 흔들리다 못해 물에 빠질 뻔한 아찔한 순간도 있었다. 광양함에 도착한 대통령은 애타게 실종자를 기다리고 있는 가족들에게 "내가 실낱같은 희망이라도 놓지 않고 이곳에 온 이유는 작업하는 모든 사람들에게 끝까지 희망을 갖고 일해 달라고 당부하기 위해서이다"라며 위로했다.

위험을 무릅쓴 이 대통령의 백령도 방문은 천안함 침몰 초기 실종자 수색작업과 사고 원인의 규명이 지연되면서 커졌던 비판적 여론을 잠재우는 중요한 계기가 됐다. 대통령의 백령도 방문이 언론에 대대적으로 보도되자 경호처 관계자들조차 나에게 "수고했다"고 말하기도 했다.

한편 이 대통령이 백령도를 방문하던 날 해군 특수전 여단 소속 한주호 준위가 구조작전 중 사망하는 안타까운 사고가 발생했다. 잠수 경험

위험을 무릅쓰고 이 대통령은 천안함 폭침 직후 경호처의 반대에도 불구하고 백령도를 방문해 유족을 위로하고 수색작업을 벌이는 한주호 준위 등 UDT 대원들을 격려했다.

이 적은 후배들을 대신해 한번이라도 더 물속에 들어가야 한다고 생각했던 그는 사고 전 이틀 동안 무려 4차례나 잠수했다고 한다. 이날 이 대통령은 사고가 발생하기 직전 백령도 수색현장에서 한 준위를 직접 만나 "무리하지 말라. 물이 차고 깊으니 조심하라"고 당부했었다. 그랬기에 누구보다도 더 마음이 무거웠다. 이 대통령은 국군수도병원에 마련된 한 준위의 빈소를 직접 찾아 조문하며 격한 감정을 이기지 못하고 눈시울을 붉혔다.

4월 2일에는 수색작업에 참여했던 금양 98호가 조업구역으로 돌아가던 중 옹진군 대청도 인근에서 침몰해 선원 9명이 전원 사망하는 비극적인 사고가 이어졌다. 한 준위의 희생과 금양호 침몰은 구조작업의 위험성을 재차 환기시키는 계기가 되었다. 결국 구조작전의 경과를 지켜보던 실종자 가족은 추가적인 피해 발생을 우려해 4월 3일 구조작업의 중단을 요구했다. 실종자 가족들은 "희생은 우리 아들들로 끝나야 한다. 유해수습을 위해 더는 희생이 나오는 걸 원치 않는다"는 뜻을 전하기도 했다. 군은 실종자 가족들의 숭고한 뜻을 받아들여 구조작업을 중단하고 함체 인양작전에 착수했다. 하지만 4월 24일 함체를 인양할 때까지 46명 희생자 중 6명의 유해를 끝내 수습하지 못했다.

천안함 폭침 같은 국가적 사태가 발생하면 국민들의 안보불안 심리를 다독이는 일 못지않게 각계각층의 지도자들에게 상황을 설명하고 이해와 협조를 구하는 일이 중요하다. 이 대통령은 4월 23일 전두환, 김영삼 전 대통령을 청와대로 초청해 오찬을 함께 했다. 두 전직 대통령은 2007년 대선 때 이 대통령을 지지했었다.

이날 전두환, 김영삼 두 전 대통령은 동해 잠수함 침투사건, KAL기 폭파사건, 미얀마 아웅산 묘소 폭파사건 등 과거 북한의 도발사례를 언급하며 천안함 침몰 역시 북한의 소행으로 규정했다. 전두환 전 대통령은 "천안함 사태에 대응하기 위해서는 비상한 결단이 필요하다"며 개성공단 철수, 북한 선박의 제주해역 자유항행 금지 등의 강경 대응을 주문했다. 그리고 아예 언론 브리핑에 참고해 달라며 미리 준비한 A4 용지 2장 분량의 보도 참고자료를 비서진을 통해 나에게 건네기도 했다. 김영삼 전 대통령은 "지난 10년간 주적 개념조차 없어지는 등 정체성이 혼란을 겪었다"며 "반드시 국방백서에 주적 개념을 넣어야 한다"고 강조했다. 두 전직 대통령들의 조언에 대해 이 대통령은 "원인이 밝혀지면 단호하게 대응할 것"이라고 답했다.

이날 모임은 12·12 군사쿠데타 이후 오랫동안 악연 관계에 놓여 있던 두 전직 대통령을 화해시키기 위한 정치적 배려에서 마련된 측면도 있었다. 김영삼 정부 시절 전두환 전 대통령이 쿠데타 혐의로 사법처리된 후

두 사람은 같은 모임에 절대로 같이 참석하지 않을 만큼 관계가 껄끄러웠다. DJ 정부 초기에는 전두환 전 대통령이 청와대를 비판하는 김영삼 전 대통령을 '주막 강아지'로 비유하자 김 전 대통령 측이 다시 '골목 강아지'로 맞받아치는 등 감정싸움을 벌이기도 했다.

하지만 이날 오찬이 끝날 무렵 이 대통령이 "모처럼 두 분이 만났는데 나라 어른들로서 건강하고 화합, 화해했으면 좋겠다"며 건배를 제의하자 두 사람은 흔쾌히 잔을 들었다. 과거 미국의 트루먼과 아이젠하워, 포드와 카터 등 전·현직 대통령들은 국내외 정치인의 조문 현장에서 정치적 앙금을 풀었다. 천안함 사태 역시 전두환, 김영삼 두 전직 대통령의 구원(舊怨)을 정리하는 계기가 된 셈이다.

이 대통령도 오찬이 끝난 뒤 "내가 두 사람을 화해시켰다"며 흡족해했다. 나는 국가적 위기 극복이라는 명분 아래 전 현직 대통령이 손을 맞잡는 모습을 보면서 이런 자리가 더욱 자주 만들어져야 할 필요가 있다는 생각이 들었다. 5년마다 단절과 청산이 계속되는 악순환의 고리를 끊고 국정운영의 경험과 경륜이 전달되는 '계승의 문화'가 정착돼야 정치발전도 이루어질 수 있기 때문이다.

오찬이 끝날 무렵 나는 김 전 대통령을 배웅하기 위해 차 앞에서 기다리고 있었다. 김 전 대통령을 수행하던 김기수 비서실장이 나를 발견하더니 "각하가 계실 때 청와대를 출입하던 이동관 기자입니다"라고 김 전 대통령에게 소개했다. 그러자 김 전 대통령은 "어, 내가 잘 알지. 이동관 수석 홍보 잘하더구만"하고 말했다. 김 전 대통령이 이 대통령 앞에서 나를 치켜세운 것은 과거 청와대 출입기자로 인연을 맺었던 나에 대한 배려였지만, 다른 한편으로는 이 대통령의 국정운영에 대한 지지 의사를 우회적으로 표현한 것이기도 했다. '정치 9단'으로 불렸던 김 전 대통령 특유의 인간미를 다시 한 번 느낄 수 있는 대목이었다.

5 · 24 조치와 자위권

실종자 수색작업과 함께 국방부는 3월 31일 82명으로 민군합동조사단을 구성해 천안함 침몰원인에 대한 본격적인 조사에 착수했다. 앞서 '과학적이고 객관적인 조사'를 하라는 이 대통령의 지시에 따라 4월 11일 이후에는 미국, 호주, 스웨덴, 영국 등 5개국 전문가 24명이 추가로 합조단에 합류했다. 조사단은 천안함 침몰요인을 비폭발, 내부 폭발, 외부 폭발로 구분한 뒤 각각의 가능성에 대해 정밀 분석했다.

그러나 침몰원인을 밝힐 결정적 증거는 발견되지 않았고, 사건 초기 북한의 소행 여부를 둘러싼 정치적 논란은 점차 진보 진영이 제기한 음모론으로 변질되었다. 인터넷과 SNS에는 천안함 사태를 둘러싼 음모론이 급속히 확산되었다.

일례로 '천안함 침몰은 암초 충돌에 의한 사고이며 한미 양국이 이를 조작해 북한 소행으로 둔갑시키려 한다'는 주장이 여과 없이 퍼졌다. 한반도 위기를 고조시켜 일본 오키나와의 미군기지를 유지하려는 의도에서 미군 특수부대가 천안함을 침몰시켰다는 '미국 특수부대 소행설'도 등장했다. 그런가 하면 천안함이 서해에서 훈련 중인 미군 잠수함과 충돌했다는 개인 블로거의 주장이 진보 진영의 인터넷 매체를 타고 급속히 확산되기도 했다. 우리 해군이 서해에 방치한 기뢰가 폭발하면서 천안함이 가라앉았다는 주장은 합조단이 조사결과를 발표하는 순간까지 지속적으로 제기되었다.

이런 가운데 5월 17일 마침내 천안함 침몰의 비밀을 밝혀줄 '스모킹건'(*smoking gun*)이 나왔다. 4월 말부터 사고해역에 투입되어 잔해물과 증거물 수거작업을 벌이던 쌍끌이 어선이 천안함 피격의 결정적 증거물인 어뢰 추진체를 발견한 것이다. 추진체 발견은 마치 '백사장에서 바늘 찾기'에 비유할 만큼 어렵고 기적적인 일이었다. 외교안보수석실에서 이 사실을 대통령에게 보고한 뒤 청와대 수석비서관회의에서 공개했을 때 참모들 모두 '와' 하며 박수를 쳤다. 회의 참석자 중 일부는 "하늘이 우리를 돕는구나"라며 흥분하기도 했다.

프로펠러 2개가 온전히 달린 1.2m 길이의 어뢰 추진체는 북한이 수출용으로 제작한 'CHT-02D' 모델의 중(重)어뢰와 동일한 부품으로 밝혀졌다. 더구나 추진체 뒷부분에 뚜렷하게 표시된 '1번'이라는 글씨는 천안함 침몰이 북한 잠수정의 소행이라는 반박할 수 없는 증거였다. 합조단은 어뢰 추진체에 대한 정밀분석 결과와 함체의 변형상태, 생존 승조원들의 진술내용, 지진파 및 공중음파 분석결과 등을 종합해 5월 20일 "천안함은 북한의 소형 잠수정으로부터 발사된 어뢰에 의한 외부 수중폭발의 결과로 침몰되었다"고 공식 발표했다.

이처럼 확실한 증거가 나왔음에도 불구하고 진보 진영 시민단체에서는 "북한에서는 일련번호를 '1번'이라고 쓰지 않고 '1호'라고 쓴다"며 조사결과가 조작됐다는 황당한 주장을 펴기도 했다. 지금도 나는 '만약 당시에 어뢰 추진체가 발견되지 않았다면 어떻게 되었을까'하는 생각을 할 때마다 가슴을 쓸어내리곤 한다.

천안함 침몰이 북한의 소행이라는 사실이 밝혀지자 이 대통령은 단호한 대응에 나섰다. 5월 21일 청와대 지하벙커에서 소집된 긴급 NSC에서 이 대통령은 "천안함 사태는 북한으로부터 무력 기습을 당한 것"이라고 분명히 밝혔다. 마침내 5월 24일에는 지금도 남북관계의 기본 틀이 되는 '5·24 조치'가 발표되었다. 이날 이 대통령은 서울 용산 전쟁기념관 호국추모실에서 발표한 대국민 담화문을 통해 "북한은 자신의 행위에 상응하는 대가를 치를 것"이라고 강력 경고했다.

시종일관 결연한 표정으로 담화문을 읽어 내려가던 이 대통령은 북한에 대해 "앞으로 우리의 영해, 영공, 영토를 침범한다면 즉각 자위권을 발동할 것"이라고 천명했다. 이는 무력도발에 대한 군사적 대응뿐 아니라 침범을 유발한 북한 군사기지에 대한 보복 타격도 주저하지 않겠다는 적극적인 의미로 이미 국제법적으로 통용되는 개념이었다. 담화문 발표를 마친 후 이 대통령은 천안함 폭침으로 희생된 46명의 장병과 고(故) 한주호 준위의 이름이 새겨진 전쟁기념관 벽면의 전사자 명비를 참배했다.

담화문에는 여러 제재조치들이 망라되어 있었지만 내가 반드시 포함되어야 한다고 생각했던 메시지는 바로 자위권에 대한 것이었다. 과거 수많은 북한의 무력도발이 있었음에도 불구하고 우리가 자위권을 적극적으로 언급할 수 없었던 이유는 오랜 기간 동안 우리 군에 대한 작전통제권을 미군이 행사했기 때문이었다.

그러나 1994년 평시작전통제권이 한국군으로 이양된 데 이어 2000년대 이후 전시작전통제권 반환문제가 제기되자 학계에서는 보다 적극적인 의미의 자위권 개념이 필요하다는 주장이 나오기 시작했다. 이 같은 흐름 속에서 내가 자위권에 대해 더 깊이 이해할 수 있었던 계기는 〈동아일보〉 도쿄특파원 시절에 보았던 일본에서의 자위권 논의였다. 기본적으로 일본의 방위정책은 전수방위를 원칙으로 하지만 적으로부터 무력공격을 받을 경우 개별적 자위권이 발동되며 방위력을 행사할 수 있다.

일본 정부는 개별적 자위권 개념을 동맹국이 적의 공격을 받았을 때 자동 개입하는 '집단적 자위권' 논의로 확장시켰고, 아베 신조 자민당 정권은 최근 이를 합법화하는 안보법을 통과시켰다. 나는 일본도 "평화헌법"을 통해 개별적 자위권을 보장하는 마당에 북한과 대치 중인 우리나라가 정당한 자위권을 행사하지 못하는 것은 문제가 있다고 생각했다. 실제로 자위권이라는 개념이 국제법상 인정되는 만큼 단순히 교전수칙을 넘어 논의되어야 한다고 생각했다.

이처럼 대통령의 '자위권' 언급은 매우 중요한 의미를 갖고 있는 것이었지만, 담화문에 이 개념이 포함되기까지는 내부적인 논란도 적지 않았다. 담화문 작성을 위해 열린 사전회의에서 나는 "담화문에 자위권을 분명하게 명시해야 한다"고 주장했다. 북한이 또 다시 무력도발을 감행할 엄두를 내지 못하도록 선제적인 안보태세를 구축해야 한다는 이유에서였다. 당시 언론에서도 사설과 칼럼 등을 통해 제 2의 천안함 사태를 막기 위해서는 우리 군이 북한의 도발을 사전에 적극적으로 차단해야 한다는 지적이 많았다.

하지만 국방부와 군은 자위권이 한미 간 협의가 필요한 민감한 사안이라는 이유를 들어 담화문에서 언급하는 것은 부적절하다는 신중한 입장이었다. 결국 국가안보에 대한 이 대통령의 강한 의지로 자위권에 대한 언급은 최종적으로 담화문에 포함됐다.

"북한은 자신의 행위에 상응하는 대가를 치를 것입니다. … 대한민국은 앞으로 북한의 어떠한 도발도 용납하지 않고, 적극적 억제 원칙을 견지할 것입니다. 앞으로 우리의 영해, 영공, 영토를 침범한다면 즉각 자위권을 발동할 것입니다."

결의에 찬 내용이었다.

이 대통령이 담화문을 발표한 직후 범정부 차원의 전면적인 대북제재 조치가 시행되었다. 통일부는 남북 간 선박 운항의 중단, 영유아 지원을 제외한 남북교역과 신규 대북투자 금지, 우리 국민의 방북불허 등 남북 교류협력을 중단했다. 국방부도 대북 심리전을 재개하고 한미연합 해상 및 대잠수함 훈련, 대량살상무기 확산방지(PSI)를 위한 역내·외 해상차단 훈련 등을 실시했다. 외교통상부는 북한의 무력공격에 대한 국제 사회의 대북 규탄 여론을 조성하고 UN 안보리에 천안함 피격사건을 회부하기 위한 조치에 나섰다.

이 대통령의 '천안함 담화문' 발표장소가 용산 전쟁기념관이라는 점도 나름의 의미가 있었다. 장소 선정을 위한 청와대 사전회의에서는 천안함이 인양된 평택의 해군 2함대사령부가 검토되기도 했지만 홍보수석실의 제안으로 전쟁기념관으로 변경됐다. 전쟁기념관 호국추모실에는 6·25 한국전쟁에서 희생된 영웅들의 흉상이 나란히 서 있다. 그런 만큼 민족의 상흔을 뒤돌아보면서 천안함 사태의 의미를 잘 전달할 수 있는 최적의 장소라는 게 실무진의 판단이었다. PI에 대해 고민한 나로서는 백령도 방문에 이어 전쟁기념관에서의 담화문 발표가 국군 통수권자로서의 이미지를 강화시킬 수 있는 계기가 될 것이라는 점도 감안했다.

되돌아보면 천안함 폭침이 우리 군에 던진 메시지는 엄중하다. 무엇보다 북한의 무력도발 가능성을 사전에 충분히 예측하지 못한 것은 치명적인 실수다. 특히 잠수정과 같은 비대칭전력에 바탕을 둔 북한군의 공격에 대한 대비를 소홀히 함으로써 해상안보에 치명적인 약점을 노출했다. 과거 북한의 행태를 보면 자신들이 당했다고 생각하면 반드시 그에 상응하는 보복공격을 했다. 실제 1999년 6월 1차 서해교전에서 수십 명의 사상자를 내며 참패한 북한은 2002년 6월 2차 서해교전을 일으켰고, 우리 측은 6명의 군인이 전사하고 수십 명이 부상당하는 큰 피해를 입었다.

이후 서해상에서 도발 강도를 높이던 북한은 2009년 11월 대청도 인근 NLL(북방한계선)에서 또 다시 무력도발을 감행했지만 우리 군에 대패했다. 과거 전례를 볼 때 대청해전 패배 이후 북한군이 복수에 나설 가능성은 충분했다. 또 당시 북한 내부적으로 김정은에 대한 권력승계 작업이 한창 진행되고 있었던 만큼, 이명박 정부의 단호한 대북정책을 흔들기 위한 대남 무력도발의 가능성은 어느 때보다도 높았다.

더구나 2010년 3월 초 시작된 한미연합 독수리훈련에 대해 북한이 강하게 반발하는 가운데 우리 군은 천안함 피격 수일 전 감시 중인 북한 잠수정이 레이더망에서 사라졌다는 미군의 정보까지 파악하고 있던 상황이었다. 이처럼 북한의 도발 가능성이 높았음에도 불구하고 천안함 폭침 한 달 전 합참은 "적의 특이한 침투·도발 징후가 없다"는 판단을 내리고 경계태세를 완화했다. 해군작전사령부와 제2함대사령부 역시 서북해역에서 북한 잠수함의 공격 가능성을 가정한 함정 운용구역의 확대, 추가 전력증강 등의 적극적인 대책을 마련하지 못한 채 해상전 위주의 기존 작전방식만을 고수했다.

당시 군의 허술한 대비 태세의 바탕에는 어쩌면 '전술·전략적 상상력의 부재'가 자리 잡고 있었는지도 모른다. 2001년 뉴욕 세계무역센터

(WTC)에 대한 알카에다의 비행기 자살테러 사건을 조사했던 '9 · 11 조사위원회'는 테러를 막지 못한 이유로 '상상력 부족'을 꼽았다. 미국 정보기관과 군이 과거 알카에다의 과거 테러유형을 분석하고 이를 토대로 새로운 공격방식을 상상하지 못했기 때문이라는 것이다. 심지어 CIA와 FBI(미연방수사국)는 9 · 11 테러 1년 전 테러범 일부의 신상을 파악하고 이들이 플로리다 주 비행학교에 입학했다는 첩보까지 입수했지만 별다른 조치를 취하지 않았으며, 백악관 역시 이들 기관의 보고를 무시했다.

나는 6 · 25 한국전쟁 이후 북한의 크고 작은 도발이 있었지만 반세기 이상 '전쟁 없는 휴전상태'가 지속되면서 우리 군이 어느덧 평화에 취한 것이 아닌가 하는 생각도 했다. 천안함 사태를 겪으면서 과거 도쿄특파원 시절 일본 지인들이 "한국 사람들은 북한과 마주하고 있는데 정작 북한이 위험한 존재인지는 잘 모르는 것 같다"고 나에게 말했던 기억도 떠올랐다. 그런데 같은 실수는 연평도 포격 때 다시 한 번 반복됐다.

아! 연평도

2010년 11월 23일 북한군이 122㎜ 방사포를 동원해 발사한 170발의 포탄이 연평부대 주둔지와 민가에 떨어져 우리 군과 민간인을 포함한 모두 18명의 사상자가 발생했다. 북한군이 민간인 지역에 포격을 가해 사상자가 발생한 것은 휴전 이후 처음 있는 일로 미증유의 사태였다.

나는 7월 중순 홍보수석에서 물러난 직후 야인으로서 쉬고 있던 때였다. 마침 약속이 있어 시내에 나왔다가 긴급 뉴스를 통해 사건을 접한 나는 '확전 자제'라는 청와대 반응이 속보로 자막에 뜨는 것을 보고 놀라움을 금치 못했다. 나는 함께 뉴스를 보던 지인들에게 흥분을 감추지 못하며 "이건 뭐가 잘못됐다"고 말했다. 내가 흥분한 이유는 이 메시지가 사실이라면, 이미 5·24 담화에서 다시 무력도발을 할 경우 사위권 확보 차원에서 단호히 응징하겠다는 다짐이 공수표가 될 수밖에 없었기 때문이었다.

나는 당시 벙커회의에 참석할 수 있는 입장이 아니었지만, 나중에 참석자들을 통해서 이 발언의 경위를 확인하고는 어처구니가 없었다. 내가 확인한 진상은 이랬다. 사건이 발생하자 언제나 그렇듯이 청와대 출입기자들은 대통령과 청와대 입장을 빨리 밝혀 달라고 재촉했다. 홍보라인에서는 시달리던 끝에 벙커회의가 공식적으로 시작하기도 전에 한 참석자에게 조언을 구했고, 그 참석자가 '확전 자제'라는 말을 함으로써 이것이 마치 청와대의 공식입장인 것처럼 잘못 전달된 것이었다.

대형 사안이 발생했을 때는 무엇보다 초기 메시지가 중요하며, 이 때문에 공식입장이 정리될 때 까지는 어떤 경우에도 부정확한 메시지를 내서는 안 된다는 교훈을 잊었기 때문에 발생한 일이었다. 그 결과는 메시지를 관리하는 홍보 책임자 입장에서는 재앙이나 다름없었다. 청와대 측은 이 메시지가 잘못 흘러나간 사설 브리핑임을 거듭 설명했지만 언론에서는 "실제로 대통령이 비슷한 발언을 했으니 그런 메시지가 나온 것 아니냐"며 쉽게 해명을 받아들이지 않았고 논란만 증폭됐다. 실제 이 대통령은 회의를 주재하기 위해 지하벙커에 들어서면서 TV 화면 자막에 나오는 '확전자제'라는 자막을 보고 "저런 메시지가 어떻게 나갔느냐"며, "즉각 기자실에 가서 해명하라"고 지시했다는 것이었다.

이뿐만이 아니었다. 당시 이 대통령은 "모든 수단을 동원해 대응공격을 하라"고 지시했지만 회의에 참석한 군 관계자들은 '동종(同種), 동량(同量)의 무기로 반격해야 한다'는 유엔사 교전수칙을 앞세워 도발원점인 북한 황해도 개머리반도의 해안 포진지를 타격하지 못했다. 대신 K-9 자주포로 북한 무도 일대의 포진지에 80발을 응사하는 데 그쳤다.

또 연평도 상공까지 출격했던 F15 전폭기 두 대를 활용해 공격을 가하라는 이 대통령의 지시에 대해서도 군 관계자들은 "미군과 협의할 사안"이라며 행동에 나서는 것을 주저했다고 한다. 오히려 민간인 출신의 장관 수석들이 적극적 대응을 요구하는 분위기였다는 것이다. 더욱 한심한 것은 나중에 확인해 보니 출격한 F15 전폭기 두 대에는 공대지미사일이 장착조차 돼 있지 않았다는 것이다. 결국 공식회의를 마친 뒤 몇 명의 민간인 출신 장관 수석들과 저녁을 함께한 이 대통령은 "이런 식의 대응으로는 국민을 설득할 수 없다"는 건의를 듣고는 곧바로 합동참모본부 지휘통제실로 직행했다.

그 뒤 국방부 장관이 경질됐고, '선조치 후보고', '도발 원점과 지원 지휘세력 타격' 등의 강력한 지침이 내려졌지만 만시지탄(晩時之歎)의 느낌이었다. 도발이 있을 경우 자위권 차원에서 단호히 응징하겠다는 다짐이 결국 공염불에 그친 셈이 되었기 때문이다. 다른 한편으로는 천안함 사태 이후 청와대 주요 참모진이 대부분 교체되면서 이들의 경험이 제대로 인수인계되지 않았던 것도 연평도 사태의 부실한 초기 대응에 악영향을 미친 것은 아닐까 하는 생각도 금할 수 없었다.

Episode 13

과거사 악순환의 고리를 끊으려면

독도 땅을 밟은 대통령

"독도는 진정한 우리의 영토이고 목숨을 바쳐 지켜야 할 가치가 있는 곳이다."

광복절을 닷새 앞둔 2012년 8월 10일 오후 2시, 현직 대통령으로서는 처음 독도에 발을 내딛은 이 대통령은 만감이 교차하는 표정으로 말했다. 이 대통령은 이어 흰색으로 '한국령'(韓國領)이라고 쓰인 바위를 직접 만져 보며 독도가 우리 영토임을 거듭 확인했다. 독도에 거주하는 김성도 씨 부부에게는 "우리 영토를 잘 지키고 환경도 잘 지키는 지킴이가 됐으면 한다"고 당부했다. 이 대통령은 일본과의 외교마찰을 의식해 외교부·국방부 장관을 대동하지 않고 환경부 장관과 소설가 이문열, 김주영 씨 등 문화계 인사들과 함께 방문했다.

대통령의 독도 방문은 '독도는 우리 땅'이라는 사실을 국내외에 천명하는 동시에 정부가 그동안 유지한 독도에 대한 '조용한 외교' 전략을 수정하겠다는 뜻으로 해석됐다. 그해 7월 말 언론문화특임대사에 임명된 나는 뉴스를 통해 이 대통령의 독도 방문 소식을 접했다. 처음 뉴스를 보았을 때 나는 '드디어 올 것이 왔구나' 하는 생각을 했다. 전부터 이 대통령은 독도를 방문해야겠다는 구상을 갖고 있었기 때문에 나는 언젠가는 이런 모습을 볼 것이라고 생각했었다.

다만 내가 걱정했던 것은 대통령의 독도 방문이 몰고 올 외교적 파장이 예상보다 클 수 있다는 점이었다. 이 대통령의 독도 방문소식이 전해

독도 방문 이 대통령은 대한민국 대통령으로서는 헌정 사상 처음 독도를 방문했다. 독도 문제에 관한 '조용한 외교'를 포기한다는 선언이었다.(〈동아일보〉 DB)

지자 예상했던 대로 일본은 강하게 반발했다. 노다 총리는 "다케시마(독도의 일본식 이름)는 역사적·법적으로 일본 영토다. 지극히 유감"이라고 말했다. 일본은 신각수 주일한국대사를 불러 항의한 데 이어 무토 마사토시 주한일본대사를 본국으로 소환했다. 무토 대사는 출국 전 기자들에게 "한국 정부에 독도 방문은 매우 중대한 결과를 초래한다는 사실을 여러 차례 전달했다"고 주장했다. 언론에서는 이 대통령의 독도 방문이 하루 만에 전격적으로 결정됐다고 보도했다. 그러나 독도 방문은 이 대통령의 오래된 생각이었다. 다만 청와대 내부에서도 외교라인을 중심으로 신중론이 제기되었던 것은 사실이다.

사실 이 대통령의 독도 방문은 내가 대통령 언론특별보좌관으로 일하던 그 전해부터 본격적으로 추진됐다. 내가 언론특보로 재직하던 2011년 8월에도 청와대에서는 일본의 '독도 도발'에 대응하기 위해 정무·민정수석실을 중심으로 대통령의 독도 방문계획을 세웠다. 그해 7월 초 일본 외무성은 대한항공의 독도 시범비행에 반발해 자국 외교관들에게 한 달 동안 대한항공을 이용하지 말라고 지시했다. 8월 초에는 독도를 직접 방문하기 위해 우리나라를 찾은 일본 자민당 의원 3명이 김포공항에서 입국이 불허됐다. 이처럼 일본의 독도 영유권 주장이 날로 수위가 높아져 가는 가운데 이 대통령이 독도를 방문해 한국의 단호한 입장을 대내외에 보여주어야 한다는 주장이 청와대 내에서 힘을 얻고 있는 상황이었다.

그러나 내 생각은 조금 달랐다. 당시 이 대통령이 독도 방문에 대한 의견을 물었을 때 나는 완곡하게 만류했다. 물론 대통령이 우리 영토인 독도를 방문하는 것은 명분과 당위성이 있는 당당한 행보이지만, 이로 인한 외교적 후폭풍은 상당히 클 수 있었다. 또 이 대통령 취임 후 일본에서는 오랜만에 한국에서 지일파 대통령이 나타났다며 호감을 표시했는데 독도 방문을 계기로 그간의 우호적 이미지가 더 큰 역풍으로 돌아올 수 있다는 생각도 들었다. 나아가 일본의 우익세력이 대통령의 독도 방문을 한국에 대해 공격하는 빌미로 삼을 경우 한일 관계 악화의 책임을 고스란히 이 대통령이 뒤집어써야 할 위험도 있었다.

나는 이 대통령에게 "내가 도쿄특파원 시절을 포함해서 오랫동안 한일 관계를 지켜보니 한일 관계는 쌓기는 어려워도 무너지는 것은 한순간이다. 그러니 신중히 생각하셔야 한다"고 말했다. 다행히 당시 기상여건도 좋지 않았고 내부에서도 신중론이 만만치 않았기 때문에 대통령의 독도 방문은 무산되었다. 하지만 2012년 대통령의 독도 방문을 결정할 당시 청와대 밖에 있었던 나는 내부사정을 잘 알지 못했고 청와대에서도 나의 생각을 물어보지 않았다. 아마도 내가 대통령의 독도 방문을 반대한다는 것을 모두가 알고 있었기 때문이 아닌가 싶다.

외교적 마찰을 감수하면서까지 이 대통령이 독도 방문을 결단한 배경에는 과거사와 위안부 문제에 대해 일본이 소극적 태도로 일관한 것에도 원인이 있었다. 이 대통령이 위안부 협상에 임하는 일본의 태도를 "꼭 변호사 같다"고 지적한 것도 이런 이유에서였다. 특히 독도 문제와 관련해 우리 정부는 독도를 실효적으로 지배하는 만큼, 이곳을 국제분쟁지역으로 부각시킬 필요가 없다는 논리하에 '조용한 외교' 기조를 고수했다.

그러나 일본은 독도에 대한 영유권 주장을 꾸준히 강화하며 도발 수위를 야금야금 높여 왔다. 자민당에서 민주당으로 정권이 바뀐 뒤에는 다소 자제하는 분위기도 있었지만 물밑에서는 이 같은 흐름이 계속 진행되었다. 실제 2008년 7월 문부과학성은 중학교 사회교과서 학습 지도요령 해설서에 독도를 일본 영토라고 명기했다. 2012년 2월 시마네 현은 중앙 정부에 '다케시마의 날' 제정을 요구하기도 했다. 일본은 또 외교청서와 방위백서를 통해 매년 독도에 대한 영유권을 주장했으며, 심지어 한국의 외교백서에 실린 '독도는 한국 땅'이라는 부분을 삭제하라는 억지까지 부렸다.

이처럼 일본의 독도 영유권 주장이 노골화되는 상황에서 '조용한 외교'를 고수하는 것은 일본의 전략에 오히려 말려드는 것이라는 주장에도 설득력이 있었다. 또 한국 대통령이 정부수립 이후 처음으로 독도를 방문함으로써 이곳이 대한민국 영토임을 국제사회에 인식시키는 효과도 있었다. 결국 어떤 전략을 선택하느냐는 대통령이 내려야 할 '정치적 결단'의 문제였다.

일왕 사죄 발언의 진실

이 대통령의 독도 방문으로 한일 간 긴장이 최고조에 달했던 8월 14일, 전혀 예상치 못했던 악재가 터졌다. 이날 충북 청원의 한국교원대를 방문한 이 대통령은 독도 방문에 대한 질문에 대답하면서 "아키히토 일왕도 한국을 방문하고 싶으면 독립운동을 하다 돌아가신 분들을 찾아가서 진심으로 사과하면 좋겠다"고 말했다. 그런데 이는 잘못 이해하면 '한국에 오려면 과거사에 대해 사죄해야 한다'는 말처럼 들릴 수 있다.

하지만 이 대통령의 진의는 그것이 아니었다. 일왕이 독립기념관이나 현충원 같은 상징적인 장소를 방문해 진심어린 사과를 한다면 우리 국민들 사이에 '이제 이것으로 끝내자'는 정서적 공감대가 자연스럽게 형성될 수 있고, 이를 통해 과거사의 악순환도 끊을 수 있다는 의미였다. 일례로 독일의 빌리 브란트 총리가 1970년 12월7일 폴란드 바르샤바 유대인 희생자 위령탑을 방문해 무릎 꿇고 사죄함으로써 유럽인들의 마음으로부터의 용서와 화해를 이끌어 낸 것과 같은 논리다. 각국 언론들은 이를 두고 "그날 무릎을 꿇은 것은 한 사람이었지만 일어선 것은 독일 전체였다"고 평가하기도 했다. 심지어 독일의 6천 개 기업들은 2000년대부터 정부와 함께 총 1백억 마르크에 달하는 기금을 조성해 재단을 만들고 2차 대전 중 독일에서 강제 노역한 피해자들에게 배상했다.

이 대통령은 내가 청와대 홍보수석으로 재직하던 2009년 9월 연합뉴스-교도통신과의 공동 인터뷰 직후 가진 사장단과의 환담에서 아키히토 일왕의 방한 초청의사를 거듭 밝히면서 "내 임기 중에 한일 간 과거사 청산이 완전히 이루어져서 다시는 양국이 과거사 문제로 악순환을 거듭하는 일이 없었으면 좋겠다"고 말한 적이 있다. 당시 이 대통령의 일왕 초청의사 발언을 대부분의 일본 신문들이 이튿날 1면 머리기사로 보도했다. 그만큼 일왕의 방한 문제는 일본에서도 민감한 이슈였다.

그런데 이 대통령은 공식 인터뷰가 끝나고 양사 사장단이 돌아간 뒤 나를 포함한 일부 참모들에게 한일 관계에 대한 본인의 지론을 술회했다. 이 대통령은 "일본은 아직도 우리가 배울 점이 많은 국가다. 나는 비즈니스를 하면서 누구보다도 그 점을 잘 알고 있기 때문에 우리가 과거사 문제를 하루 빨리 매듭짓고 한일 간 제대로 된 협력관계를 구축하는 것이 앞으로 매우 중요한 과제"라고 설명했다.

대통령은 또 "내가 거듭 일왕 방한을 초청한 이유는 한국 국민들에게도 일왕이 갖는 상징성이 크기 때문"이라고 말했다. 그러면서 "법적으로 배상이 완결되느냐 여부도 중요하지만 아키히토 일왕이 예를 들어 독립기념관을 찾아 식민지배를 했던 과거사에 대해 총체적으로 사과하는 모습을 보인다면 우리 국민 정서상 '이것으로 됐다. 이제 더는 과거사를 논하지 말자'는 공감대가 생겨날 것"이라고 덧붙였다. 이 대통령은 또 "그렇게 해서 내 임기 중에 과거사를 마무리 짓고 후임 대통령은 과거사로 한일 관계가 흔들리는 일을 겪지 않도록 하고 싶다는 것이 나의 일관된 생각이었다"고 밝혔다.

나는 대통령의 한국교원대 발언도 당연히 이 같은 취지에서 나왔을 것이라고 생각했다. 정작 일본 언론의 보도는 전혀 엉뚱한 내용이었다. 내용을 거두절미한 채 일왕이 한국을 방문하려면 과거사를 사죄해야 한다는 취지의 발언으로 진의를 왜곡보도한 것이다. 거기에 한술 더 떠서 일부 언론에서는 "이 대통령이 지지율 회복과 정치적 이익을 위해 일왕에게 사과를 요구했다"는 식으로 왜곡하면서 사태는 걷잡을 수 없이 악화됐다. 〈마이니치신문〉은 "믿을 수 없는 발언이다. 악영향이 수년에 걸쳐 미칠 것 같다"는 일본 외교 관계자의 발언을 전했다. 우익 성향의 〈산케이신문〉은 "이 대통령이 다케시마 방문에 이어 강경한 대일 자세를 보여줘 '애국 대통령'으로 임기를 끝내고 싶어 하는 생각이 있다"고 보도했다.

한국 언론들은 일본 언론의 보도를 제대로 확인, 검증하지 않은 채 이 대통령의 발언이 일본을 자극해 한일 관계가 파국 위기에 처했다는 식의 따라가는 보도를 했다. 일부 비판매체들은 은근히 일본 언론의 보도를 인용해 이 대통령을 비난했다. 심지어 일부 지일파 지식인 그룹에서도 이 대통령이 독도 방문에 이어 일왕 사죄 발언을 한 것은 매우 신중하지 못한 행보라고 비판했다. 이처럼 한일 언론들이 이 대통령의 발언을 경쟁적으로 보도하는 과정에서 본래 의미와는 다른 왜곡된 기사들이 보도되었고, 그러면서 사태는 더욱 엉뚱한 방향으로 전개되었던 것이다.

언론의 보도경쟁 속에 대통령의 일왕 사과 발언을 놓고 국내 여론이 대립하는 양상까지 나타나면서 파장은 내가 생각했던 것 이상으로 커졌다. 청와대에서는 이 대통령 발언의 취지가 잘못 전달됐다며 거듭 해명에 나섰지만 논란은 쉽게 가라앉지 않았다. 방송과 신문을 통해 이 같은 상황을 지켜봐야만 했던 나는 매우 안타까웠다. 국내외 언론들이 이 대통령의 대일관(對日觀)을 정확하게 이해하지 못했다는 생각도 들었다. 일본 국민들에게 일왕이 갖는 의미, 과거사 문제로 인한 한일 관계의 악순환 고리를 끊고 싶다는 이 대통령의 평소 생각 등이 언론에 좀더 충실하게 설명되었다면 파장이 이처럼 커지지는 않았을 것이다.

이 대통령의 '일왕 사과' 발언 논란이 계속되던 와중에 일본의 대표적 지한파 언론인인 와카미야 요시부미 전 〈아사히신문〉 주필이 나를 찾아왔다. 일본 정치인들의 우경화를 비판했던 그는 2005년 〈아사히신문〉에 "독도의 한국 영유를 인정하고 우정의 섬이라 부르자"는 칼럼을 써 보수우익 단체들로부터 '국적'(國賊)으로 공격받기도 했다. 당시 그는 한국의 한 대학에서 객원연구원으로 지내고 있었다. 그는 내게 "이 대통령이 독도를 방문한 것은 이해할 수도 있지만, 일왕에게 사과를 요구한 것처럼 일본에 전해진 것은 일본 국민 정서의 근본을 건드린 것이다. 대통령 발언의 진의가 제대로 전달되도록 석명(釋明)이 필요하다"고 말했다.

나는 당시 와카미야 전 주필이 이 이야기를 하면서 한일 관계를 걱정하다 못해 애원하듯 나에게 말했던 것을 아직도 생생히 기억한다. 그는

"9월 초 APEC(아시아-태평양 경제협력체) 회의가 예정되어 있는 만큼 이 대통령 발언에 대한 오해가 하루빨리 해소되어 APEC 회의에서 한일 정상이 화해하는 모습을 보여줄 필요가 있다"는 말도 덧붙였다. 나 역시 일왕과 관련된 부분은 일본인들의 감정을 건드리는 민감한 대목일 수 있다는 생각을 하고 있었기에 석명이 필요하다는 그의 생각에 공감했다.

나는 청와대에 와카미야 전 주필의 뜻을 전하면서 이 대통령이 국내의 일본 전문가들과 간담회를 갖는 방법을 함께 제안했다. 전문가들의 입을 통해 이 대통령의 뜻이 간접적으로 일본과 국내 언론에 전달되는 것이 좋겠다고 생각했기 때문이다.

9월 초 이 대통령은 박철희 서울대 교수, 정재정 서울시립대 교수, 이원덕 국민대 교수 등 국내의 대표적인 일본 전문가들을 청와대로 초청해 조찬 간담회를 가졌고 나도 그 자리에 배석했다. 간담회에서 이 대통령은 일왕 사죄 발언에 대해 "역사 문제는 총리가 여러 번 사과하는 것보다 일본에서 가장 존경받는 일왕이 말한다면 쉽게 해결될 수 있다는 의미였다"고 설명했다. 대통령은 또 "과거사 문제가 제기될 때마다 일본과의 관계가 악화되는데, 이 악순환을 일왕의 방문으로 끊을 수 없나. 어떻게든 내 임기 중에 결말을 짓고 싶다"고 밝혔다.

그런데 상황은 다시 또 꼬였다. 간담회에 참석했던 일부 인사가 개인적으로 일본 언론에 이 대통령의 발언내용을 전한 것이 또다시 왜곡보도된 것이다. 일본의 일부 우익 매체는 "이 대통령이 일왕 사죄 발언으로 궁지에 몰리자 한국 전문가들을 동원해 변명을 하고 있다"는 식으로 거두절미해 보도했다. 일본의 우익 언론 입장에서는 '일왕이 한국을 방문하려면 과거사에 대해 사죄해야 한다'는 프레임에 이 대통령을 가둬 놓고 계속해서 혐한 정서를 부추기려는 의도였다.

국내 일부 언론 역시 이와 비슷한 논조로 청와대를 비판했으며, 심지어 지일파를 자처하는 이들 중에서도 이 대통령이 말 바꾸기를 하고 있다며 노골적으로 비난하는 사람도 적지 않았다. 나는 그런 모습을 보고 실망하지 않을 수 없었다. 청와대를 비판하기 이전에 일본 우익 언론의 기사 왜곡부터 지적하는 것이 순서라고 생각했기 때문이다.

얼마 후 다행스럽게도 〈아사히신문〉이 "이 대통령의 일왕 사죄 발언의 진의는…"이라는 제목의 1면 머리기사를 통해 이 대통령의 전문가 간담회 내용을 비교적 정확하고 상세하게 보도하면서 논란은 가라앉기 시작했다. 이 대통령의 독도 방문에 강력 반발했던 노다 총리도 러시아 블라디보스토크에서 열린 APEC 기간 중 해당 기사 내용을 보고받고 이 대통령을 먼저 찾아와 악수를 청하며 화해하려는 모습을 보였다.

후일 〈아사히신문〉 관계자로부터 전해 들은 설명에 따르면 양국 외교 채널을 통해 이 대통령의 일왕 사죄 발언의 진의가 왜곡됐다는 사실을 이미 전달받았던 노다 총리는 "공개적인 해명이 되지 않으면 내가 정치적으로 움직일 수 없지 않겠느냐"는 입장을 밝혔다고 한다. 노다 총리는 때마침 APEC 기간 중 〈아사히신문〉 1면에 보도된 내용을 보고받은 뒤 '그렇다면 됐다'고 판단해 이 대통령에게 찾아와 악수하는 장면을 연출했다는 후문이다. 일왕 사죄 발언에 대한 해명은 직간접적으로 일왕 측에도 전달되었다.

아키히토 일왕은 기본적으로 한국에 대한 이해가 깊은 인물이다. 그는 2001년 12월 68세 생일 기자회견에서 "선대인 간무천황(제 50대 일왕)의 생모(生母)가 백제 무령왕의 자손이라고 《속일본기》(續日本紀)에 기록돼 있어 한국과 각별한 인연을 느끼고 있다"는 폭탄 발언으로 일본 사회가 발칵 뒤집어 놓은 적이 있다. 일왕 가문이 백제 왕실과 밀접했다는 주장은 한일 역사학자들 사이에서 꾸준히 제기되어 왔지만 일왕이 이를 스스로 밝힌 것은 처음이었기 때문이다. 또 일왕이 대외문제와 관련된 공식적인 언급을 할 경우에는 궁내청과 사전 조율을 거쳐 발표하는 것이 관례인데, 이를 무시하고 공개적으로 밝힌 것도 이례적이었다.

당시 아키히토 일왕의 발언은 일본 내에서 〈아사히신문〉에만 유일하게 보도되었다. 이는 일왕의 가계가 만세일계(萬世一系)로 전해져 내려와 일본에서 자생했다는 황국사관(皇國史觀)에 젖어 있던 우익들이 민감하게 반응했기 때문이다. 이렇듯 아키히토 일왕은 한국을 잘 이해할 뿐만 아니라 여건이 허락한다면 한국을 방문하고 싶다는 생각도 갖고 있었다. 이 대통령의 일왕 사죄 발언 논란과 관련해서도 아키히토 일왕은 그해 11월 취임한 벳쇼 고로 신임 주한일본대사를 통해 "한일 상호의 우호관계가 깊어지고 증진되기를 원한다"는 입장을 전했다. 일왕이 외교채널을 통해 자신의 말을 다른 국가 정상에게 전달하는 것은 전례 없는 일이다. 일왕의 이 메시지는 이 대통령의 일왕 사과 발언에 대한 오해가 없다는 의미이기도 했다.

"'책임을 피할 수 없다'는 말은 일본식 표현이다. 한국 국민들에게 뜻을 제대로 전달하려면 '책임을 통감한다'는 직접적인 사과로 바꿔야 한다."

2012년 10월 말 일본 도쿄의 한 호텔. 테이블을 사이에 놓고 마주앉은 사이토 쓰요시 일본 관방부 장관에게 내가 강한 어조로 말했다. 노다 요시히코 총리가 한국의 위안부 피해자 할머니들에게 보낼 편지의 사과 문구를 고쳐달라고 요구한 것이다.

당초 사이토 부장관이 제시했던 총리의 사과 문구는 "일본군이 관여한 위안소에서 여성들이 경험한 고통과 정신적·육체적 상처에 대해 일본 정부는 책임을 피할 수 없다"였다. 이 표현은 위안부 문제 해결을 위해 나와 사이토 부장관 사이에서 중재자 역할을 했던 와다 하루키 도쿄대 명예교수가 작성한 편지 초안에 기초한 것이었다. 그러나 나는 이 정도 수준의 표현으로는 위안부 할머니들과 우리 국민들을 설득할 수 없다고 생각했다. 적어도 '통절한 반성'과 '마음으로부터의 사죄'를 표명한 '무라야마 담화' 수준 이상의 사과가 편지에 담겨 있어야 한다고 판단했다.

내가 "책임을 통감한다"라는 직설적인 사과 표현을 끝까지 고수했던 것도 이런 이유에서였다. 고심하던 사이토 부장관은 결국 나의 제안을 받아들이면서 "노다 총리에게 보고하고 설득해 보겠다"고 말했다. 협상의 쟁점이 타결되는 순간, 위안부 문제 해결의 종착역이 보이기 시작했다. 나는 "이 대통령의 뜻은 임기 동안 한일 양국이 과거사의 악순환을 끊고 새로운 시대로 나아가고 싶다는 것"이라는 설명도 덧붙였다. 그러면서 "이 정도의 내용이라면 한국 정부도 정대협(한국정신대문제대책협의회) 측과 대화에 나서 보겠다. 우리도 그 정도의 정치적 부담은 질 용의가 있다"고 말했다.

이날 사이토 부장관과 내가 최종적으로 합의한 내용은 크게 세 가지였다. 우선 일본 총리가 위안부 피해자 할머니들에게 "일본 정부의 책임을 통감한다"는 표현이 들어간 사죄 편지를 쓰고 주한일본대사가 이를 할머니들 앞에서 낭독하는 것이다. 또 일본 정부가 내각의 공식 결정으로 긴급예산을 편성해 위안부 할머니들에게 1인당 3백만 엔을 사죄금으로 지급하는 것이다. 마지막으로 제 3차 한일역사공동연구위원회에서 위안부 문제를 공동 연구한다는 내용이다.

우리는 양국 정상이 합의안을 조기에 승인할 경우 11월 18일 캄보디아 프놈펜에서 열리는 아세안(ASEAN) 정상회의 기간 중 한일 정상회담을 열어 공동성명서(코뮤니케)를 발표하되 만약 시기가 맞지 않으면 그 이후에라도 별도의 특별 정상회담을 열어 발표하는 시나리오까지 생각해 두었다. 이날 합의안에서 위안부 할머니들에 대한 사죄금을 국고에서 편성토록 한 것은 일본이 정부 차원에서 책임을 인정한다는 것을 보다 확실하게 보여주기 위한 것이었다.

특히 양국 정상이 발표하는 성명서에 일본의 배상금을 명시할 때는 정부의 잘못을 인정하는 의미가 포함되도록 영어로는 'Atonement'(속죄금), 일본어로는 '쓰구나이킨'(つぐないきん), 한국어로는 '사죄금'으로 쓰기로 했다. 나는 또 사이토 부장관에게 "정부로서 책임을 통감한다는 표현에 대해 일본 국회에서 혹시라도 '국가 책임을 의미하는 것이냐'는 질문이 나올 경우 그것을 부인하면 또 다시 논란이 빚어질 수 있으니 그 부분에 대해서도 어떻게 답변해야 할지 사전에 준비해 놓을 필요가 있다"

는 조언까지 했다. 우리로서는 그만큼 세밀한 부분까지도 철저하게 준비해 놓았던 셈이다.

나와 사이토 부장관의 합의안은 이명박 정부에서 위안부 문제에 대한 해법이 본격적으로 모색되었던 2011년 말 이후 한일 양국이 논의했던 내용 중 가장 진일보한 것이었다. 2011년 8월 헌법재판소가 '위안부 문제 해결을 위해 정부가 적극적인 조치를 취하지 않는 것은 위헌'이라고 판시하면서 정부로서는 일본과 협상에 나서지 않을 수 없었다. 무엇보다 위안부 문제 해결을 통해 한일 양국이 과거사의 질곡에서 벗어나 미래지향적 관계를 정립해야 한다는 이 대통령의 의지가 강했다. 때문에 이 대통령은 2011년 12월 교토에서 열린 한일 정상회의에서 노다 총리에게 위안부 문제 해결을 강력하게 촉구했다. 또 한국 입장에서는 그나마 과거사 청산 문제에 있어 적극적인 민주당 정권 내에, 일본으로서는 일본에 대한 이해를 갖고 있던 이명박 정권 내에 해결하는 것이 좋겠다는 암묵적 공감대가 서로 형성되어 있었다.

결국 2012년 3월 노다 총리는 위안부 문제 협상을 매듭짓기 위해 사사에 겐이치로 외무성 사무차관을 서울로 보냈다. 당시 사사에 차관이 제시한 안은 주한일본대사가 위안부 피해자들에게 사과하고 한일 정상회담을 통해 노다 총리가 "일본 정부의 도의적 책임을 인정한다"고 발표하는 것이었다. 일본은 위안부 피해자 할머니들에 대해 '인도적 조치의 비용'을 제공한다는 내용도 포함돼 있었다. 그러나 우리 정부는 이 같은 제안을 받아들일 수 없었다. 일본이 '국가 책임'을 명확히 하지 않은 데다 '배상금'이라는 표현을 사용하는 것도 꺼렸기 때문이다. 이후에도 청와대 외교안보수석실과 주일한국대사 채널을 통해 한일 간 추가협의가 진행됐으나 진전이 없었다. 그러던 중 2012년 8월 이 대통령의 독도 방문으로 한일 관계는 급속히 냉각됐고 위안부 협상도 물거품이 될 위기에 처했던 것이다.

이 상황에서 협상의 불씨를 다시 살린 것은 오랫동안 위안부 문제에 관심을 쏟아 왔던 한국과 일본의 지식인들이었다. 이 대통령의 일왕 사죄 발언 논란이 일단락되고 얼마 후 와다 교수가 이원덕 국민대 교수와 함께 나를 찾아왔다. 그는 일본을 대표하는 진보 지식인으로 1995년 아시아여성기금 설립을 주도했던 인물이다. 그는 "위안부 문제를 해결하겠다는 이 대통령의 의지가 강하지만 기존 외교부 채널로는 협상에 한계가 있는 만큼 이 대통령의 의중을 잘 알고 직접 보고할 수 있는 측근 인사가 나서면 어떻겠느냐"고 제안했다. 와다 교수와 비슷한 생각을 하고 있었던 나는 이 대통령에게 이를 보고했고, 대통령은 "우리가 앞서갈 필요는 없으니 신중하게 잘 협의해 보라"며 협상을 지시했다.

이후 와다 교수는 나와 사이토 부장관 사이에서 적극적인 중재 역할을 했다. 나는 사이토 부장관을 만나기 전 와다 교수를 통해 몇 가지 조건을 내걸었다. 우선 기존 '사사에 안'에서 언급된 위안부 문제에 대한 일본 정부의 '도의적 책임'이라는 표현은 법적 책임을 인정하지 않는 것으로 해석될 수 있는 만큼 직접적인 사과로 바꿔야 한다는 것이다. 또 일본이 위안부 피해자 할머니들에게 지급하는 사죄금이 정부예산임을 명시함으로써 위안부 문제가 국가책임임을 확실하게 드러내야 한다는 것이다. 이에 대해 와다 교수와 일본 측은 "적극적으로 검토하겠다"는 입장을 밝혔고, 이 같은 공감대를 바탕으로 10월 나와 사이토 부장관은 최종 합의에 이를 수 있었다. 와다 교수는 2015년 출간된 《위안부 문제의 해결을 위하여》라는 자신의 저서에서 당시 물밑에서 진행되었던 위안부 협상의 뒷이야기를 자세히 공개했다.

사이토 부장관과의 협상 타결은 반세기 동안 한일 관계의 족쇄로 남아 있던 위안부 문제가 사실상 '9부 능선'을 넘은 것을 의미했다. 그러나 안타깝게도 우리의 노력은 결정적인 순간에 빛을 보지 못했다. 당시 정치적으로 위기에 몰리고 있었던 노다 총리가 2012년 11월 16일 전격적으로 중의원 해산을 선언했기 때문이다. 나와 사이토 부장관이 당초 한일 공동 성명서 발표 시점으로 생각했던 아세안 정상회의를 불과 이틀 앞둔 시점이었다. 결국 그해 12월 실시된 총선거에서 민주당은 대패했고 자민당으로 권력이 넘어가면서 나와 사이토 부장관의 협상안도 더는 추진할 수 없게 됐다.

사이토 부장관은 2013년 8월 〈아사히신문〉과의 인터뷰에서 나와 진행했던 위안부 협상을 회고하며 "최종적으로 남아 있던 것은 노다 총리가 피해자들에게 쓸 편지의 문구뿐이었다"고 안타까움을 표시했다. 후일 서울을 방문한 그는 나에게 "그때 중의원이 해산되는 바람에 협상안이 무산돼 정말 미안하게 됐다"고 말하기도 했다.

박근혜 정부도 위안부 문제와 관련해 일본과 물밑 협상을 진행했다. 그러나 아베 정권 출범 이후 가속화되는 일본의 우경화 경향이나 위안부 협상 자체의 어려움에 비춰볼 때, 나와 사이토 부장관이 합의했던 내용은 물론 '사사에 안'보다도 전향적인 합의안이 나올 수 있을지는 회의적이다. 이 같은 점에서 '사사에 안' 이상의 협상안이 이명박 정부에서 논의되었다는 사실은 중요한 의미가 있으며 향후 위안부 협상에서도 참고가 될 수 있을 것이라고 생각한다.

나는 한일 관계의 역사적 특수성을 고려할 때 위안부 문제는 궁극적으로 양국 지도자의 정치적 결단 없이는 해결이 불가능하다고 생각한다. 한일 지도자 모두 국내의 비판과 상당한 정치적 부담을 감수할 용기가 있어야 한다는 뜻이다. 위안부 문제로 한일 관계의 경색 국면이 장기화되

MB때 풀릴 뻔했던 위안부 해법

한기흥의 오늘과 내일

논설위원
eligius@donga.com

지금 한일관계의 가장 큰 숙제인 일본군 위안부 문제는 실은 이명박(MB) 정부 말에 타결 직전까지 갔었다. 노다 요시히코 당시 일본 총리가 마지막 결단을 내렸더라면 이 전 대통령과 함께 위안부 할머니들의 한을 풀어 준 정치지도자로 남을 뻔했다. 아쉬움으로 남은 당시 비밀 협상은 박근혜 대통령과 아베 신조 총리의 해법 찾기에 참고가 될 것이다.

2012년 10월 말, 일본 도쿄의 한 호텔에서 사이토 쓰요시 일본 관방부장관과 이동관 전 대통령홍보수석비서관이 마주 앉았다. 그해 외교 채널을 통해 진행된 양국의 위안부 협상이 벽에 부딪치자 사이토 측에선 MB의 의중을 잘 알고 직접 통할 수 있는 측근과의 협상을 원했다. 와다 하루키 도쿄대 명예교수 등이 주선해 이 전 수석이 나섰다.

2011년 12월 교토 정상회담에서 MB가 노다에게 위안부 문제의 해결을 촉구한 뒤 양국은 해법에 골몰했다. 2012년 3월 사사에 겐이치로 외무성 사무차관이 방한해 법적 책임을 인정하지 않고 '인도적 조치의 비용'을 제공하는 안을 꺼냈으나 한국이 거부하자 4월 사이토 부장관이 다시 서울에 와 좀 더 진전된 안을 내놓았다. 이를 토대로 천영우 대통령 외교안보수석비서관과 신각수 주일대사 라인에서 일본과 교섭했으나 좀처럼 돌파구가 열리지 않았다.

이런 배경에서 만난 사이토와 이 전 수석은 최종적으로 이렇게 의견을 모은 것으로 파악된다. △일본 정부가 각의의 결정으로 국고에서 위안부 할머니들에게 1인당 300만 엔을 사죄금으로 지급한다 △일본 총리가 할머니들에게 '일본 정부의 책임을 통감한다'는 표현이 들어간 사죄 편지를 쓴다 △주한 일본대사가 할머니들을 만나 총리의 편지를 낭독하고 사죄금을 전달한다 △제3차 한일 역사공동연구위원회에서 위안부 문제를 공동 연구한다.

일본의 배상금엔 잘못을 인정하는 의미가 담기도록 영어로는 atonement(속죄금), 일본어로는 쓰구나이킨(償い金), 우리말로는 사죄금이라는 표현을 각각 쓰기로 했다. 일본이 각의 결정으로 예산에서 배상하는 것은 명시적으로 법적 책임을 인정하지 않더라도 공식적인 책임을 지는 것으로 볼 여지가 있다. 두 사람은 양국 정상이 이 안을 수용하면 특별 한일 정상회담을 열어 공동 코뮈니케를 발표한다는 데도 합의했다.

그러나 노다가 막판에 망설이다가 그해 12월 중의원 해산으로 민주당 정권이 자민당으로 넘어갔다. 아베 신조 총리가 집권하면서 MB-노다 정부의 협상은 결국 물거품이 됐다.

위안부 문제의 해법은 할머니들이 원하는 대로 일본이 법적 책임을 인정하는 것이 최상이다. 일본 헌법상 국권의 최고기관인 의회에서 사죄 결의를 하고 법에 따라 배상해야 마땅하다. 최소한 각의의 결의와 총리의 공식 사과, 정부 차원의 배상이 있어야 피해자들이 납득할 수 있을 듯하다.

'사이토-이동관 안'은 현실적으로 한일이 수용할 만한 차상의 안이었다. 현재 양국 간에 논의되는 해법이 이 수준에 이르지 못한다는 것은 안타깝다. 노다보다 아베가 더 수구적인 탓이다. 양국 정권이 모두 바뀌었지만 박 대통령과 아베 총리가 MB-노다 때 멈춘 곳에서 더 나아간 협의를 해야 할머니들도 수긍할 것이다. 외교 채널의 공식 협상이 어렵다면 특사를 통한 막후교섭과 한일 정상의 정치적 결단이라는 해법도 검토했으면 한다. 결국엔 박 대통령과 아베 총리가 정치생명을 걸고 결단해야 풀 수 있는 사안이다.

2014년 11월 22일 토요일 〈동아일보〉의 '사이토-이동관 안'에 대한 칼럼

고 그로 인해 양국이 새로운 미래를 열어가지 못한다면 이는 우리에게도 결코 바람직하지 않다. 우리에게 일본은 경제・안보・문화적으로 가장 긴밀하게 협력해야 할 우방국임은 부정할 수 없는 엄연한 현실이기 때문이다.

Episode 14

내가 본 일본과 일본인

장관 사임을 불러온 특종

1995년 11월 초, 〈동아일보〉 도쿄지국에 익명의 제보가 전달됐다. A4 용지 두 장에 타자기로 쓴 제보는 에토 다카미 총무청 장관이 10월 11일 기자 간담회에서 '오프 더 레코드'를 전제로 한국에 대한 일본의 식민지배를 미화하는 발언을 했다는 내용이었다. 제보에는 당시 에토 장관이 했다는 발언 전문이 함께 적혀 있었다. 자세히 살펴보니 일본의 식민지배를 정당화하고 태평양전쟁과 난징대학살을 부인하는 망언이 대부분이었다.

에토 장관은 자국 기자들에게 "일본이 식민지시대 한국을 위해 좋은 일도 많이 했다"며 철도 부설, 교육 등을 그 예로 들었다. 그는 또 "창씨개명이 전부 일본의 강요에 의한 것은 아니다"라며 "일본이 한반도 발전에 기여한 부분이 큰 만큼 과거사 문제로 한국에 사과해야 할 이유가 없다"고 주장하기까지 했다.

나는 배인준 도쿄지국장과 상의한 후 곧 제보 내용에 대한 취재를 시작했다. 그러나 오프 더 레코드는 보도하지 않는 일본 언론의 관행상 외

日각료 또 過去史망언

에토 총무처 "식민시대 한국에 좋은일 했다"

【東京=李東官】무라야마 도미이치(村山富市)일본총리의 한일합방 관련 발언 파문이 미해결상태로 남아 있는 가운데 현직각료인 에토 다카미(江藤隆美)총무처장관이 『식민시대에 일본이 한국에 좋은 일도 했다』는 등 과거사관련 망언을 한 사실이 7일 뒤늦게 밝혀졌다。

자민당출신인 에토장관은 무라야마총리의 발언파문이 한창 진행되던 지난 10월11일 기자간담회에서 『한일합방은 강제적인 것으로 무라야마총리의 발언은 잘못된 것』이라고 전제한 뒤 『그러나 한일합방을 무효라고 말하기 시작한다면 국제협정은 성립되지 않는다。당시 나라(한국)가 약해서 당했던 때인 만큼 어쩔 수 없는 일이라고 말한 것으로 확인됐다。

에토장관은 메모를 하지 말 것을 요구、이 사실은 그후 언론에 보도되지 않았으나 당시 간담회에 직접 참석했던 일본기자들의 증언으로 7일 확인됐다。

에토장관은 이날 『식민시대에 일본이 좋은 일도 했다』며 『모든 시정촌(시읍면)에 학교를 세우고 서울에 경성제국대학을 만들어 교육이 전혀 없던 한국의 교육수준을 일거에 높였으며 철도 5천㎞건설 항만정비 간척수리를 하고 산에 나무를 심었다』고 망언을 늘어놓은 것으로 밝혀졌다。

그는 또 『창씨개명은 잘한 일이 아니나 모든 국민이 창씨개명을 강요당했다고 생각할 수 없다。한국이름으로 육군중장이 된 사람도 있다』고 강제성을 부인한 뒤 『일본에서 한국인이 경제계 예능계등 모든 분야에서 활동할 수 있게 된 것은 한일합방의 효과일는지도 모른다』고 주장했다。

에토 장관의 망언을 다룬
1995년 11월 8일
〈동아일보〉 보도

국기자로서 이를 확인하는 것이 쉽지 않았다. 심지어 〈동아일보〉와 제휴 관계였던 〈아사히신문〉 측에도 에토 장관 발언의 사실 여부를 확인해 달라고 요청했지만 "오프 더 레코드를 전제로 한 간담회였기 때문에 확인해 줄 수 없다"는 답변만 돌아왔다. 일본 언론계에서는 오프 더 레코드나 엠바고를 파기하는 행위가 금기시되어 있었기 때문에 〈아사히신문〉의 반응은 어느 정도 예상했던 것이었다.

그러던 중 평소 알고 지내던 일본 공산당 기관지 〈아카하타〉(赤旗) 기자에게 도움을 청했다. 현재 일본 정당 중 가장 오래된 일본 공산당은 역사적으로 매우 독특한 존재다. 구소련이나 북한과 달리 사유재산을 인정하며 북한의 세습체제에도 반대한다. 중국 문화혁명 직후 중국 공산당과도 관계를 단절했고, 1983년 아웅산 테러사건을 계기로 북한과도 완전히 결별했다. 일본 우파들의 신군국주의화와 역사 왜곡에 반대한 일본 공산당은 일제 강점기에는 우리 항일 독립운동가들을 지원하기도 했다. 또한 소속의원들은 일본군 위안부 피해자 할머니들을 만나기 위해 한국을 방문하는가 하면 조선왕실의궤 등 식민지시대 약탈 문화재의 한국 반환에도 적극적으로 나섰다.

특파원 시절 나는 후와 데쓰조 공산당 위원장과 인터뷰를 한 적도 있는데, 그는 일본의 과거사 청산에서 매우 전향적인 입장이었다. 이 때문에 나는 〈아카하타〉의 기자들과도 종종 만나며 친분을 쌓았고 특히 과거사 문제에 대해서는 어느 정도 연대의식도 갖고 있었다. 〈아카하타〉의 Y 기자는 당시 기자간담회에 참석했던 한 방송기자의 녹취록을 바탕으로 내가 받은 제보 속 에토 장관의 발언내용은 정확한 사실이라고 확인해 주었다. 나는 제보내용을 확인해 준 신의 차원에서도 그렇고 한편으로 나 혼자 기사를 썼을 때 짊어져야 할 엄청난 부담도 의식됐기 때문에 〈아카하타〉 측에 같은 날 두 신문이 제보내용을 동시에 기사화하자고 제안했다.

〈아카하타〉 측도 동의하면서 결국 11월 8일자 기사를 통해 두 신문이 에토 장관 발언을 상세히 보도했다. 〈동아일보〉 기사가 보도되자 일본 정치권과 언론계는 발칵 뒤집혔다. 에토 장관은 긴급 기자회견을 자청해 "진의가 잘못 전달됐다"고 해명했다. 그러면서 "(간담회 참석기자들에게) 메모를 하지 말도록 부탁한 일인 만큼 '없던 일'로 하고 싶다"고 말했다. 하지만 그는 기자회견장에서도 "일본이 열심히 교육을 실시하고 도로,

항만 등을 만든 것은 좋은 일이라고 생각한다", "한일협정으로 일본과 한국의 과거사 문제는 모두 청산됐다"는 등의 망언성 발언을 반복했다.

NHK 등 주요 방송사들은 낮 12시 뉴스를 시작으로 내 기사가 실린 〈동아일보〉 지면을 화면으로 보여주면서 에토 장관의 발언을 보도하기 시작했다. 〈마이니치신문〉, 〈도쿄신문〉 등 일부 신문들도 오프 더 레코드의 효력이 상실됐다고 판단해 이튿날부터 에토 장관의 당시 간담회 발언내용을 확인하는 기사를 보도했다. 그러나 〈요미우리신문〉, 〈산케이신문〉 등 보수 언론들은 오프 더 레코드를 지켜야 한다는 입장하에 〈동아일보〉 보도내용만을 소개하고 자신들이 직접 에토 장관의 발언 내용을 확인하는 보도는 하지 않았다.

불과 한 달 전 "한일합방 조약은 합법적으로 체결됐다"는 무라야마 도미이치 총리의 발언으로 한일 간 긴장이 고조되던 와중에 터진 에토 장관의 망언 파문으로 양국관계는 급속히 얼어붙었다. 〈동아일보〉 기사가 보도된 다음 날인 11월 9일, 공로명 외무부 장관은 야마시타 신타로 주한일본대사를 불러 "에토 장관의 발언이 양국관계에 결코 바람직하지 않다. 일본 정부의 현명한 결단을 기대한다"며 사실상 해임을 요구했다. 일본 각료나 정치인의 망언을 이유로 한국 정부가 공식적으로 해임을 요구한 것은 전례가 없는 일이었다.

공 장관은 또 에토 장관의 발언을 수습하고 11월 중순 열리는 APEC(아시아태평양경제협력체) 정상회의의 사전 협의를 위해 한국을 방문하고 싶다는 고노 요헤이 외무상의 요청도 거부했다. 한일 수교 후 30년 동안 일본 외무상의 방한이 거부당한 것은 그때가 처음이었다. 내 기사가 보도된 후 한동안 일본의 극우단체들은 〈동아일보〉 도쿄지국이 있던 프레스센터 밖에서 "한국으로 돌아가라"는 피켓 시위를 벌이며 험악한 분위기를 연출하기도 했다. 혹시라도 내 신변에 문제가 생길까 걱정하던 일부 가까운 〈아사히신문〉 기자들이 "잠시 우리 집으로 피신하라"는 말까지 할 정도였다.

한일 관계의 악화를 막기 위해 고심하던 일본은 무라야마 총리가 에토 장관에게 '엄중주의' 조치를 내리는 선에서 사태를 마무리하려 했다. 그러나 김영삼 대통령은 APEC 회의 기간 중 예정된 한일 정상회담의 취소는 물론 주일대사의 소환을 검토하라고 지시하는 등 초강경 대응으로 일본을 압박했다. 당시 일본 정부는 국제무대에서의 정치적 영향력 확대를 위해 오사카 APEC 정상회의 흥행에 공을 들이고 있었다.

그러나 빌 클린턴 당시 미국 대통령은 예산 문제로 촉발된 연방정부의 업무중단 사태를 수습하기 위해 APEC 정상회의에 불참하겠다고 통보했다. 여기에 우방인 한국과의 외교갈등까지 불거질 경우 APEC 회의 주최국인 일본의 입장은 상당히 난처해질 수 있었다. 일본 정치권에서도 통합 야당인 신진당이 에토 장관에 대한 불신임 결의안을 국회에 제출하고 연립 여당 중 사회당과 신당 사키가케 측 일부에서도 에토 장관의 자진 사퇴를 요구하고 나섰다. 결국 연립 여당을 주도하는 자민당은 이 같은 대내외 압박에 못 이겨 APEC 정상회의 직전인 11월 13일 에토 장관을 경질했다. '에토 망언' 사태는 〈동아일보〉 보도 5일 만에 이렇게 마무리됐다.

한편 내 특종기사는 일본 언론계에 오프 더 레코드 관행이 과연 적절한 것인지에 대한 논쟁을 촉발시키는 계기가 됐다. 미국적 언론 전통에서는 오프 더 레코드라고 하더라도 국민의 알 권리 차원에서 필요하고 보

妄言 에토長官 사임

정부、韓日정상회담 개최키로

【東京=裵仁俊】일본의 한국지배 미화망언으로 韓日관계를 더욱 악화시킨 에토 다카미(江藤隆美)일본총무청장관이 13일 오후 끝내 사임했다。

에토는 일본기자들과의 비공개 간담회에서 스스로 꺼낸 망언내용이 지난 8일 東亞日報에 처음 보도된 뒤 한국정부와 일본내 일부 정치권 및 언론의 사임압력을 받았으나 이를 거부해 왔다。그러나 이날 제1야당 신진당이 불신임결의안을 국회에 제출하고 일부 여당의원들까지 불신임 동조움직임을 보이자 「국회운영의 혼란을 막기 위해서」라는 명분으로 사임했다。에토는 이날 자신이 소속한 자민당의 하시모토 류타로(橋本龍太郎)총재 및 가토 고이치(加藤紘一)간사장과 사임문제를 협의한 뒤 무라야마총리에게 사표를 제출했다。에토의 후임에는 나카야마 마사아키(中山正暉·63)전 우정상이 내정됐다。

〈6면에 관련기사〉

한편 정부는 에토 장관이 전격 사임함에 따라 개최거부를 검토했던 18일 한일정상회담을 예정대로 갖기로 했다。

사임한 에토 장관

1995년 11월 14일
〈동아일보〉가 보도한
에토 장관 사임 기사

도해야 할 가치가 있는 내용이라면 기사화하는 경우가 일반적이다. 미국 언론들이 1968년 베트남전 당시 미군이 자행한 '밀라이촌 양민학살 사건'을 폭로한 것도 국민의 알 권리가 당시 미국의 국익에 우선한다고 판단했기 때문이었다. 그런데 일본 언론계에서는 오프 더 레코드 관행을 깨는 것이 오랫동안 금기시되었다. 에토 장관 발언에 대한 내 특종기사는 일본 언론에 이를 환기시킨 사건이었다는 점에서 의미가 있다고 생각한다.

내가 청와대 공보수석 겸 대변인으로 일할 당시 공개 브리핑, 백 브리핑, 딥백 브리핑, 오프 더 레코드 브리핑 등 단계별 브리핑 제도를 도입한 것은 일본 언론의 관행을 차용한 것이지만 언론 보도의 중심을 국민의

알 권리에 두어야 한다는 사실은 두말할 나위도 없다.

에토 장관 발언에 대한 논란이 커졌을 때, 〈요미우리신문〉을 비롯한 보수 성향의 언론과 자민당 고위인사들은 오프 더 레코드 약속을 어긴 일부 언론을 비판했다. 하시모토 류타로 자민당 총재는 "이제 기자단에 코멘트를 하지 않겠다"고 말하기도 했다. 그러나 진보 성향의 매체들은 에토 장관 발언을 보도한 것은 국민의 알 권리 충족을 위해 불가피하며 언론계의 비보도 관행 역시 개선되어야 한다고 지적했다. 〈아사히신문〉은 "오프 더 레코드 취재와 알 권리"라는 장문의 해설기사를 싣고 "오프 더 레코드가 관습화할 경우 (취재원과의) 긴장관계를 어떻게 유지할 것인지를 거듭 생각하지 않으면 안 된다"고 밝혔다. 〈마이니치신문〉 역시 특집기사를 통해 "(에토 장관의) 간담회 내용이 〈동아일보〉에 의해 보도돼 이미 외교 문제화함으로써 오프 더 레코드의 기본적 조건이 무너졌다"고 전했다. 이 신문은 또 "문제의 발언이 오프 더 레코드 간담회에서 나온 것이라 해도 각의가 끝난 이후의 반(半) 공식 자리에서 이루어진 것"이라며 국민의 알 권리 충족을 위해 보도하는 것은 당연하다는 입장을 밝혔다.

'에토 망언'에 대한 특종기사는 내게는 영광스러운 훈장이었지만 다른 한편으로 여러 가지를 생각하게 했다. 평소 한국 언론들이 주목하지 않았던 〈아카하타〉의 기자를 알게 된 것이 '에토 망언' 특종기사를 발굴한 결정적 기회가 됐음을 되짚어 보면서, 취재를 할 때 사각지대 없이 여러 분야에 취재원을 두는 것이 중요하다는 사실을 다시 한 번 절감했다. 또한 에토 장관 사임은 하나의 기사가 가진 정치사회적 파급력을 확인할 수 있는 사례이기도 했다.

내 기사가 한일 관계라는 거대한 구도 속에서 엄청난 외교적 현안으로 발전하고 급기야 한 국가의 장관까지 사임하게 만드는 결과를 낳은 것이다. 사소해 보이는 사건 하나가 때로는 역사의 수레바퀴를 다른 방향으로 바꾸는 결정적 촉매가 될 수도 있다는 것을 느꼈다.

고베 대지진과 일본인의 혼네

1995년 1월 17일 새벽 5시 46분, 고베 앞바다 아와지시마에서 발생한 리히터 규모 7.2의 강력한 지진이 고베, 오사카, 교토 등 간사이 지역 주요 도시를 강타했다. 뉴스 속보를 접한 나는 곧바로 출장 준비를 하고 가장 큰 피해를 입은 고베 시로 향했다. 도쿄역에서 신칸센 열차에 급히 몸을 실은 나는 두 시간 후 나고야에 도착했지만 난관에 부딪혔다. 나고야와 오사카, 고베 등을 잇는 신칸센이 지진 여파로 대부분 끊기면서 열차 이동이 불가능해진 것이다.

나는 택시를 대절해서 그날 밤 늦게 간신히 오사카에 진입하는 데 성공했다. 오사카에서 전반적 상황을 파악한 뒤 18일 아침 다시 택시를 대절해 고베로 향했다. 그런데 고베와 오사카를 연결하는 한신(阪神) 고속도로의 고가 부분이 지진 충격으로 붕괴되면서 차량 진입이 전면 통제됐고 더는 택시를 이용할 수 없었다. 대체 교통편이 없어 난감한 상황에 빠진 나를 구한 것은 한 일본 고등학생이었다. 그는 “니시노미야에 사는 친구의 안부가 걱정되어 가는 중”이라고 했다. 내가 그에게 취재 때문에 고베에 빨리 가야 하는 사정을 설명하자 그는 자신의 오토바이 뒤에 나를 태워주었다. 니시노미야는 고베와 이웃한 도시였다.

오토바이는 수십 미터씩 찢기거나 가운데가 움푹 파인 도로와 뒤엉킨 차량 사이를 아슬아슬하게 피하며 달렸다. 덜컹거리는 충격 때문에 나는 좌석 뒤편의 손잡이를 꽉 움켜잡았지만 금방이라도 몸이 튕겨져 나갈 것만 같았다. 이동하는 도중 눈에 비친 주변도로들은 엿가락처럼 휘어져 있었고 멀리 보이는 교각은 상판이 절반쯤 무너진 채 차량들이 위태롭게 멈춰 서 있었다. 화염에 휩싸인 가옥과 건물 주변으로는 소방차와 자위대 구조차량, 일반차량이 뒤엉켜 아비규환의 장면이 연출됐다. 평소 같

日 대지진…「關東」이후 최악慘事

2千6百여명 사망·실종

近畿지방 6千3百여명 중경상 건물 1萬여채 붕괴

18일 새벽현재

2·3·4·5·12·31면에 관련기사·14면화보

神戶총영사관 파손

외무부 교민피해파악 비상

누워버린 고속도로

日本 고베(神戶)와 오사카(大阪)를 잇는 한신(阪神)고속도로의 고베 인근 고가부분이 17일 강진으로 엿가락처럼 휘어 한편으로 기울어져 있다. (오사카=朝日新聞제공)

1995년 1월 17일 일본 고베 대지진 참사를 보도한 〈동아일보〉 보도

으면 30분 정도 걸리는 거리지만 국도를 이리저리 우회하다 보니 고베 시내에 도착하기까지는 무려 3시간이나 걸렸다. 고베에 도착한 뒤 고마운 마음에 나는 그 고등학생의 이름과 주소를 물었지만 그는 한사코 신분 공개를 거절하면서 "열심히 취재해 보도해 달라"고만 부탁했다. 당시 〈아사히신문〉 논설위원이었던 와카미야 요시부미는 자신의 칼럼에서 내가 고등학생 오토바이를 얻어 타고 천신만고 끝에 고베까지 들어갔던 분투기를 소개하기도 했다.

강진이 할퀴고 간 고베 시는 마치 참혹한 전쟁터를 보는 것 같았다. 1923년 9월의 관동대지진 이래 최대 규모의 도시형 지진이라는 말이 실감날 정도로 시내 중심가의 고층 건물들은 피사의 사탑처럼 비스듬히 기울어져 있거나 건물 상층부가 아래로 내려앉았다. 목조건물들은 형체를 알아볼 수 없을 정도로 시커멓게 그을린 채 주저앉았으며 곳곳에서 검은 연기와 함께 매캐한 가스 냄새가 났다. 요란한 사이렌 소리를 내며 소방차와 구급차들이 분주하게 움직이고 있었다. 전기와 수도가 전부 끊긴 채 시내 곳곳의 병원들만이 부상당한 주민들을 치료하기 위해 불을 밝히고 있었다.

지진 발생 다음 날인 18일 아침에는 15만 명의 주민들이 긴급 피난시설이 설치된 학교와 공공시설 등에 분산되어 피난생활을 하고 있었다. 하지만 대부분 시설에서 난방이 제대로 되지 않아 주민들은 추위에 떨어야 했다. 이날 오전에만 사망자가 이미 2천 명에 육박하는 등 시간이 지날수록 사망자 수는 기하급수적으로 늘어났다. 이렇다 보니 유해를 안치할 장소가 모자라 한 구호소에서는 시신에 자리를 내주고 생존자들이 밖으로 밀려 나오는 상황까지 연출되기도 했다. 긴급 투입된 자위대 병력은 필사적으로 구조작업에 나섰다.

나는 기자실이 설치된 고베 민단본부에 짐을 풀었다. 그나마 민단건물은 피해가 덜한 편이었지만 여진 때문에 하루에서 서너 차례씩 우지직하는 소리가 나고 건물이 흔들리는 것을 느꼈다. 나는 그곳에서 이재민들과 합숙하면서 1주일 동안 지진피해의 현장을 취재했다. 한국 언론들의 우선적인 관심사는 우리 교민들의 피해 상황이었다. 나는 교민 사상자를 파악하기 위해 임시 유해안치소가 마련된 초등학교 교실마다 찾아다니며 교민 희생자가 있는지 탐문 취재를 벌였다. 한 번은 어느 초등학교에 들어가 교실 문을 열었는데, 유족들이 수십 구의 유해를 앞에 놓고 모여 앉아 있었다. 우리나라 장례식장에서와 같은 통곡 소리는 들을 수 없었고 나직이 흐느끼는 소리만 어쩌다 들릴 뿐이었다. 당시 내 몸을 꿰뚫듯 쏟아지던 유족들의 시퍼런 눈길은 지금도 잊을 수가 없다. 그 차분함과 절제의 눈빛은 섬뜩하기까지 했다.

1주일 동안 한신 대지진을 취재하면서 나는 현지인들에게 이것저것 물어보며 도움을 청해야만 했다. 솔직히 당시 내 머릿속에 떠올랐던 것은 1923년 관동대지진 때 "조선인이 우물에 독을 풀었다"는 유언비어로 일본인 자경단들이 수많은 한국인들을 학살한 사건이었다. 그래서 취재를 하면서도 한편으로는 경계심이나 걱정도 없지 않았다. 그런데 대부분의 일본인 유족들은 사망자가 재일교포인지 여부를 묻는 내 질문에 대부분 친절하게 응대해 주었고, 한국 기자가 이곳까지 와서 취재해 주는 것에 대해 "수고한다"며 호의를 표시하는 사람들도 적지 않았다. 경찰 역시 눈코 뜰 새 없이 바쁜 와중에서 사망자 신원 확인에 순순히 협조해 주었다. 이야말로 1945년 해방 이후 50년간 쌓아온 한일 관계의 신뢰가 드러난 대목이라 할 수 있다. 교통과 통신 두절로 재일교포의 피해상황을 정확히 파악하는 데 어려움을 겪었던 현지의 한국영사관은 고베 시 곳곳의 시신안치소와 병원을 돌며 교민들의 사상자 현황을 취재하던 나에게 오히려 사망자 명단을 알려 달라고 부탁하기도 했다.

대지진 현장에서 내 가슴을 뭉클하게 만들었던 장면이 여러 차례 있었다. 지진으로 무너진 집더미에 깔렸다가 36시간 만에 구조된 재일교포 김성낭 군(4세)의 사연도 그중 하나였다. 병원에서 들은 유족들의 설명에 따르면, 김 군의 집은 지진으로 가장 큰 피해를 본 고베 시 나가타 구에서도 특히 교포 피해가 극심했던 마쓰노도리의 목조 2층 건물이었다. 1월 17일 새벽, 부모와 형 등 일가족 4명이 단꿈을 꾸던 중 갑자기 지진이 강타하면서 집이 무너졌고, 김 군을 제외한 세 식구가 숨지는 참변을 당했다. 발굴 당시 김 군은 어머니의 품 안에 안겨 있었는데, 어머니가 죽어가면서도 김 군이 건물 더미에 눌리지 않도록 온몸으로 감싸 안는 바람에 무사히 구출될 수 있었던 것이다. 죽어가면서도 자식만은 살리려는 모성애의 발로였다.

구출 직후 피해가 덜한 고모 집으로 옮겨진 김 군은 탈진으로 하루 동안 계속 잠을 자고 일어난 뒤 "엄마, 아빠 어디 있어. 집에 돌아가고 싶어"라며 부모님을 찾았다. 며칠 후 고모부의 손에 이끌려 외가가 있는 오사카로 가는 동안에도 "엄마, 아빠는 같이 안 가느냐"고 울먹거려 주변 사람들의 눈시울을 뜨겁게 만들었다고 한다. 나는 "지진도 이긴 엄마의 품"이라는 기사를 통해 김 군의 사연을 처음으로 전했고, 내 기사를 본 다른 한국 매체들도 김 군의 이야기를 앞 다퉈 보도했다. 김 군의 사연은 이후 일본 언론과 외신에까지 알려지면서 많은 이들의 코끝을 찡하게 했다.

記者의 눈

韓-日벽 낮춘 지진현장

효고(兵庫)현 남부대지진을 취재하면서 줄곧 머리속을 떠나지 않았던 것은 1923년 關東대지진 당시 벌어졌던 일본인들에 의한 재일한국인학살 사건이었다.

재일한국인들이 무차별 학살당했던 70여년전의 비극과 유사한 일이 만의 하나라도 이번 지진참사현장의 어느 구석에서 일어나면 어쩌나 하는 걱정이었다.

결론부터 말해 이같은 걱정은 기우였다.

고베(神戸)시 나가타(長田)구와 히가시나다(東灘)구등의 유해안치소에서는 오히려 韓日양쪽 피해자 유족들끼리 서로 아픔과 상처를 어루만지고 위로하는 장면을 목격할수 있었다.

이들은 어디에 가면 행방불명된 가족의 생사확인을 할수 있으며 도움을 받을수 있는지 등의 정보를 교환하는가 하면 가져온 음식을 서로 권하며 나누어 먹기도 했다. 국적의 벽을 넘어 동병상련의 아픔을 함께하는 모습이었다.

일본인 유족들은 사망자가 재일교포인지의 여부를 묻는 기자의 질문에 대부분 「수고한다」며 친절히 응대해주었고 경찰서에서도 눈코뜰새 없이 바쁜 와중에서 사망자신원확인에 순순히 협조해 주었다.

국적의 벽을 넘는 인도정신은 교포쪽에서 더욱 눈에 띈다. 효고현민단측은 20일 재일교포에 대한 지원과는 별도로 1천2백명의 이재민이 있는 가구라(神樂)국교등에 트럭두대분의 구호품을 전달, 국적관계없이 수용자들에게 똑같이 나누어주도록 했다. 조총련측도 같은날 효고현 재해대책본부측에 같은 취지로 1천만엔을 전달했다.

개인의 미담사례도 잇따르고 있다. 효고현민단의 한신(阪神)지역 지부장인 金健男씨(52·고베시 히가시나다구)는 지진발생 당일인 지난 17일 자신이 운영하는 불고기집의 집기가 전파되는 피해를 당했으면서도 집뒤의 무너진 아파트로 달려가 10여명의 매몰된 일본인들을 구출해냈다. 결국 세명은 숨졌지만 그의 활약으로 7명은 목숨을 건졌다.

金씨는 「무엇보다 인명이 귀하다는 생각에 달려가 구출했을 뿐인데 평소 아는체도 않던 일본인들이 모두 찾아와 「고맙다」고 손을 잡고 눈물을 흘리더군요」라며 쑥스러워 했다.

교포구호활동을 지휘하는 효고현 민단본부 金坡見사무국장은 「이번 재난은 韓日간의 벽을 허무는 좋은 계기가 될수 있다」고 말했다.

(神戸=李東官)

1995년 1월 22일 〈동아일보〉에 실린 “한일 벽 낮춘 지진 현장” 칼럼

김 군에 대한 기사 외에 지진피해 현장을 취재하면서 내가 썼던 기자 칼럼 중에 일본 언론과 독자들에게 주목을 받았던 것도 있다. 1월 22일자 〈동아일보〉에 게재된 “한일 벽 낮춘 지진 현장”이라는 칼럼이 대표적 예다. 나는 칼럼을 통해 고베 시내 곳곳에 마련된 유해안치소에서 한일 양쪽의 피해자 유족들이 모여 서로 위로하고 음식을 나눠 먹는 등 국적을 넘어 동병상련의 아픔을 함께하는 모습을 전했다. 또 효고 현 민단 측이 일본인 이재민들을 위해 구호품을 전달한 사례도 언급했다. 나는 “처음 취재를 시작하면서 1923년 관동대지진 당시 벌어졌던 일본인들에 의한 재일한국인 학살사건과 유사한 비극이 만의 하나라도 참사 현장의 어느 구석에서 일어나면 어쩌나 하는 걱정이 있었지만 이는 기우였다”고 썼다. 참사 현장에서 내가 본 것은 국경을 초월한 인간애였다.

지진피해 현장 취재를 마치고 도쿄 사무실로 복귀한 나는 며칠 후 〈아

사히신문〉의 유명 언론인인 후나바시 요이치로부터 전화를 받았다. 그는 내가 지진피해 현장에서 쓴 칼럼을 일본어로 번역해 자신에게 보내 달라고 부탁했다. 나중에 알고 보니 후나바시와 친분이 있던 1994년 노벨문학상 수상 작가인 오에 겐자부로가 한국의 지인들로부터 내 칼럼을 읽어 보라는 이야기를 듣고 후나바시에게 이를 전한 것이다. 후나바시는 자신이 매주 칼럼을 연재하는 〈주간아사히〉에 내가 쓴 칼럼 전문을 싣고 "한일 관계의 앞날에 기대를 갖게 하는 칼럼이다. 한일 관계의 발전을 위한 젊은 한국 특파원의 좋은 마음가짐을 우리가 잊지 말자"는 결론을 내렸다. 나는 이 글을 읽은 일본의 지인들로부터 많은 인사를 받았다.

돌이켜 보면 한신 대지진은 내가 일본과 일본인에 대해 깊이 이해하게 된 중요한 사건이었다. 특파원으로 처음 일본생활을 시작했을 때 가장 먼저 내 눈에 들어왔던 풍경은 도심 아파트 단지 곳곳에 인접해 있던 공동묘지였다. 묘지라고 해도 가족 유골함을 담은 작은 탑 모양의 석조물이 수십 기 옹기종기 모여 있는 것이어서 앙증맞은 느낌마저 안겨 주었다. 나는 아침 출근길 주민들이 돌탑과 비를 정성스레 물로 닦는 모습을 보면서 '일본 사람들은 죽음과 친숙하게 지내는구나'라는 생각을 했다.

이후 고베 지진참사 현장에서 끔찍한 비극을 겪은 와중에도 침착함을 잃지 않는 시민들의 모습은 나에게 깊은 인상을 남겼다. 건물이 붕괴되고 실종자가 매몰된 현장에서도 대성통곡하는 일본인들을 거의 찾아볼 수 없었다. 이런 모습을 보면서 나는 일본인들에게 '죽음'이 갖는 의미와 그들의 사생관(死生觀)을 비로소 이해할 수 있게 됐다. 한 세대에 한 번 꼴로 지진이나 해일 같은 대형 재난으로 가족과 친지를 잃어야 했던 허망한 '집단기억' 때문에 일본인들은 '삶과 죽음은 함께 있는 것'이라는 관념을 자연스럽게 체득했을 것이다.

이와 함께 일본인들의 질서 정연함도 깊은 인상을 남겼다. 미증유의 국가적 재난 속에서 고베 시민들이 보인 질서와 협조의식은 놀라웠다. 지진 발생 직후 고속도로의 전면 통제로 지방도를 통해 오사카에서 고베로 들어갈 때 교통 혼잡이 극심했지만 끼어들거나 경적을 울리는 차량은 볼 수 없었다. 고베 시내에는 건물들이 무너지면서 전쟁 폐허를 방불케 했지만 쓰레기가 담긴 비닐봉지가 길가에 가지런히 쌓여 있었다. 각 가정에서 평소와 다름없이 쓰레기를 봉투에 담아 내놓은 것이다. 또 1천 2백여 명의 나가타 구 이재민이 수용된 가구라의 한 초등학교에서는 구청의 주먹밥 배급차량이나 급수차가 도착하기 전 시민들이 줄을 서 기다렸다. 1백여 미터의 긴 줄이었지만 누구 하나 불평하는 사람이 없었고, 각 가정에서 한 명씩 대표로 나와 배급을 받기 때문에 큰 혼란도 발생하지 않았다. 일본인들의 이 같은 질서 정연함은 2011년 동일본 대지진 때도 그대로 반복되었다.

그런데 최근 '삶과 죽음은 결국 동전의 양면'이라는 화두를 되새기게 만드는 사건이 내게 일어났다. 어느 날 학교를 찾아온 언론사 후배로부터 "택시를 타고 왔는데 70대 운전기사가 이 대학 건물이 옛날 시립 화장장 터라 하더라"는 이야기를 들었다. 나는 이전까지만 해도 누가 학교 위치를 물으면 '홍제 전철역 부근'이라거나 '모래내'라고 대답했다. 호기심 끝에 여러 경로를 통해 확인해 보니 지금 대학 본관 건물이 1970년대 초까지 있던 시립 홍제화장장의 주차장 자리였다는 사실을 알게 되었다. 본관 건물과 인접한 K초등학교는 화장터였고 학교 운동장 연단이 유해를 화장하던 화구(火口) 자리라는 것이다. 더욱 흥미로운 것은 "화장터의 흉한 기운을 자라나는 새싹들의 생명력으로 누르자는 뜻에서 이곳에 초등학교를 세웠다"는 주민들의 설명이었다.

이 사연을 들었을 때 문득 뇌리에 스친 말은 '죽음을 기억하라'는 라틴어 '메멘토 모리'(*Memento mori*)였다. 현재의 삶과 과거의 죽음의 현장이 교차하는 학교 건물을 들어설 때마다 나는 이곳이 절묘한 축복의 안배라는 생각을 한다. 나는 이 같은 감상을 20년 전 고베 대지진 당시의 기억과 함께 2015년 8월 출간된 〈월간에세이〉에 기고했다.

2002 월드컵 공동개최와 한일 관계

2002 월드컵 유치를 위해 한일 간 경쟁이 치열하게 전개되던 1995년 7월 초, 어느 날 민주자유당 사무총장이자 한일의원연맹 회장이었던 김윤환 의원으로부터 "도쿄에 왔으니 한번 만나자"는 전화를 받았다. 〈조선일보〉 주일특파원, 편집부국장 등을 지냈던 허주(虛舟: 김윤환 의원의 아호)는 당시 김종필 의원 다음으로 일본에 영향력을 행사할 수 있는 정치인이었다.

김 의원을 만나 월드컵을 포함한 양국 현안에 대해 이런저런 이야기를 나누던 중 갑자기 그가 "일본 정치인들을 만나 2002 월드컵 공동개최를 추진해 보려고 한다"고 말했다. 1988년 11월 일찌감치 2002 월드컵 유치를 선언했던 일본에 비해 한국은 1994년 뒤늦게 유치전에 뛰어들었다. 2002 월드컵이 아시아에서 처음 개최되는 월드컵이라는 상징적 의미가 있는 데다 과거사로 인한 한일 간 민족 감정까지 더해지면서 당시 양국

월드컵 축구 **韓-日 공동개최 논의**

金윤환-고노 도쿄회동 **"과열경쟁 막자" 공동인식**

【도쿄=이동관】 2002년 월드컵축구 개최권을 놓고 치열한 경합을 벌이고 있는 한국과 일본양국이 정치권을 중심으로 공동개최 추진작업에 들어가 유치경쟁이 새로운 국면에 접어들고 있다.

한일의원연맹회장인 김윤환 민자당사무총장은 10일 도쿄에서 자민당총재인 고노 요헤이 일본외상과 가토 고이치 자민당정조회장등과 회동, 2002년 월드컵의 한일공동개최방안을 논의했다.

이날 회동에서 양측은 소모적인 유치경쟁을 지양하고 양국의 국민화합과 과거청산차원에서 월드컵의 공동개최를 적극 추진할 필요성이 크다는데 기본적인 인식을 같이한 것으로 알려졌다.

김사무총장은 11일에는 자민당의 실력자인 다케시타 노보루 전총리(일한의원연맹회장)와 월드컵유치지원 일본의원연맹회장인 미야자와 기이치 전총리, 야당인 신진당부총재 하타 쓰토무 전총리등 일본 여야정계고위인사들과 연쇄접촉, 공동개최방안을 논의할 예정이다.

양측은 이미 사전의견교환등을 통해 충분히 공동개최 필요성에 공감하고 있어 11일 연쇄접촉에서도 별다른 이견없이 추진방향의 의견을 모아갈 것으로 보인다.

김사무총장의 방일은 『월드컵공동개최방안을 논의하자』는 다케시타 전총리의 초청으로 이루어진 것으로 한일양국 유력정치인들의 회동에서 공동개최추진방침이 결정될 경우 성사 가능성이 높은 것으로 전망된다.

이와관련, 김사무총장은 이날 연쇄회동후 『국제축구연맹(FIFA)내부에서도 한일공동개최방안이 거론되고 있는데다 일본측이 적극적 자세를 보이는 만큼 우리측도 긍정적으로 대응할 필요가 있다』고 밝혔다.

월드컵의 한일공동개최 방침은 지난해초부터 FIFA내부에서 거론되기 시작한 이후 일본내에서 집중 검토돼 왔다. 지난해4월 FIFA가 한일공동개최검토를 위한 실무팀을 구성해 연구작업에 들어간데 이어 피터 벨라판 아시아축구연맹(AFC)사무총장의 한일공동개최발언과 함께 8월에는 일본정계에서 공동개최를 모색해야 한다는 주장이 제기됐다. 또 히로시마아시아경기중인 작년 10월에는 일본의 일한우호연합회와 일본경제단체 등에서 공동개최를 제의하기도 했다.

한편 FIFA규정에 따르면 현재 월드컵축구대회는 한나라에서 개최키로 돼있으나 이 규정은 총회에서 회원국대표 3분의 2의 찬성으로 개정할 수 있게 돼있어 두나라의 방침만 결정되면 한일공동개최는 성사가 가능할 것으로 예상된다.

1995년 7월 11일 〈동아일보〉에 보도된 2002 월드컵 공동개최 논의

스포츠계를 중심으로 사활을 건 유치 경쟁이 전개되고 있었다. 이 같은 상황에서 김 의원으로부터 월드컵 공동개최 이야기를 처음 들었을 때 나는 '공동개최가 과연 가능할까'라는 의문을 잠시 갖기도 했다.

김 의원이 2002 월드컵 공동개최를 추진한 것은 한일 양국이 과거사 문제로 반복되는 갈등을 극복하기 위해서는 지금까지와는 다른 새로운 길을 모색해야 한다는 생각 때문이었다. 김 의원은 "한일 양국이 역사 문제로 충돌하는 것을 보면 어느 한쪽이 양보하지 않으면 해결되지 않는 제로섬 게임이나 마찬가지다. 그러니 이것을 극복하기 위한 새로운 모멘텀이 필요하다"고 설명했다. 그러면서 "이런 이상을 현실로 만드는 것이 바로 정치의 역할이 아니겠느냐"고 말했다.

김 의원의 이야기를 듣고 취재에 나선 나는 월드컵 공동개최 논의와 관련한 특종기사를 쓸 수 있었다. 김 의원은 당시 고노 요헤이 자민당 총재 겸 외상, 가토 고이치 자민당 정조회장, 한일의원연맹 공동회장인 다

케시타 노보루 전 총리, 월드컵 유치지원 일본의원연맹 회장인 미야자와 기이치 전 총리 등 정계의 고위인사들과 연쇄 접촉하고 공동개최의 방안을 본격적으로 논의했다. 그해 9월에는 한일 양국의 지식인들의 모임인 '한일포럼'이 양국 정부에 월드컵 공동개최를 진지하게 검토해 달라는 성명서를 발표하기도 했다.

일본 정계 인사들 중에서 김 의원의 뜻에 가장 적극적으로 동조한 인물은 고노 외상이었다. 역대 자민당 총재 중 유일하게 일본 총리를 역임하지 못했던 그는 자민당 내 소장개혁파의 리더였다. 1976년 자민당을 탈당해 신자유클럽을 조직한 데 이어 1986년 복당 후에는 관방장관, 외상, 부총리 등을 잇따라 역임했다. 고노 외상은 특히 김대중 대통령과 남다른 인연이 있었는데 1973년 도쿄에서 '김대중 납치사건'이 벌어졌을 때 일본 국회의원들을 상대로 구명운동을 주도했다. 1998년 김대중 대통령 취임식 때는 국가 정상급이 아닌 인사 중 특별 초청된 몇 안 되는 귀빈 중 한 명이었다. 취임식 이튿날 고노 의원은 통역 없이 김대중 대통령과 단독 면담을 하며 돈독한 우정을 과시하기도 했다.

당시 청와대를 출입하던 나는 취임식 후 고노 의원을 인터뷰했다. 그는 한일 관계에 대해 "오랜 기간 누적된 과거사에 대한 앙금을 해소하려는 노력이 선행되지 않으면 신뢰가 쌓일 수 없다. 김대중 대통령이 동아시아 전체의 21세기 발전을 위한 구상을 추진한다면 기꺼이 지지하겠다"고 말했다. 1993년 관방장관 시절 군 위안부 모집의 강제성을 인정하는 정부 조사의 결과를 발표했던 고노 의원은 위안부 문제에 대해서도 "한국의 이해를 얻으려는 일본 측의 노력이 더욱 필요하다"고 지적하기도 했다. 그는 내가 도쿄특파원을 마치고 귀국하기 직전인 1997년 2월, 서울

특파원을 지냈던 와타나베 쓰토무 〈아사히신문〉 편집국장과 함께 나에게 환송 점심을 사주며 격려한 적이 있다. 내가 청와대 홍보수석으로 재임 중이던 2009년 8월, 김대중 대통령 장례식 참석을 위해 방한했던 그는 대사관을 통해 "이동관 수석을 꼭 만나고 싶다"고 연락했고 우리는 장례식장에서 해후할 수 있었다.

1995년 7월 이후 2002 월드컵 공동개최 논의가 본격화될 수 있었던 것은 한일 관계의 앞날을 걱정하는 양국의 전향적 정치인들이 적극적으로 나섰기에 가능했다. 그러나 한일 정치인들의 회동 사실이 알려졌을 때 양국 스포츠계는 모두 반대했다. 일본 스포츠계는 "FIFA(국제축구연맹) 이사들이 경제력을 갖추고 경기장 건설에도 이미 착수한 일본 단독개최를 대부분 찬성하고 있다"며 "공동개최안은 한국이 단독유치의 자신이 없어지자 내놓은 전략"이라고 반발했다.

사실 일본축구협회와 주요 대기업들은 4~5년 전부터 단독개최를 위한 준비를 해 왔다. 캐논, 후지필름, JVC 등 3개사는 1992년부터 4년 동안 기업별로 30억 엔이 넘는 협찬금을 FIFA에 제공하며 간접 로비를 펼쳤다. 특히 세계 최대의 광고업체였던 덴츠가 앞장서 유치활동을 지원한 것은 대회 유치로 예상되는 3조 2천억 엔의 경제적 파급효과를 기대했던 측면도 컸다.

더구나 당시 FIFA 회장이었던 주앙 아벨란제마저도 일본의 월드컵 단독개최를 노골적으로 지지하는 상황이었다. 이처럼 객관적 조건이 유리한 상황에서 일본이 한국과의 공동개최를 달가워할 리 없었다. 한국에서도 스포츠계를 중심으로 월드컵 공동개최를 반대하는 목소리가 높았다. 여론이 만만치 않았다. 축구계의 한 고위인사는 언론과의 인터뷰에서

"일본과의 공동개최는 국민적 감정 차원에서 볼 때 유치가 안 되는 쪽보다 나을 것은 없을 것"이라고 비판했다.

공동개최를 주장했던 김윤환 의원의 사무실에는 '매국노'라는 비판이 PC통신을 통해 1천 통이 넘게 쇄도했다는 후문도 들렸다. 심지어 나 역시 〈동아일보〉 내에서 "도쿄특파원으로 가더니 좀 이상해졌다"는 소리까지 들을 정도였다. 결국 1996년 5월 31일 FIFA 집행위원회는 한국과 일본을 2002 월드컵 공동개최지로 공식 발표했다. 유럽축구연맹의 월드컵 공동개최 지지와 일부 아시아와 아프리카 회원국들의 동참, 일본에 불리하게 전개된 국제여론 등이 맞물린 결과였다. 물론 공동개최 결정의 이면에는 아벨란제 FIFA 회장을 중심으로 한 남미세와 이에 맞선 유럽세 간에 벌어졌던 '국제 축구정치'가 있었다.

되돌아보면 수교 이후 한일 관계의 발전에 2002 월드컵만큼 성공적인 이벤트는 없었다. 월드컵 공동개최로 일본인들의 한국과 한국인에 대한 인식은 달라졌고 재일동포들에 대한 노골적인 차별도 줄었다. 이는 이후 '욘사마'로 상징되는 일본 내 한류 열풍으로 이어졌다. 실제 2004년 일본 내각부가 성인 남녀 3천 명을 대상으로 실시한 여론조사에서는 한국에 '친밀감을 느낀다'는 응답이 약 57%에 달해 1978년 조사 이래 가장 높게 나오기도 했다.

일본에서 월드컵 공동개최 과정을 취재하면서 내가 느꼈던 것은 한일 양국이 새로운 미래를 설계하기 위해서는 두 나라 국민들의 뇌리에 오랫동안 남을 긍정적인 '집단기억'을 많이 만들어야 한다는 것이었다. 이런 점에서 2002 월드컵은 한일 관계의 미래상을 제시했다고 생각한다. 무엇보다 공동개최를 추진하는 과정에서 한일 관계에 대해 선구자적 혜안이 있었던 김윤환 의원이나 고노 의원 같은 정치인들이 보여준 이상과 행동은 높이 평가받아야 한다.

나는 2002 월드컵 공동개최라는 불가능해 보였던 이벤트가 실현되고, 10년이 지난 지금까지도 이것이 바람직한 한일 협력 모델로 기억되는 배경에는 바로 정치가 핵심적 역할을 했기 때문이라고 생각한다. 이런 측면에서 2018년 평창동계올림픽을 일본과 분산개최하자는 주장도 한 번쯤 다른 관점에서 바라볼 필요가 있다. 경기장 건설 등의 비용 문제를 분산개최 주장의 근거로 삼기보다는 좀더 넓은 시각에서 2018년 동계올림픽과 2020년 하계올림픽을 한일 양국이 함께 개최하는 방안을 제안해 볼 수도 있지 않을까.

독일 통합을 이룬 비스마르크는 "정치는 정확한 과학이 아니라 가능성의 예술"이라고 말했다. 2002 월드컵 현장에서 나는 불가능을 가능으로 만들고 무(無)에서 유(有)를 창조하는 '정치의 예술'을 보았다.

Episode 15

UAE 원전 수주

39일간의 대역전 드라마

“앞으로 30년, 50년 긴 시간을 보고 양국이 형제 국가와 같은 관계를 맺으면서 진심으로 협력할 준비가 되어 있습니다. 필요한 부분에 대해 설명을 드릴 수 있는 기회를 가졌으면 합니다.”

2009년 11월 6일 저녁, 몇 차례의 연기 끝에 성사된 셰이크 모하메드 빈 자이드 알 나흐얀 UAE 왕세제와의 첫 전화통화에서 이 대통령은 이렇게 말했다.

불과 며칠 전 UAE는 유명환 외교통상부 장관을 불러 “원전을 프랑스에 주기로 했다”고 통보한 상태였지만 이 대통령은 포기하지 않았다. 모하메드 왕세제는 아부다비의 실권자로 총 4백억 달러 규모의 UAE 원자력발전소 건설을 맡을 사업자를 결정하는 위치에 있었다. 그는 ‘마스다르’라는 저탄소 도시를 건설하고 ‘국제재생에너지기구’(IRENA)라는 국제기구를 유치하는 등 ‘포스트 오일’(*post-oil*) 시대를 준비한 통찰력 있는 인물이기도 하다.

9월 초 한국전력과 국내 대형건설사 등이 주축이 된 한전컨소시엄은 프랑스 아레바, 미국-일본 연합의 GE-히타치 등과 UAE 원전건설 프로젝트의 우선협상대상자로 선정됐다. 하지만 그때까지만 해도 한국은 우선협상대상국 중 객관적 조건에서 가장 열세였다. 30년 이상 원전을 운영한 경험이 있었지만 그때까지 원전을 해외에 수출한 경험은 없었기 때문이다. 다른 경쟁국에 비해 월등한 기술을 보유하던 것도 아니었다. 더구나 이 대통령이 모하메드 왕세제와 첫 통화를 했던 11월 초에는 이미 수주전의 판세가 아레바 쪽으로 기운 상황이었다.

니콜라 사르코지 프랑스 대통령은 5월에 UAE를 방문해 전투기 기종 교체, UAE 주둔 프랑스 병력 증원 같은 파격적인 조건을 제시하며 국영기업 아레바에 대한 전폭적인 지원사격에 나섰다. 호르무즈 해협을 사이에 두고 이란과 적대적인 관계였던 UAE로서는 솔깃하지 않을 수 없었다. 프랑스는 한 발 더 나아가 UAE에 루브르박물관 분관을 설치하겠다는 제안까지 내놓았다.

이 대통령은 모하메드 왕세제에게 한국 원전의 우수성을 장황하게 설명하는 대신 '형제 국가의 관계'를 제안했다. 중동사람들은 단순한 사업적 관계보다 신뢰와 우정을 더 중시하며 '형제'라는 표현을 자주 사용한다는 점에 착안한 것이었다. 이는 70년대 중동건설 현장을 진두지휘하며 아랍의 문화와 비즈니스 관행을 깊이 이해했던 이 대통령의 경륜이 발휘된 것이었다. 이 대통령은 또 남북 분단의 대치상황 때문에 한국은 강한 방위력을 갖추었다고 설명하고 한국이야말로 UAE에 필요한 '맞춤형 안보협력'을 제공할 수 있는 최적의 국가라고 설득했다.

이에 앞서 이 대통령은 프랑스가 우리보다 먼저 UAE에 군사협력을 제안했지만 프랑스는 UAE와 대립하는 이란과도 관계를 맺었기 때문에 프랑스와의 군사협력에 UAE 측이 다소 소극적이라는 보고를 받은 터였다. 한국의 방위력을 강조하면서 안보협력을 제시한 것은 바로 이를 겨냥한 것이었다. 이렇게 보면 결국 정보가 국제 비즈니스의 승패를 결정적으로 좌우하는 것임을 여실히 보여준 대목이기도 하다. 결국 이 대통령이 제안한 양국 간 안보협력은 모하메드 왕세제의 마음을 움직이는 데

우리는 형제 이 대통령의 UAE 원전 수주 역전 드라마는 현대 시절 국제 상전의 현장에서 쌓은 경험의 결과였다. 원전 수주 서명 직후 모하메드 왕세제와 악수하는 이 대통령(〈동아일보〉 DB)

중요한 역할을 했고 "대표단을 파견해 달라"는 답을 얻었다. 대역전의 드라마가 시작되는 순간이었다.

이후 11월 11일 두 번째 통화에서 모하메드 왕세제는 이 대통령에게 "입찰결과 발표를 5주 정도 연기할 테니 한국이 교육, 기술, 군사 등 각 분야의 전문가들을 보내 달라"고 요청했다. 이에 이 대통령은 "나는 민간기업에서 일하던 시절에 한국의 원전 1호기 건설에 직접 참여했다. 우리는 기술에 자신이 있고 최선을 다할 것"이라며 책임 있는 사람을 단장으로 한 사절단을 즉시 보내겠다고 약속했다. 철통보안 속에 1주일 후 한승수 전 국무총리를 단장으로 지식경제부, 국방부, 외교통상부 등 관계부처 장관이 참여한 40명의 대표단이 UAE로 파견되어 본격적인 협상을 벌였다. 대표단에 국방부 장관까지 파견한 것은 UAE 측이 가장 깊은 관심을 가졌던 안보협력에 대한 배려 때문임은 두말할 나위가 없다.

사절단 귀국 후 세 번째 전화통화에서 모하메드 왕세제의 의중이 이미 한국 쪽으로 기울고 있음이 드러났다. 그는 이 대통령에게 "대표단과 나눴던 대화가 좋았다"며 "특히 능력뿐 아니라 마음으로 임한다는 이 대통령의 말씀에 크게 감명을 받았다"고 말했다. 모하메드 왕세제는 12월 중순경 최종 결정을 내리겠다고 전하면서 "빠른 시일 내에 대통령님을 UAE에서 뵐 수 있게 되기를 기대한다"고 말했다.

한국의 수주 가능성이 한층 높아진 것은 분명하지만 최종발표가 날 때까지는 안심할 수 없었다. 이에 이 대통령은 통화 직후 참모들에게 "실력 있는 변호사들을 모두 동원해 협의문을 만들라"고 지시했다. 우리가 먼저 신속하게 움직여 확실하게 승기를 잡고 경쟁국인 프랑스와 일본에 대응할 시간을 주지 않겠다는 전략이었다. 실제 이즈음 UAE는 아레바와 GE-히

와! 해 냈다 한전 직원들이 UAE 원전 수주 협상의 타결 소식을 듣고 얼싸안고 기뻐하는 모습(〈동아일보〉 DB)

타치 측에도 최종협상 시안을 제출할 것을 요구했는데, 프랑스는 막판까지 자신들의 제안을 바꿔 가며 UAE 측에 매달렸다는 후문이 있었다.

12월 15일 밤, 마침내 모하메드 왕세제는 이 대통령에게 전화를 걸어 "한국과 함께 이 프로젝트를 수행하기로 결정했다"고 밝혔다. 왕세제는 이어 "열흘 정도 후면 발표할 수 있을 것 같으니 그전까지는 꼭 비밀을 지켜 달라"고 요청했다. UAE 입장에서는 경쟁국들의 시선을 의식하지 않을 수 없기 때문이었다. 이 대통령은 공식 발표에 맞춰 UAE를 방문하고 싶다는 뜻을 전했다. 12월 18일 금요일, UN 기후변화협약 당사국총회 참석을 위해 덴마크 코펜하겐을 방문한 이 대통령은 현지에서 최종 서명을 위해 UAE를 방문해 달라는 모하메드 왕세제의 공식 초청전화를 받았다. 이 대통령은 12월 27일 원전 수주를 공식 발표하는 자리에 함께하겠다고 밝혔다.

이 대통령 주도하에 39일 동안 진행된 기적 같은 대역전 드라마는 결국 한국의 승리로 막을 내렸다. 하지만 이때까지도 국내 언론에는 이 대통령의 통화내용이나 협상진행의 상황이 전혀 알려지지 않았다. UAE측의 요청도 있었지만 혹시라도 중간에 협상내용이 유출될 경우 결과에 부정적 영향을 미칠 수도 있었기 때문이다. 때문에 참모진들은 끝까지 보안을 유지하며 긴장의 끈을 놓지 않았다. 워낙 극비리에 진행된 프로젝트였기에 나를 포함한 일부 참모들만 진행상황을 공유했고, 이 대통령이 UAE로 출발하기 직전에야 청와대 내부에도 알려졌다.

12월 27일 UAE 수도 아부다비, 이 대통령과 칼리파 빈 자이드 알 나흐얀 UAE 대통령과의 정상회담이 끝난 직후 한전컨소시엄과 UAE 원자력공사 간 계약이 공식 체결됐다. 또 한국과 UAE는 양국관계를 전략적 동반자 관계로 격상시키기로 합의했으며, 원전 이외에도 군사, 의료 분야에 대해 포괄적 협력관계를 맺게 되었다. 이 대통령이 아부다비 공항에 도착했을 때 모하메드 왕세제는 예고 없이 공항을 찾아 이 대통령을 직접 영접하는 파격을 연출하기도 했다.

UAE 원전은 직접건설 비용 2백억 달러, 유지·보수·관리에 2백억 달러 등 총 4백억 달러에 달하는 대한민국 건국 이래 최대 규모의 해외수주 프로젝트로 기록됐다. 그때까지 한국의 가장 큰 해외수주 사례였던 리비아 대수로 공사의 8배에 달하는 초대형 계약이다. 건설부문 수주액은 현대자동차의 중형차 쏘나타 1백만 대, 초대형 유조선(30만 톤급) 180척 수출에 버금가는 액수다. 또 10년간 신규 고용창출 효과도 총 11만 명에 달한다.

무엇보다 우리나라가 미국, 프랑스, 일본과 함께 세계 4대 원전 수출국으로 발돋움하면서 2030년까지 약 1천 2백조 원에 달하는 신규 원전시장에 본격적으로 뛰어드는 토대를 마련했다. UAE 원전 수주를 계기로 중동지역에서 대한민국의 브랜드 가치가 더욱 높아지면서 '제 2의 중동 붐'을 기대할 수 있게 됐다는 점도 의미가 있었다.

이 대통령은 수주발표 후 현지에서 국내에 생방송으로 중계된 기자회견을 통해 "한국은 원자력 발전 시장에 당당히 참여하게 됐고 가장 경쟁력 있는 국가가 됐다"고 감격을 표시했다. 특히 연일 휴식 없이 계속된 강행군 탓에 입술까지 부르튼 이 대통령의 모습은 TV를 통해 온 국민에게 생생히 전달됐다. 대통령은 귀국 직후 방송된 정례 라디오연설에서도 "(UAE 원전 수주는) 정말 천운이자 국운이라고 말하지 않을 수 없다"고 밝혔다.

외신들은 전혀 예상치 못한 결과에 놀라움을 감추지 못했다. 로이터통신은 "한국이 프랑스와 미국, 일본 등 강력한 라이벌을 누르고 UAE 원전 수주를 따낸 것은 경악할 만한 사건"이라고 평가했다. 프랑스 일간지 〈르 몽드〉는 12월 29일 경제면 머리기사에서 "이 대통령은 아부다비에서 204억 달러의 계약을 성사시켜 한국으로 돌아갔고 사르코지 대통령은 다방면으로 노력했음에도 불구하고 장래성이 보장된 시장에서 심각한 패배를 당했다"고 보도했다.

대통령의 CEO 리더십과 홍보의 역할

UAE 원전 수주는 1970년대 중동진출 이후 우리가 거둔 최대의 쾌거였다. 그러나 홍보를 담당하던 나의 입장에서는 희대의 성공스토리를 어떻게 국내외에 잘 전달하느냐 하는 것이 과제였다.

한 편의 영화가 흥행에 성공하려면 시나리오, 주연배우, 연출 감독의 3박자가 모두 맞아떨어져야 한다. UAE 원전 수주가 국민들의 기억에 각인된 것은 반전을 거듭했던 치열한 수주전, 예상을 뒤엎고 협상을 승리로 이끈 대통령의 리더십 등 스토리텔링의 재료가 더할 나위 없이 훌륭했지만 청와대 홍보수석실도 이를 극대화하기 위해 총력을 기울여서 체계적인 홍보에 나섰기 때문이다.

홍보전이라는 것은 따지고 보면 전쟁에서 벌어지는 포격전과 유사하다. 전투에서는 적을 공격하기에 앞서 원거리에서 선제포격을 가한 뒤, 지상군이 투입되고 시가전을 통해 적진을 점령한 뒤에는 사후관리에 나선다. 이처럼 홍보전도 사전 홍보, 현지 홍보, 사후 홍보 등 3단계 작업이 필요한데 UAE 원전 수주라는 국가적 쾌거의 홍보효과를 극대화하기 위해 우리는 준비단계부터 철저한 3단계 홍보전략을 짰다.

나는 우선 이 역전드라마를 생생하게 전달하는 것이 매우 중요하다는 판단에서 비밀을 유지해야 할 필요가 있는 보안사항을 제외하고는 이 과정을 상세히 언론에 브리핑하겠다고 대통령에게 보고했다. 그 다음 UAE로 출발하기에 앞서 역전드라마를 상세하게 묘사한 보도 참고자료를 계약발표 이후에 보도해 달라는 엠바고 조건 아래 기자들에게 1차 배포했다. 이는 원전 수주의 의미를 청와대 출입기자뿐 아니라 언론사 내부에도 사전에 충분히 알림으로써 '홍보의 예열효과'가 나타나도록 하기 위함이었다. 이와 함께 계약체결의 의미와 상세한 경제적 파급효과에 대한 자료도 준비해 나눠 주었다.

두 번째 단계로 아부다비 현지에서 벌어진 상황을 상세하고 효과적으로 전달하는 것도 관건이었다. 이 때문에 계약체결 직후 대통령의 회견이 생방송으로 국내에 TV 중계가 될 수 있도록 중동특파원들이 파견된 두바이에서 방송장비를 공수하는 비상대책도 마련했다.

마지막으로 계약체결 이후 현지에서 일어났던 비하인드 스토리에 의미를 덧붙여 언론에 자세히 전달하는 것도 중요했다. 이에 따라 두 정상 간의 회동 뒷이야기를 포함하여 석유 비축기지, 유전광구의 개발 등 후속대책의 내용까지도 브리핑했다.

나는 틈나는 대로 원전 수주의 뒷이야기 중 공개하지 않았던 부분도 브리핑했다. 그중 하나는 "올해 봄부터 본격적으로 원전 수주에 나선 이후 대통령께서 윤진식 실장이나 관료들에게 여러 차례 '잠이 안 온다'는 이야기를 많이 했다"는 후일담이었다. 또 입찰가를 10% 낮추고 원전 건설공기를 단축하라는 대통령의 지시도 공개했다. 특히 수주전의 하이라이트이자 그동안 공개되지 않았던 이 대통령과 모하메드 왕세제와의 전화통화 내용을 협상의 진행상황과 함께 자세히 밝혔는데, 이 부분에 대한 언론의 관심은 매우 높았다.

대부분의 신문들은 1면을 비롯해 3~4개면에 걸쳐 UAE 원전 수주에 얽힌 뒷이야기와 이 대통령과 모하메드 왕세제와의 '전화협상' 장면을 자세히 보도했다. 언론들은 첫 통화 시 이 대통령에게 "다른 하실 말씀이 있으신지요?"라며 사무적 반응을 보였던 모하메드 왕세제가 이 대통령에게 마음을 열기까지의 과정을 통화 순서를 따라 생동감 있게 전했다.

원전 수주 이후 진행된 체계적 홍보 덕분에 2010년 초에는 해외 언론들도 한국의 원전기술력과 녹색성장 정책을 다루는 특집기사를 연이어 보도했다. 프랑스의 〈르 피가로〉는 1월 14일자 경제면에 한국 원전산업에 대한 특집기사를 싣고 "한국이 오는 2030년까지 세계에 원전 80기를 수출해 세계 신규 원전건설의 20%를 점유하려는 전략 목표도 세우고 있다"고 소개했다. 1월 19일, 국제적 영문 계간지인 〈글로벌 아시아〉는 이 대통령의 권두 기고와 함께 한국의 녹색성장 특집판을 발행하기도 했다. 이 대통령은 기고문에서 "한국이 UAE에 짓기로 한 원전은 4천만 톤의 탄소 감축효과가 있다"며 저탄소 녹색기술의 중요성을 강조했다.

사실 수주경쟁이 막바지로 접어든 2009년 11월부터는 기업 간의 '지상전'(地上戰)이 아니라 국가 정상 간의 '공중전'(空中戰)이 승패를 가르는 핵심 요인이었다. 때문에 이 대통령이 모하메드 왕세제와 가졌던 여섯 차례의 전화통화는 사실상 협상의 전부라고 해도 과언이 아니었다. 이 대통령과 모하메드 왕세제와의 전화통화를 지켜보면서 나는 기업가 출신 대통령의 탁월한 비즈니스적 감각을 재차 확인할 수 있었다.

이 대통령은 UAE 측이 당시 가장 필요로 하는 것이 무엇인지를 정확하게 간파해서 적절한 타이밍에 제시하는 능력을 보여주었다. 모하메드 왕세제가 원했던 국방 분야의 협력을 주요한 협상카드로 내세웠던 점이나, 석유 고갈 이후의 시대에 대비해 한국과 UAE가 미래 성장동력을 함께 고민해 보자고 설득한 것은 이 대통령이 UAE가 처한 상황을 정확히 읽었다는 방증이다. 또 "필요하면 내가 직접 가서 왕세제를 만나겠다"는 적극적 모습을 보여주었다. 한전이 7월에 UAE에 사업제안서를 제출할 때는 "공기를 6개월 더 단축하고 사업비도 10% 삭감해서 제출하라"며 세부전략을 직접 챙기기도 했다. 이 대통령이 과거 현대건설 사장 재임시절 12기의 원전을 건설했던 경험이 있었기에 이런 구체적 지시까지도 할 수 있었던 것이다.

더 중요한 것은 상대국 문화에 대한 존중을 바탕으로 모하메드 왕세제의 마음을 움직이기 위해 이 대통령이 보여주었던 진정성 있는 노력이다. 이 대통령이 여러 차례 전화통화를 하면서 왕세제에게 특히 강조했던 부분이 '형제 국가와 같은 인연'이었다. 중동국가들은 혈연과 의리를 중시하는 등 우리나라 정서와 닮은 부분이 많기 때문이다. 처음 모하메드 왕세제와 전화통화를 할 때 참모들은 영어 통역을 권했으나 이 대통령은 "상대방의 마음을 움직여야 한다"며 아랍어 통역을 고수했다. 수주 최종결정이 임박할 즈음 UN 기후변화협약 당사국총회 참석을 위해 덴마크 코펜하겐을 방문했을 때도 "언제 모하메드로부터 전화가 올지 모른다"며 아랍어 통역의 동행을 지시했다. 결국 대통령 예상대로 덴마크 방문 중 모하메드 왕세제로부터 한국의 수주확정을 통보하는 전화를 받았다.

12월 말 원전수주 발표에 맞춰 이 대통령이 UAE를 방문했을 때 칼리파 대통령은 한국 측을 위해 양고기가 푸짐하게 차려진 만찬을 준비했다. 나를 비롯해 우리 측 참석자들은 양고기 특유의 냄새 때문에 조금밖에 먹지 못했지만 이 대통령은 테이블 접시에 한가득 마련된 양고기를 깨끗하게 비웠다. 만찬 후 내가 "양고기 맛이 좋아 다 드신 것이냐"고 묻자 이 대통령은 "우리를 위해 특별히 준비한 것이고 UAE 측 사람들이 다 보고 있는데 안 먹을 수 없지 않느냐"고 말했다. 상대방의 문화를 이해하려고 애쓰는 대통령의 모습이 엿보이는 장면이었다.

모하메드 왕세제의 마음이 한국 쪽으로 기울어진 것은 대통령의 이 같은 노력과 진정성이 감동을 주었기 때문이었을 것이다. 이 대통령은 한국의 원전 수주가 확정된 이후인 2010년 봄 칼리파 대통령과 모하메드 왕세제를 초청해 양국 간 협력강화 방안을 논의하기도 했다. 특히 이 대통령은 지병을 앓는 칼리파 대통령이 국내의 뛰어난 의료진들에게 치료를 받을 수 있게 여러 차례 배려했다. 이 대통령은 또 중동사람들이 매 사냥을 좋아한다는 말을 듣고 현지에서 내게 "매 사냥 관련 다큐멘터리 자료를 찾아 왕실에 보내 주라"고 지시했다. 마침 KBS에서 방송된 한국의 매 사냥 다큐멘터리가 있기에 이를 아랍어로 번역해 칼리파 대통령에게 보내준 일도 있었다.

이 대통령이 UAE 원전 수주에 각별히 더 열정을 쏟았던 배경에는 과거 현대건설 사장 시절 강대국들과의 글로벌 비즈니스 과정에서 겪었던 설움을 이번 기회에 극복하고 싶다는 의지도 있었다. 수주경쟁이 한창 치열하게 전개되던 어느 날 이 대통령은 참모들에게 "내가 과거에 현대건설에서 해외 대형 프로젝트 계약을 따 냈다가 중간에 외국 정상들이 나서는 바람에 뒤집혔던 경험이 한두 번이 아니었다"고 술회한 적이 있다. 당초 UAE가 유명환 외교통상부 장관을 통해 한국이 아닌 프랑스에 원전건설을 맡기겠다고 통보했을 때, 이 대통령이 주저 없이 수화기를 든 것도 이 때문이었을 것이다. 대통령도 이번 기회에 멋진 역전드라마를 만들어 보고 싶었던 것이다.

이 대통령은 UAE에서 모하메드 왕세제를 만났을 때 "우리가 서로 비즈니스를 한다면 그때그때 이익을 따질 수 있다. 하지만 국가 간 관계나 지도자 간 관계는 생각과 철학을 공유해야 한다"고 말했다. 당시 나는 모하메드 왕세제가 이 대통령의 이 말을 듣고 매우 감동받은 듯한 표정을 지었던 것이 지금도 생생히 기억난다.

Episode 16

글로벌 경제위기의 파고를 넘다

IMF 외환위기라는 반면교사

나는 우리나라가 겪은 두 번의 경제위기를 각각 다른 입장에서 지켜보았다. 1997년 IMF 외환위기 때는 청와대 출입기자로, 2008년 글로벌 경제위기 때는 대책을 논의하고 상황을 타개하는 현장에 있었다. 첫 번째 위기는 언론인으로서, 두 번째 위기는 '어공'(어쩌다 공무원이 됐다는 의미로, 내가 청와대 정무직 공무원을 지칭해 만든 조어)의 입장에서 본 셈이다.

일반적으로 국가적으로 위기상황이 닥치면 정부는 가장 먼저 상황을 모니터링한 후 조기경보를 통해 상황을 전파하고, 세이프가드(긴급대응조치)를 발동한다. 그러나 정치혼란 시에는 이러한 정부의 거버넌스(*governance*)가 제대로 이뤄지지 않는다. 문제는 상황이 수습된 뒤에도 사후 대책까지 일관성 있게 처리함으로써 재발을 방지하는 일이다. 정치 리더십이 있어야 이 같은 선순환이 가능해진다.

20년 가까이 세월이 흘렀지만 나는 외환위기가 불거진 1997년을 지금도 생생히 기억한다. 강경식 경제부총리와 김인호 대통령 경제수석비서관(현 무역협회장)이 경제 핵심라인이었다. 현재 경제 총수인 최경환 부총리 겸 기획재정부 장관은 김인호 경제수석의 보좌관이었다.

1997년 2월 말 나는 도쿄특파원 생활을 마치고 귀국한 지 이틀 만에 청와대 출입기자로 발령받았다. 사실 정치부 기자들은 경제를 잘 모른다. 그래서 나와 같은 시기에 청와대에 들어온 김인호 경제수석에게 청와대 출입기자들이 제안해 경제현안에 대해 공부하는 일종의 스터디 클럽, 일본말로는 '벤쿄카이'(勉强會)를 1주일에 한 번 가졌다. 그때그때 중요한 현안을 설명하고 문답을 가진 뒤 간단한 점심식사까지 이어지는 매우 생산적인 모임이었다. 그 모임에서 청와대 경제수석실 관계자들은 한결같이 "한국 경제의 펜더멘탈(기초 경제여건)은 튼튼하다"고 거듭 강조했다. 외환위기의 경고음이 안팎에서 들리는 가운데서 정부가 내놓은 공식설명도 이와 다르지 않았다.

사실 청와대에서 만나기에 앞서 나는 김인호 경제수석과 작은 인연이 있었다. 도쿄특파원 시절 당시 공정거래위원장이던 김인호 경제수석이 일본의 유명한 미래학자이자 경제학자인 오마에 겐이치(大前研一)와 대담을 가진 일이 있다. 그때 이 대담을 취재, 보도하면서 김인호 경제수석이 매우 식견과 경륜이 있을 뿐 아니라 자기 논리를 갖춘 우수한 경제관료라는 인상을 받았다. 그런데도 외환위기가 정작 닥칠 때까지 정부 청와대 정치권의 누구도 선제적으로 이를 파악하고 대응하지 못했다.

따지고 보면 한국 경제의 펜더멘탈이 튼튼하다는 정부의 인식도 큰 착시였지만, 국가적 과제는 뒤로한 채 정쟁에 매몰되었던 정치상황이 더 큰 문제였다는 것이 나의 결론이다. 1997년 초 노동법 파동을 겪자마자 한보 부도사태가 터졌다. 이어 한보로부터 불법 정치자금을 받은 정치인들이 줄줄이 구속되면서 YS 정부는 급속히 레임덕에 빠져들었다. 그런 가운데 연말 대선을 앞두고 여당 내 '9룡'의 경쟁으로 정치권은 이미 대권 게임에 접어들었다. 야당은 야당대로 물밑에서 DJP(김대중·김종필) 연합의 정지(整地) 작업이 진행되는 가운데 'DJ의 4수가 성공할 것인가'가 국민들의 주요 관심사였다. 한마디로 1997년에는 온 나라가 정쟁에 휩싸였었다.

급기야 5월 17일 YS의 차남인 김현철이 구속되면서 YS의 정치리더십은 뇌사(腦死) 상태에 빠졌다. 아들의 구속 이후 덩그러니 큰 관저에서 시름에 젖어 있던 YS 부부를 만나고 온 한 측근이 상황 묘사를 겸해 내게 전한 말이 지금도 귀에 쟁쟁하다.

"비바람에다 천둥까지 치니 그 큰 관저가 공포영화에 나오는 귀곡산장 그 자체입니다."

여기에다 대통령선거를 앞둔 야당의 발목잡기로 기아사태 처리와 금융개혁법안 통과가 무산되자 국제 신인도가 급락하면서 외국 자본의 대량이탈 사태가 터졌다. 이런 가운데 12월 3일 IMF 외환위기가 도둑이 들이닥치듯 예고 없이 터졌다. 평소 "우리는 정치부 기자가 아니라 정쟁(政爭) 취재기자"라고 자조하곤 했던 청와대 기자들도 모두 충격에 빠졌다. 나 역시 "권력의 감시견(*watch dog*)으로서 국가가 부도에 몰리는 상태가 올 때까지 무엇을 했나"라는 생각에 자괴감을 금할 수 없었다.

하루는 택시를 타고 운전기사에게 청와대 춘추관으로 가자고 말하자 "당신 기자시오"냐는 질문이 돌아왔다. 〈동아일보〉 기자라고 대답하자 나이 든 운전기사는 "나라가 이 꼴이 되도록 당신들 뭐 했느냐, 언론도 똑같다"며 야단을 쳤다. 그날 이후 나는 한동안 집에서 청와대 춘추관으로 출근할 때 삼청동 총리공관 앞에서 내려 걸어 다녔다. 운전기사의 말처럼 우리는 예고 없이 닥친 외환위기에 속수무책이었다. 지금 돌이켜 보면 모든 경제 주체가 이런 사태에 이른 책임을 공유해야 하지만 총론적으로 말하면 특히 대통령의 리더십이 문제였다고 나는 생각한다.

1950년대와 1960년대 두 차례에 걸쳐 주한미국대사관에서 근무했던 그레고리 헨더슨이 비판했듯이 청와대를 중심으로 모든 권력이 소용돌이치듯 몰려가는 한국의 중앙집권적 정치는 안보는 물론 중요한 경제적 결단도 대통령의 판단 없이 이뤄지기 어려운 구조이기 때문이다. 결국 대통령이 결정하지 않으면 정부의 거버넌스 시스템 역시 작동하지 않는다는 것은 박근혜 정부 들어 발생한 세월호나 메르스 사태가 초기 대응에 실패함으로써 엄청난 혼란과 국가적 사회적 비용지출로 이어졌던 데서도 여실히 드러난다.

DJ의 절반의 개혁

일본의 '잃어버린 20년'은 장기 경기침체에 대한 우려가 쏟아지던 1990년대 중반 일본사회에 팽배했던 종신고용을 중심으로 한 연공서열, 회사공동체 등 관료 주도의 경제 운영방식을 바꾸지 못한 데서 그 원인을 찾을 수 있다. 산업구조의 개혁을 이루지 못한 상황에서 재정적자가 확대되자 이듬해인 1997년 4월 하시모토 류타로 자민당 정권은 소비세를 기존 3%에서 5%로 인상하는 조치를 취했지만 이는 오히려 소비 침체를 더 가속화시켰다. 미완에 그친 개혁은 10년 후까지도 일본 사회의 만성적 문제로 작용해 개혁에 대한 논의는 무성했지만 지지부진한 상황이 계속됐다.

결국 일본의 정치가 경제개혁의 발목을 잡은 것이다.

이 대통령 임기 동안에도 일본 총리는 5명(후쿠다 야스오, 아소 다로, 하토야마 유키오, 간 나오토, 노다 요시히코, 아베 신조)이 바뀌었다. 이들의 평균 임기는 1년을 조금 넘긴 385일. 1년에 한 번씩 총리가 바뀌다 보니 각 총리들은 국정 어젠다에 대한 이해가 부족했다. 정치가 혼란스러운 상황에서 국가운영 패러다임의 변화는 이뤄질 수 없었다. 특히 정치가 국내 경제에만 영향을 미치는 것이 아닌, 모든 나라가 글로벌경제에 편입된 오늘날은 국제 경제관계에서도 치명적 결과로 나타나는 경우가 비일비재하다.

그 대표적 예가 2010년 발생한 도요타자동차 대량 리콜사태다. 당시 하토야마 유키오 민주당 정권이 오키나와의 후텐마 미국 공군기지 이전을 놓고 미국과 외교갈등을 빚는 와중에 미국 의회와 정부, 언론이 '도요타 때리기'에 나선 것이다. 이 일로 도요타는 한동안 세계 1위 자리를 내놓아야 했다.

1997년 대선에서 당선된 DJ는 외환위기 때 적어도 20년 앞을 내다보고 추진한다며 4대 개혁을 내놓았다. 외환위기의 1차적 책임이 있는 금융기관의 부실을 정리하기 위한 금융개혁과 부실의 원인 제공자인 재벌 대기업들이 과잉부채 구조를 바꾸기 위한 재벌개혁, 그리고 노동개혁과 교육개혁이 바로 그것이다. DJ 정부는 금융개혁을 위해 160조 원이 넘는 공적자금을 투입해 금융기관들의 부실채권을 정리하고 새로운 자본금을 투입해 모든 은행을 국제결제은행(BIS) 자기자본비율을 충족하는 클린뱅크로 탈바꿈시켰다. 재벌개혁은 중장기적으로 기업 지배구조를 개선해 경영의 투명성을 확보하고 재벌 총수들의 독단적 경영방식을 전문경영 방식으로 바뀌도록 유도하는 것이 목표였다.

DJ가 외환위기 극복을 위해 전력을 기울였던 것은 사실이다. 당시 한 청와대 수석비서관이 저녁 늦게까지 일하며 위기극복을 진두지휘하던 DJ에게 보고를 하러 갔다가 겪은 소회를 내게 들려준 일이 있다.

"70대 후반의 노대통령이 집무실 책상 위에 돋보기안경을 쓴 채 산더미처럼 쌓인 서류를 검토하다가 보고하러 들어간 나를 피곤에 지친 눈길로 올려다볼 때 나도 모르게 눈시울이 시큰해졌다."

하지만 나는 DJ가 당선되자마자 "나라 금고가 텅 비어 있다"거나 "하나님이 이럴 때 쓰려고 나를 단련시켰다"라는 말을 들으며 다소 걱정이 들었다. 그 말에 배어 있는 메시아적(*messianic*) 뉘앙스 때문이었다. 자칫 한국 경제의 체질을 근본적으로 뒤바꾸는 개혁보다 자신의 임기 중에, 그것도 가능한 빠른 시간 안에 외환위기의 성과를 빨리 만들어야 한다는 정치적 의도와 조급함이 작동하지 않을까 하는 걱정이었다. 실제로 DJ의 외환위기 극복을 위한 노력을 평가하는 전문가들 가운데서도 160조 원을 넘는 공적자금 투입의 적정성과 수익성 있는 국내기업들의 해외매각, 미국과 IMF의 압력에 쉽게 굴복한 것 등을 둘러싸고는 지금도 논란이 이어지고 있다.

나는 국민적 공감대가 형성됐던 그때야말로 개혁을 할 수 있는 절호의 기회였다고 본다. 그런데도 외환위기를 통해 드러난 금융시스템의 후진성, 관치금융으로 상징되는 금융 감독·관리 시스템의 문제, 재벌 거버넌스의 문제 등 한국 경제의 근본적인 체질변화를 시도할 기회를 놓친 것은 두고두고 아쉽다. 물론 5년 단임제의 숙명적 한계, 당시 여소야대 상황에서 야당의 발목잡기도 주요한 원인이었음을 부인할 수 없다. 하지만 정치적 업적을 빨리 가시화시켜야 하겠다는 의도가 절반의 개혁에 그친 한 원인이었던 것도 분명한 사실이다. 이때 좀더 국민들에게 허리를 졸라매는 노력, 즉 윈스턴 처칠의 말처럼 '피와 땀과 눈물'을 호소하며 변혁을 이루었다면 더 큰 역사의 평가를 받지 않았을까 종종 생각한다.

'위기를 기회로' 만든 MB 리더십

한국 경제의 취약성을 여실히 보여준 IMF 외환위기와 2008년 금융위기는 국내 경제에 큰 영향을 준 점에서는 닮은 것처럼 보이지만 위기의 심각성이나 해결과정은 사뭇 다르다. 외환위기가 아시아 지역에서 발생한 국지적인 경제위기였다면, 금융위기는 미국의 서브프라임 모기지 사태로 시작해 전 세계로 퍼진 글로벌적인 위기였다. 1929년 대공황 이후 처음으로 세계경제를 최악의 경기침체로 몰아넣은 위기였기에 이 대통령은 이를 '전대미문의 위기'라고 표현했다.

2008년 9월 15일, 미국 4위의 투자은행인 리먼브러더스의 파산보호 신청을 시작으로 금융위기가 전 세계로 퍼졌다. 한국도 예외일 수 없었다. 청와대는 금융위기가 발생하자 국정구호를 이 대통령이 평소 입버릇처럼 말하던 '위기를 기회로'로 바꿨다. '위기를 기회로'는 2009년 업무보고부터 8 · 15 광복절 경축사는 물론 1년을 관통하는 슬로건이 됐다. 이 말에는 "위기가 닥쳤을 때 기존의 질서가 깨지는 틈을 타 순위의 역전을 이뤄 낼 수 있다"는 이 대통령의 지론이 잘 담겨 있다. 이 대통령은 평소에도 "1970년대 오일쇼크가 닥쳤을 때 현대가 중동진출을 계기로 삼성을 앞질러 재계 1위로 올라선 적이 있다"는 CEO 시절의 경험을 참모들에게 종종 했었다. IMF 외환위기의 경험도 큰 도움이 된 것은 사실이다. 그런 맥락에서 금융위기 극복을 위한 3대 캐치프레이즈도 '선제적으로(*preemptive*), 과감하게(*decisive*), 충분히(*sufficient*)'로 정했다.

전 세계적 경제위기에 대한 이 대통령의 대응은 글자 그대로 전광석화라는 말을 연상케 할 만큼 신속했다. 이 대통령은 과거 연초에 시작해 3~4월까지 이어지던 연간 업무계획 보고를 업무관련성이 있는 부처들이 함께하도록 해 12월 말까지 끝내도록 조치했다. 신년 업무보고가 앞당겨지자 경기부양을 위한 예산집행이 빠르게 진행됐다. 평소 상반기 내 40% 이상 이뤄진 적 없던 예산집행이 2009년 상반기에는 예산의 64.8%(167조 1천억 원)가 집행됐다. 일자리 창출 예산은 최대 70%까지 선집행하도록 했다. 이 대통령의 리더십이 빛을 발한 순간이다. 나는 이 당시 이 대통령의 대응을 보면서 '아는 만큼 보인다'는 말이 떠올랐다.

글로벌 경제위기가 하루가 다르게 악화되던 10월 3일, 개천절 경축식을 다녀온 뒤 이 대통령은 청와대에서 경제상황점검회의를 긴급 소집했다. 이날 이 대통령은 상황의 심각성을 강조하며 "최악의 가능성도 염두에 둔 단계별 비상 대응책을 세우라"고 말했다. 그리고 "국민들에게 현 상황의 어려움을 알려야 나중에 국민적 협조와 공감을 얻을 수 있다"며 전부처가 대국민 홍보에 적극 나서라고 강조했다.

그런데 이 대통령이 위기극복을 위한 동북아 역내 공조체제의 강화를 위한 한중일 3국 재무장관회의를 추진하라고 지시한 데서 예상 못했던 논란이 빚어졌다. 나는 회의 직후 이 대통령의 3국 재무장관회의 추진 지시를 긴급 브리핑했다. 나는 개인적으로 이 방안이 매우 유효한 선제

2009년 6월 15일 가이트너 미국 재무장관 접견

적 대응이라고 생각해 중점을 둬 브리핑했으나, 외교통상부와 경제부처의 감각은 달랐다.

즉각 이들 부처 관계자들의 코멘트를 통해 "상대국들과 사전 조율도 안 된 내용을 청와대에서 브리핑하면 어떻게 하느냐"는 노골적인 불만과 비판이 쏟아졌다. 그러나 비상한 상황에서는 비상한 대응이 필요한 법이다. 나는 단순한 외교 프로토콜이나 절차를 따지기 이전에 대공황보다 심각한 금융위기의 폭풍이 닥쳐오는 상황에서 국민을 안심시키고 국제시장에서 한국의 신인도를 확고히 지키기 위해 필요한 조치라는 생각에는 변함이 없었고 그것은 대통령도 마찬가지였다. 청와대에서 일하는 기간 동안 나는 수많은 '늘공'(늘상 공무원한다는 뜻의 조어로 직업공무원을 일컫는 말)들과 동고동락하면서 이들의 뛰어난 역량을 확인할 수 있는 기회가 많았지만, 이런 정무적 판단 분야에서는 어쩔 수 없이 늘공이라는 생각을 금할 수 없었다.

결국 이 대통령의 구상은 재무장관회의를 뛰어넘어 한중일 정상회의로 실현됐다. 며칠 뒤 박희태 한나라당 대표와의 회동에서 이 대통령은 "큰 위기가 닥치면 혼자 대응하려하기보다 주변국들과의 역내 공조가 중요하다"며, 3국 정상 간 정례회동의 구상을 밝히면서 당의 협조를 요청했다. 이 대통령의 구상은 일사천리로 진행됐다.

이 대통령의 리더십은 3국 정상회담을 진행하는 과정에서도 여실히 드러났다. 이 회담을 처음부터 제안하고 주도한 건 우리였지만 이 대통령은 1차 개최지를 일본 후쿠오카에 양보했다. 후쿠오카는 당시 일본 총리였던 아소 다로의 고향으로, 아소 가문이 경영했던 아소탄광의 본거지다. 그 대신 3국 정상회의의 상설 사무국은 서울에 유치하는 것으로 결론을 냈다. 당시 한국이 3국 정상회의를 주도하는 것에 대한 일본 측의 거부감을 희석시키기 위해 아소 총리의 체면을 세워 주는 한편 실리는 챙기는, 그야말로 일석삼조의 결과였다.

정상회담은 이로부터 두 달 뒤인 12월 13일 일본 후쿠오카 규슈박물관에서 열렸다. 여기서 3국은 통화 스와프 규모 확대에 합의하는 등 역내 공조를 통한 금융위기 대응태세를 국제사회에 보여줌으로써 서로 윈-윈하는 결과를 얻었다. 이 대통령과 아소 총리는 둘 다 기업인 출신이기도 해서 정상회담을 전후한 사적인 자리에서는 격의 없는 모습을 보였다. 특히 아소 총리는 이 대통령을 영어로 'my friend'(친구)라고 말하며 격의 없이 이 대통령의 등을 툭툭 두드리기도 했다.

한중일 정상회담은 지난 1백여 년 동안 갈등과 대립의 역사를 겪은 동북아 삼국이 모처럼 만든 정상 간의 '공조와 대화의 틀'이라는 점에서 큰 의미를 갖는다. 과거사 갈등 때문에 몇 년간 중단되기도 했지만, 독도나 위안부 등 현안 문제와는 별개로 계속 이어졌으면 하는 바람이다.

G20 정상회의 서울 유치

이 대통령은 자신의 공언대로 위기를 기회로 바꾸었다. 그 성과는 객관적 수치로 여실히 입증됐다. 한국은 금융위기를 빠르게 극복해 2009년 처음으로 9위 수출국에 올라 세계 10대 수출국에 진입했고, 금융위기가 마무리된 2010년에는 세계 7대 수출국으로 도약했다. 2015년에는 6위까지 올라섰다.

해외 투자은행들이 당초 -7%대까지 예상했던 2009년 경제성장률은 0.2%로 선방해 OECD 30여 개 회원국 중 호주, 폴란드와 함께 플러스 성장을 이루었다. 2010년에는 6.3%의 고성장을 달성해 '글로벌 위기극복의 모범국'이 됐다.

당시 일본과 유로존은 금융위기 이전의 GDP 수준이거나 아직 회복하지 못한 상태였다. 2008년 금융위기 당시 외신에서 한국을 경제위기에 가장 취약한 국가 중 하나로 평가했던 것을 고려할 때 괄목할 만한 성과가 아닐 수 없다. 세계 3대 신용평가사인 무디스와 피치, S&P는 한국의 신용평가를 일제히 상향 조정했다. 글로벌 경제위기로 주요국의 신용등급이 강등되는 상황에서 세계 3대 신용평가사가 일제히 신용등급을 상향 조정한 것은 극히 이례적인 일이었다. 이 일로 한국은 일본보다 높은 신용등급을 보유한 국가로 발돋움했으며, 국가부도위험(CDS) 역시 161에서 58로 낮아져 67을 기록한 일본보다 낮아졌다. 한 외신은 한국을 금융위기를 극복한 첫 번째 국가로 평가, 보도하기도 했다.

지금까지도 일각에서 비판을 제기하는 4대강 살리기 사업도 사실은 효율적인 재정투자 사업으로서 금융위기 극복에 큰 역할을 했다. 그런데도 이 부분은 정치적 공방에 가려져 제대로 평가가 안 되었다. 2009년 6월, 국가균형발전위원회는 수많은 논의를 거친 끝에 15조 3천억 원의 4대강 살리기 마스터플랜을 확정했다. 이와 별도로 한국수자원공사에서 4대강 살리기 사업에 8조 원을 투자하기로 했다. 이자는 정부가 내 주지만 원금은 한국수자원공사가 사업완료 후 주변개발에 따른 수익으로 충당하기로 했다. 4대강 살리기 사업은 단일공사로는 건국 이래 최대 규모의 공사였다.

4대강 사업의 유효성은 역설적으로 해외에서 더 평가를 받았다. 한 번은 오바마 미국 대통령이 4대강 사업에 대해 부러운 속내를 드러낸 적이 있다. 이 내용은 이 대통령의 회고록 《대통령의 시간》에도 간략하게 언급되었다. 2011년 10월 이 대통령이 미국을 국빈 방문해 오바마와 비공식 만찬을 가졌을 때다. 오바마는 식사 도중에 "세계 금융위기를 맞아 한국이 즉각 4대강 살리기 사업을 추진하는 것을 보고 놀랐다"면서 어떻게 그렇게 신속하고 효율적인 재정투자에 나설 수 있었는지에 대해 물었던 적이 있다.

이처럼 오바마가 부러움을 표시한 이유는 미국의 경우 이미 사회간접시설 인프라가 거의 완비되었기 때문에 내수 진작을 위해 재정 지출을 하고 싶어도 기껏 도로나 교량보수 정도밖에는 할 수 없기 때문이었다. 이마저도 연방정부가 지출해서 지방정부에서 사업이 이뤄지기까지 시간이 오래 걸릴 수밖에 없는 구조다. 결국 2007년 대선공약이었던 한반도 대운하 계획을 포기했지만, 세계 금융위기가 발생했을 때 4대강 살리기 사업을 시행한 것은 타이밍이 절묘하게 맞아떨어진 셈이다.

금융위기를 극복하는 과정에서 우리가 얻은 또 다른 성과는 G20 정상회의를 유치한 것이다. 당시 새로운 국제 공조의 필요성이 제기되면서 세계 각국은 기존 G8 체제의 한계를 느끼고 새로운 공조체제를 모색하고 있었다. 일본과 유럽은 기존의 G8 체제 유지를 주장하다 차선책으로 G8에 중국, 브라질 등 신흥국 대표국을 포함한 G14 체제를 지지했지만, 미국은 처음부터 한국을 비롯한 호주, 인도네시아, 터키, 멕시코 등을 포함한 G20 체제를 원했다. 우리 역시 G14에는 참여대상이 아니었기에 내심 G20을 지지했다. 일본의 속내는 국제사회에서의 위상을 유지하기 위해 G20 체제에 반대하는 입장이었다. 당연히 G20에 한국이 포함되는 것에 대해서도 달가워하지 않는 입장이었다. 그러나 미국의 주도로 G20 체제가 출범하고 한국이 포함된 뒤 이 대통령은 처음부터 일본이 G20 체제 출범은 물론 한국의 참여에 부정적이었음을 알고 있으면서도 나중에 아소 총리에게 "고맙다"는 인사를 했다.

이 대통령의 리더십은 미국과 통화 스와프를 체결한 이후 중국, 일본과 통화 스와프 체결과정에서도 본격 발휘됐다. 2008년 11월 11일 일본이 30억 달러 통화 스와프를 제안한 이후 50억 달러, 70억 달러의 통화 스와프 체결을 제안했으나 우리 측은 기대에 훨씬 못 미친 금액이라 거절했다. 이 상황에 손 놓고 있지 않고 강만수 장관은 중국과의 통화 스와프 체결을 진행했다. 강 장관이 셰쉬런(謝旭人) 중국 재정부 장관을 만나 "한중 통화 스와프는 위안화가 기축통화로 가는 첫걸음이 될 수 있다"고 설득한 끝에 기존 40억 달러에서 3백억 달러로 늘려 통화 스와프를 체결했다. 이 소식을 들은 일본은 뒤늦게 기존 입장을 바꿔 3백억 달러 규모의 통화 스와프를 체결하겠다는 의사를 밝혔다. 만약 이때 일본과의 통화 스와프 체결에만 얽매였다면 이와 같은 성과를 내지 못했을 것이다.

2008년 11월 15일, 미국 워싱턴에서 마침내 첫 G20 정상회의가 열렸다. 이때까지도 G20 체제의 지속 여부가 확정된 사항이 아니었던 터라 회의의 정식 명칭은 'G20 정상회의'가 아닌 '금융시장과 세계경제에 관한 정상회의'였다. 이 대통령은 워싱턴 회의에서 한국의 1997년 IMF 외환위기 극복사례를 발표하고, 금융위기에 대처하기 위한 국제 공조의 방안을 제시했다. 그중 대표적인 것이 '보호무역주의 동결(*stand still*: 스탠드스틸) 선언'에 동참할 것을 제안해 동의를 이끌어 낸 것이다. 각국이 금융위기 속에서 자국산업의 보호를 위한 이기적 조치를 취할 경우 수출에 의존하는 신흥국과 개도국들이 집중 타격을 받음으로써 결과적으로 국제경제 전체의 회복에 걸림돌이 될 수밖에 없다는 이 대통령의 논리는 각국 정상들의 큰 호응을 얻었다. 그래서 스탠드스틸은 '코리아 이니셔티브'(*Korea initiative*)로 이슈화됐고, 각국 정상들은 2013년 말까지 새로운 투자와 무역거래 장벽의 설치를 일절 금지하기로 합의했다.

이 당시 잊을 수 없는 해프닝이 벌어졌다. G20 정상회의에 함께 참석한 강만수 기획재정부 장관이 크리스틴 라가르드 IMF 총재와 면담을 가졌는데, 사건은 면담 직후 가진 청와대 수행기자단을 상대로 한 브리핑 과정에서 발생했다. 강 장관은 회동내용을 설명하면서 "IMF 총재가 한국이 만약 자금이 필요할 경우 지원할 의향이 있다"고 말했다. 그때 기자실 분위기가 일순 얼어붙었고, 나는 '이건 아니다' 싶은 생각에 단상에 올라가 강 장관의 브리핑을 중단시켰다. 이어 "지금 강 장관이 한 말은 못 들은 걸로 해 달라"고 기자단의 양해를 요청했다.

강 장관이 전한 IMF 총재의 말은 과거 외환위기 때 한국이 IMF의 긴급 지원을 받았던 때와 달리 지금은 신용도가 높으니 필요하면 언제든 지원하겠다는 뜻이었다. 하지만 IMF 외환위기의 악몽을 기억하는 국민들 입장에서는 'IMF 자금 지원'이라는 단어만 들어도 패닉에 빠질 수도 있는 상황이었다. 다행히 국익을 위해 협조해 달라는 나의 간곡한 요청을 청와대 기자단이 흔쾌히 받아준 덕분에 이 발언은 기사화되지 않았지만 지금 생각해도 아찔한 순간이었다. 강 장관은 과거 재무부 시절 대변인까지 지내는 등 언론감각이 뛰어난 관료지만 당시에는 발언의 민감성에 대해서 생각이 미치지 못했던 것 같다.

첫 회의가 열리고 5개월 뒤인 2009년 4월, 영국 런던에서 열린 2차 회의에서 이미 한국의 4차 회의 개최가 사실상 결정됐다. 하지만 일본의 아소 총리를 의식해 발표가 미뤄졌다. 아소 총리는 워싱턴 회의 이후 이 대통령에게 일본의 G20 정상회의 유치를 지지해 달라고 요청할 정도로 정상회의 개최를 강하게 희망했다. 그러나 아소 총리가 "G20 정상회의가 아시아에서 열린다면 일본이 우선"이라고 주장할 때마다 '정권이 곧 바뀔 텐데 무슨 소리냐'는 반론에 부딪혀야 했다. 결국 일본의 정치불안이 G20 정상회의를 개최하는 데 발목을 잡았다. 실제로 그해 9월 일본은 자민당의 중의원선거 참패로 자민당 정권이 물러가고 처음으로 민주당 정권이 출범해 하토야마 유키오 총리가 취임했다. 이러한 일본의 정치적 격변이 한국의 G20 정상회의 유치에 일조했음은 물론이다.

호주의 케빈 러드 총리는 한국이 G20 정상회의를 유치하는 데 큰 도움을 준 숨은 공신이다. 아시아에서 G20 정상회의가 열린다 했을 때, 오바마 대통령이나 데이비드 캐머런 영국 총리는 가장 먼저 일본을 염두에 둔 반면 케빈 러드 총리는 그때부터 우리의 정상회의 유치를 측면에서 지원했다. 사실 케빈 러드 총리는 호주 유치를 희망했으나 아시아 개최가 확실시되자 일본보다는 그동안 쌓은 친분과 신뢰가 높고 외교적 입장이 비슷한 한국을 지지하고 나섰다. 케빈 러드 총리는 본인도 중국통이자 금융전문가로서 기업가 출신인 이 대통령에게 호감을 가지고 있었다. 특히 2009년 호주를 방문했을 때, 정상회담이 끝난 뒤 배석자 없이 두 사람이 밤늦게까지 맥주를 마시며 친분을 다지기도 했다. 한국의 G20 정상회의 개최는 2009년 9월 25일 미국 피츠버그에서 열린 3차 회의에서 공식 발표됐다.

2010년 11월 11일, 마침내 서울에서 G20 정상회의가 열렸다. 금융위기가 터졌을 때만 해도 상상도 못했던 일이 벌어진 것이다. 한 번은 이런 일이 있었다. 리먼브러더스 사태가 터진 직후 열린 청와대 수석비서관회의에서 이 대통령은 "글로벌 경제위기지만 지금은 국내에 투자할 때"라면서, "내가 공직자라 직접 투자는 어렵지만 간접투자상품(펀드) 이라도 사겠다"며 적립식펀드 두 개에 가입했다. 예상외로 언론의 반응은 좋지 않았다. "어떻게 책임지려고 하느냐"는 비판이 쏟아졌다. 나도 유탄을 맞았다. 말도 많고 탈도 많았던 펀드 투자를 통해 이 대통령은 2011년 기준 각각 30%대의 수익을 거뒀으며 수익금은 불우이웃을 돕는 데 사용되었다.

비슷한 일이 미국 워싱턴에서 열린 G20 회의 후 가진 로스앤젤레스 교민간담회에서도 벌어졌다. 이 대통령이 "지금 애국하는 길은 한국 주식을 매수하는 것"이라고 말을 한 것이다. 이 대통령의 이러한 행동은 '금융위기를 이겨낼 수 있다'는 강한 자신감에서 나왔겠지만, 당시에는 큰 난리가 났다. 〈월스트리트저널〉(*Wall Street Journal*)에 "한국은 어려움 속에서도 지원에 저항하다"라는 기사가 나올 정도였다.

금융위기 극복에 대한 아쉬운 평가

금융위기는 이 대통령의 CEO 리더십의 특장(特長)을 여실히 드러냈다. 이 대통령의 뛰어난 점 중 하나는 상황을 복안(複眼)으로 본다는 것이다. 다시 말해 상황을 하나의 측면에서 파악하는 게 아니라 곤충의 겹눈처럼 원인에서 부작용, 해결법까지 다양한 측면에서 바라보고 이해하는 것이다. 또 정치인 출신과는 달리 생각보다 자기의 업적을 드러내는 데 소극적인 편이다. 열심히 일하면 역사가 알아서 평가해 주고 국민 역시 알아줄 거라는 믿음 때문이었다.

2009년 6월 여론조사에서 한때 20%대로 떨어졌던 이 대통령의 지지율이 40%대를 회복했다고 기자실에서 이야기했다가 이 대통령에게 핀잔을 들은 일이 있다. 이 대통령은 내게 "평가란 국민과 역사가 객관적으로 하는 것인데 자칫 자화자찬하는 것으로 비춰지지 않겠느냐"고 말했다. 그러나 실제로 국민들은 금융위기가 비켜가는 바람에 이 위기가 얼마나 엄청난 것이었는지 체감하지 못했고 따라서 집단기억 속에 각인되지 못한 채 예상보다 빠르게 잊혔다. 1997년 IMF 외환위기가 깊이 2m의 맨홀이었다면, 2008년 금융위기는 천길 절벽으로 빠질 수도 있는 절체절명의 상황이었다.

이 대통령의 금융위기 극복과정을 평가하자면 '자기 성공의 희생자'(*victim of his own success*)라는 영어 격언이 생각날 때가 있다. 전 세계에 불어닥친 금융위기를 이 대통령과 정부의 기민한 대응과 리더십으로 예상보다 쉽게 극복하는 바람에 오히려 그런 '성공'이 제대로 된 평가로 이어지지 못하는 역설적 결과를 만든 측면이 크기 때문이다. 당시 야당과 비판적인 언론에서는 "자화자찬식 국정홍보를 그만하라"며 사사건건 트집을 잡았다. 정치적 진영논리를 떠나서 성과는 성과대로 인정해 주고, 또 비판하거나 보완할 점은 냉철하게 지적해서 미래의 교훈으로 삼는 정치풍토가 아쉬운 대목이다.

금융위기 극복과정에서 정치와 경제의 연관성을 내게 한층 절실하게 느끼게 한 일화는 여야 영수회담이었다. 2008년 9월 26일, 금융위기가

2009년 2월 4일 비상경제대책회의

2009년 4월 30일 비상경제대책회의 직후 금융감독원을 방문해서

발행하자 탄력을 받아 이 대통령과 정세균 민주당 대표와의 미루고 미뤘던 영수회담이 열렸다. 정세균 대표는 고려대를 졸업했고, 기업인 출신이라 이 대통령과 정계에 입문하기 전부터 친분이 있었다. 그런 인연도 작용한 탓에 회담은 화기애애한 분위기 속에서 예정된 1시간을 훌쩍 넘기고 2시간이 다 돼서야 마무리됐다. 2시간에 걸친 회담 중 30분가량은 이 대통령과 정 대표 간의 독대로 이뤄졌다. 이 대통령은 회담에서 "야당은 국정운영의 동반자"라며 "세계와 경쟁하는 지금과 같은 시기에 여야가 발상의 전환을 통해 세계를 향한 동반자관계를 구축해야 한다"고 강조했다.

이날 이 대통령과 정 대표는 세계 금융위기와 경제살리기, 한반도 평화와 남북관계 발전을 위해 초당적으로 협력하기로 합의했다. 뿐만 아니라 야당은 국정의 동반자라는 표현까지 합의문에 들어갔다. 회담 직후 정 대표는 회담결과에 대해 "생산적 회담이었다"고 긍정적으로 평가했다. 이처럼 국가위기의 상황에서 여야 영수가 만나 초당적 협력선언을 한 것은 전례가 없는 일이었다. 더구나 국민들에게도 생산적 정치의 모습을 보여준 뿌듯한 장면이었다.

한참이 지난 후 이 대통령이 회담에서 정 대표에게 야당이라고 해서 반대하고 투쟁만 하는 이미지를 국민들에게 주는 것은 바람직하지 않으니 국정운영에 역량 있는 야당 지도자상을 보여주는 것이 무엇보다 중요하다는 충고를 했다는 후일담도 들었다. 이 대통령과 정 대표의 회담은 내가 역대 정치부 기자 생활을 통해 본 가장 이상적인 모습이었다.

나는 브리핑에 앞서 상황에 맞는 표현을 찾다가 〈이보다 더 좋을 수 없다〉(*Too Good to be True*)는 영화 제목을 인용했다. 그런데 정작 정 대표는 당에 돌아가 "야당 대표가 청와대 가서 할 말은 제대로 못하고 밥만 먹고 왔다"며 친노 강경파 소장의원들에게 호된 비판을 받았다. 심지어 당내 일각에서는 "이동관 대변인에게 당했다"는 말까지 나왔다고 한다. 지금도 그때 일을 생각하면 정 대표에게 인간적으로 미안한 생각도 들지만 여야 정쟁의 프레임 속에서는 생산적 정치가 발붙일 곳이 없다는 단적인 예라는 생각에 한편 씁쓸함을 금할 수 없다.

금융위기와 부동산 침체의 그늘

금융위기는 성공적으로 극복됐지만 그 과정에서 경기침체의 여파로 자산 디플레이션 현상의 초기 조짐이 나타나기 시작했다. 그러던 어느 날 우리 집에 서류봉투 하나가 배달됐다. A4 용지 3장에 빽빽하게 글을 쓰고 신문 스크랩을 덧붙여 보낸 아파트 한 주민의 사연이었다.

공기업 퇴직자의 부인이라는 그는 자신을 하우스 푸어(*house poor*)라고 소개했다. 하우스 푸어는 주택가격 상승기에 가격이 계속 상승할 것이라는 기대감에 무리하게 대출을 받아 집을 장만했지만 주택가격의 하락과 거래감소 등의 현상으로 고통받는 이들을 일컫는 신조어다. 그 주민은 남편이 퇴직한 이후 집을 매각해 집을 사느라 진 빚을 갚고 남은 7억 원 중 3억 원으로 분당에 집을 마련하고 나머지 자금은 노후에 사용하려는 계획이었다. 그런데 갑자기 부동산 경기침체가 닥쳐 집값은 하락하고 부동산 매매가 동결되자 연금 수입 대부분을 주택 대출을 갚는 데 쓰는 것이었다. 그 주민은 "매일이 지옥이다. 하루에도 몇 번씩 아파트에

비상경제대책회의에 앞서
외신보도를 보며

서 뛰어내리고 싶은 심정"이라며, 주택거래의 활성화를 위해 DTI(총부채상환비율) 규제를 풀어 달라고 호소했다. 그 주민의 논리는 "이미 부동산 가격 상승에 대한 기대감이 없어졌기 때문에 DTI 규제를 완화하더라도 은행에서 돈을 빌려 부동산 투기를 할 사람은 더 없다. 매매라도 이뤄지도록 숨통을 틔워 달라"는 것이었다.

이 편지를 읽으면서 기시감이 느껴졌다. 도쿄특파원 시절 나는 버블이 붕괴되면서 자산 디플레이션으로 부동산시장이 폭락하고, 이것이 금융기관의 부실과 소비침체로 이어지는 '잃어버린 20년'의 초기를 경험했고, 이를 취재, 보도한 일이 있었다.

당시 도쿄 유흥가를 대표하는 아카사카(赤坂) 미쓰케 역 뒤편 주택가는 일본의 부동산 경기가 좋을 때 평당 5천만 엔이었으나, 1991년 시작된 경제불황으로 부동산 경기가 침체되면서 1996년 수만 엔으로 떨어졌다. 집값이 급락했음에도 내놓은 집을 사겠다는 임자도 나오지 않았던 게 그때 일본의 상황이었다. 1995년 7월 도쿄의 '마지막 금싸라기 땅'으로 불리며 버블시절 평당 1억 2천만 엔을 호가하던 아카사카 건너편 뉴재팬호텔 부지(2, 521평)가 전성기의 1/5 가격인 평당 2, 351만 엔에 낙찰됐다. 이마저도 원매자가 나서지 않아 공매를 신청한 치요다생명의 자회사가 매입했다.

부동산 가격의 폭락은 필연적으로 주택금융전문회사들을 통해 부동산을 담보로 막대한 자금을 융자해 준 금융기관의 부실화를 가져왔다. 당시 일본은 디플레이션 문턱에 서 있었다. 이런 경험 때문에 더욱 그 주민의 편지가 절실히 가슴에 부딪혔다. 그러나 노무현 정부에서 부동산 규제대책으로 내놓았던 DTI 규제에 대한 논의는 무성했지만, 그때까지만 해도 손댈 수 없는 성역이나 다름없었다.

나는 이튿날 대통령 주재 수석회의에서 이 주민의 편지 내용을 소개한 뒤 "부동산 거래 침체가 장기화되면 자산 디플레이션이 올 수 있으니 대응책 마련이 필요하다"고 주장했다. 그리고 그 자료를 모두 경제수석실에 넘겼다. 그런데도 DTI 규제완화를 포함한 매매활성화 대책은 몇 년 동안 제자리걸음을 계속했다. DTI 규제완화는 이명박 정부에서도 7~8번 논의됐지만 제대로 매듭이 지어지지 않다가 박근혜 정부 들어 2014년 7월에야 부동산활성화종합대책의 하나로 발표됐다. 당시에 부동산 규제를 완화해서 부동산 경기가 적절히 살아났을지는 전문가가 아닌 나로서는 솔직히 판단하기 어렵다. 다만 일본의 '잃어버린 20년' 초기과정을 생생하게 지켜본 입장에서는 자산 디플레가 시작될 경우 장기적 경기침체로 이어질지 모른다는 걱정이 들었고, 나의 이런 우려는 일정부분 현실로 나타났다.

결국 정책도 타이밍과 결단의 문제다. 그 당시 상황을 돌이켜 보면, 내가 안타까웠던 것은 선제적으로 상황을 앞서 내다보고 대응책을 세워야 했던 관료들이 '전문가의 함정'에 빠져서, 아니면 본인들에게 혹시라도 돌아올지 모르는 부동산 가격앙등(昂騰)이라는 위험부담을 피하기 위해서 안전운행을 택했던 것은 아니었나 하는 점이다.

사실 부동산과 관련된 각종 규제는 노무현 정부가 우리 경제에 박은 '대못'이었다. 이 대통령은 정부 출범 초부터 노무현 정부가 '20%의 부자'를 겨냥해 만든 종합부동산세(종부세)를 완화하는 작업을 추진했다. 강만수 기획재정부 장관이 총대를 메고 앞장섰지만 야당은 물론 지방자치단체들의 세수 부족을 이유로 여당 내에서조차 반발이 나와 세제 개편작업은 지지부진했다.

이 대통령은 2008년 9월 수석비서관회의에서 종합부동산세 개편과 관련해 "부동산 세제의 개편은 일각에서 이야기하는 것처럼 부자를 위한 감세가 아니라 잘못된 세금체계를 바로잡기 위한 것"이라며 "이명박 정부가 추구하는 정책의 주안점은 서민과 중산층의 생활안정에 있다"고 강조했다. 나는 대통령의 발언을 이어받아 "종부세 개편안을 일각에서 1%를 위한 감세라고 주장하는데 잘못된 조세제도로 인해 단 한 명의 피해자가 있다면 그것을 바로잡는 게 정부의 역할"이라고 언론에 설명했다. 이 때문에 야당과 일부 언론으로부터 "그 대통령에 그 대변인"이라는 비판을 받기도 했다.

하지만 나는 지금도 징벌적 과세는 어떤 이유로든 정당화될 수 없으며, 무엇보다 경기활성화의 지름길은 부동산 경기의 회복이라는 당시 나의 판단이 잘못됐다고 생각하지 않는다. 본격적인 부동산대책이 박근혜 정부의 2년차가 돼서야 뒤늦게 나온 것은 참으로 아쉬운 대목이다. 아무튼 나는 지금도 내게 편지를 보낸 그 주민이 본인의 계획대로 집을 처분해 편안한 노후를 보내는지 가끔 궁금하다.

금융위기 극복 그 이후

이 대통령은 금융위기 발생 직후인 2008년 10월 13일, 국민과 원활한 소통을 위해 대통령 취임 이후 첫 대국민 라디오 연설을 가졌다. 이 대통령은 라디오 연설을 통해 금융위기의 심각성을 알리고 "어려움을 헤쳐 나가는 데 정부에 대한 국민과 시장이 신뢰가 가장 중요하다"고 호소했다. 정세균 민주당 대표와 회담이 있기 이틀 전인 9월 24일 열린 회의에서는 '서민정권'임을 강조하며, 추가경정예산 10조 원을 풀어 서민과 중소기업을 위한 대책을 내놓을 것을 지시했다. 그 다음 해인 2009년 8·15 경축사에서 제시했던 '친서민 중도실용' 정책의 원형이 사실상 제시된 것이다. 이 대통령은 금융위기 극복과정에서도 "경제가 어려울 때 가장 먼저 타격을 받는 게 서민들"이라며 "이들이 더 어려워지지 않도록 해야 한다"고 항상 강조했다. '국민들과 경기회복의 체감도를 어떻게 좁혀 나갈 것인가'를 고민한 끝에 내린 나름의 선제적 대응이었다.

실제로 오랫동안 대기업 CEO를 했기 때문에 많은 국민들이 가진 오해와 달리 이 대통령 자신은 서민적 풍모를 지녔다. 이 대통령을 가까이에서 지켜보면 먹고 구경하고 즐기는 것에 대한 허영심이 없다는 것을 금방 알게 된다. 한 번은 경남 창원시 진해에 있는 해군사관학교 졸업식에 참석한 적이 있다. 2주 뒤에 가면 흐드러지게 핀 진해 벚꽃을 볼 수 있는데도 이 대통령은 그런 것에 개의치 않고 일정을 잡았다. 과거 정권 때는 대통령이 진해 벚꽃을 구경할 수 있도록 해사 졸업식 일정을 늦추는 경우도 있었다고 한다. 대통령 후보시절에도 이 대통령은 5천 원짜리 설렁탕을 즐겨 먹었다. 대통령 시절에 고속도로 휴게소에 들러 라면을 먹은 일도 있다.

사람들은 이 대통령을 친기업형 리더라고 생각하지만 실제 가까이서 보면 근본적 관심사는 민초들의 삶의 질을 어떻게 높일 것인가 하는 데 있었고 경제정책의 중점도 거기에 있었다. 금융위기의 터널에서 다 벗어나기도 전에 이미 양극화를 걱정하고 서민대책을 세울 것을 지시한 이유

2010년 3월 10일 경부고속도로 청원휴게소에서

도 이런 철학 때문이었다.

국정운영이라는 것은 따지고 보면 '걱정의 연속'이다. 성과에 대한 즐거움은 잠시지만 항상 그 뒤에 닥쳐올 후유증이나 새로 닥쳐올 위기에 대한 선제적 대응에 대한 준비에 쓰는 시간이 훨씬 많기 때문이다. 옛 선현들이 나랏일을 이야기할 때 '먼저 걱정하고 나중에 즐거워하라'(先憂後樂) 고 경고한 이유를 알 만하다.

Episode 17

두 번의 방북으로 들여다본 북한의 속살

생애 첫 방북

1998년 8월 27일, 나는 생애 처음으로 북한 땅을 밟았다. 조선아시아태평양평화위원회(이하 아태평화위)의 공식 초청으로 이뤄진 동아일보사의 북한방문취재단 자격으로, 김재호 이사(현재 〈동아일보〉 사장)와 최규철 편집국 부국장, 실향민 출신 소설가인 이호철 씨 등과 함께 평양을 찾은 것이다. 서울서 자동차로 자유로를 달려 세 시간 남짓이면 도착할 거리를 중국 베이징을 거쳐 28시간 만에 도착했다.

북한 땅에 처음 발을 내디딘 이날은 개인적으로도 뜻깊은 날이었다. 나는 이호철 씨와 같은 실향민 출신으로 원적(原籍)은 함경남도 원산시 영정 12번지다. 한 번도 가 보지 못한 고향 주소를 철이 들기 시작하면서부터 외우고 다녔다. 영정(榮町)은 일본어 '사카에쵸'의 한자어로 서울로 치면 명동 중심가에 해당되는데 아버지는 그곳에서 포목상을 크게 하셨다고 한다. 일 때문에 중국의 동북지방인 만주를 자주 다니며 공산정권의 실체를 알게 된 아버지는 재산을 정리해 1948년 5살과 3살이던 큰 누나와 형을 데리고 월남했다. 아버지의 추억 속에만 있던 38선 너머 고향

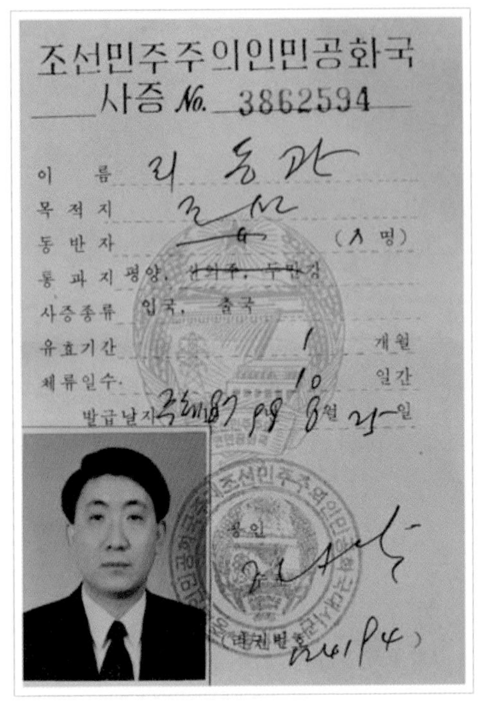
조선민주주의인민공화국
사증 No. 3862594

이 름 리동관
목 적 지
동 반 자 (명)
통 과 지 평양, 신의주, 두만강
사증종류 입국, 출국
유효기간 1 개월
체류일수 10 일간
발급날자 월 일

북한 입국사증

땅 부근을 정치부 기자로서 찾은 것이다.

9박 10일간의 걸친 〈동아일보〉 방북대표단의 주요 목적은 백두산 답사였다. 중국 쪽을 통한 백두산 관광은 이미 많은 사람들이 다녀왔지만 당시만 해도 북한 쪽의 백두산을 답사할 기회는 드물었다. 특히 남측 민간인으로서는 우리가 처음이었다. 첫날은 7시가 넘은 늦은 시간에 도착해 평양 시내에 있는 '보통강려관'(우리말로는 보통강호텔)에 묵었다. 냉방시설까지 갖춘 깔끔한 호텔이었다.

다음 날 우리 일행은 김일성의 사적을 전시한 조선혁명박물관을 찾았다. 조선혁명박물관은 1930~1940년대 김일성의 항일투쟁사를 전시한 곳인데, 특이한 것은 전시된 자료의 80%가량이 일제 강점기 〈동아일보〉 기사였다. 민족지로서 〈동아일보〉의 위상을 새삼 느끼게 한 대목이다. 실제로 방북기간 중 우리가 방문했던 백두산 부근 압록강변의 국경마을의 보천보전투기념관에는 1937년 6월 보천보전투 상황을 호외를 발행해 보도한 〈동아일보〉의 기사와 양일천 특파원의 현지 르포기사가 전시돼 있었다. 김일성이 이끄는 항일유격대가 일본 경찰주재소를 습격한 보천보전투는 북한에서 김일성의 항일투쟁사 중 가장 큰 업적으로 여겨져 이를 보도한 〈동아일보〉에 대한 존경심이 대단했다.

김일성의 '혁명업적'에 대한 전시를 둘러본 뒤 우리 일행은 황순희 관장을 만났다. 얼핏 보면 여느 80대 할머니와 다를 바 없는 노인이었지만, 당당한 말투나 몸에서 뿜어져 나오는 기세에서 자신이 혁명원로라는 자신감이 그대로 배어 나왔다. 1919년생인 황 관장은 일제강점기에 김일성유격대 간호원으로 시작해 노동당 중앙위원에까지 오른 인물이다. 김정일의 생모인 김정숙의 비서 역할도 겸했다는 후문이다. 황 관장은 우리 일행을 만난 자리에서도 김일성의 항일활동을 소개하면서 "주석님이 항상 먹을 게 있어도 대원들을 먼저 챙겨주는 자상한 분이었다"고 친근감을 과시했다. 김정은이 국방위원장에 취임한 이후 황 관장을 직접 찾아갔으며, 김정일 2주기 중앙추모대회 주석단에 초정돼 김정은과 가까운 자리에 앉았던 것만 봐도 그의 위상을 짐작할 만했다.

방북 사흘째인 8월 29일, 우리 일행은 소형 프로펠러 비행기를 타고 백두산 쪽으로 향했다. 비행기를 타고 함경도를 거쳐 삼지연으로 가는 길에 창문 밖으로 펼쳐지는 드넓은 개마고원은 절경 중의 절경이었다. 북한 사람들은 개마고원을 '개마고원 삼천리'라고 부른다. 그만큼 끝없이 펼쳐진 광대한 지역이라는 뜻이다. 개마고원을 1시간 이상 비행해서

1차 방북 당시 백두산 천지에서

야 백두산 아래 마을인 삼지연의 비행장에 도착했다. 우리는 이곳에서 차로 30분을 더 이동해 두 번째 숙소인 백두산 베개봉 맞은편에 자리한 삼지연읍의 '베개봉호텔'에 다다랐다.

베개봉과 백두산 중간쯤에는 김정일의 태어났다는 '정일봉'이 있다. 안내원들은 "김정일이 해발 1,790m 정일봉 밑 귀틀집에 태어났다"며 자세한 설명을 늘어놓았다. 그러나 이는 사실이 아니다. 김정일이 러시아 시베리아 하바로프스크 교외의 비야츠코 마을에서 태어났다는 것은 이미 여러 해외 언론에서 보도해 알려졌다. 나는 북쪽 간부들과 며칠을 함께 지내 격의가 없어진 뒤 "남한에 돌아가 김정일의 출생지인 정일봉 귀틀집에 대해 기사를 쓸 때 조작설이 있다는 사실도 함께 밝힐 수밖에 없다"는 말을 했다. 이 일로 간부들 사이에서 나에 대한 시각이 달라진 것을 나중에 알았다. 한 간부가 평양을 떠나기 전 가진 저녁 술자리에서 "이동관 기자, 서생인 줄 알았는데 보기와 다르게 배짱이 두둑하다"고 토로하기도 했다.

북한 쪽에서 올라가 바라보는 백두산의 모습은 중국 쪽에서 보는 풍광과는 사뭇 다르다. 보통 여행객들이 올라가는 중국 쪽 관광 코스는 깎아지른 절벽이어서 날카롭고 험한 데 비해, 북한에서 본 백두산은 완만한 오름세여서 거의 꼭대기까지 자동차로 올라갈 수 있을 정도다. 여기에다 끝이 보이지 않을 만큼 평원지대가 펼쳐져서 그야말로 대지를 품은 모습이다.

무엇보다 백두산 부근은 북한 정권의 정통성을 상징하는 성지로 잘 관리돼 있어 훼손된 곳이 비무장지대(DMZ)처럼 전혀 없었다. 나는 비행기에서 드넓은 개마고원과 훼손되지 않은 백두산의 평원지대를 내려다 보며, 이 아까운 천혜의 자원을 개발하면 동북아의 관광 허브가 될 것이라는 생각이 들었다. 여름에는 골프장으로, 겨울에는 스키와 온천을 즐길 수 있는 공간으로 만들면 충분히 가능한 일이었다. 백두산 부근은 일본 나가노 현에 있는 국제적인 고원 피서지인 가루이자와(輕井澤) 보다 훨씬 아름답고 광대한 자원이었다.

베개봉에서 백두산 천지를 가려면 자동차로 46㎞를 더 들어가야 했다. 우리는 베개봉호텔에 묵는 동안 백두산 일출을 보기 위해 매일같이 정상을 찾았다. 그러던 끝에 운 좋게도 사흘 만인 8월 31일 새벽 5시 45분, 백두산 정상의 장엄한 일출 광경을 볼 수 있었다. 백두산 일출은 시시각각 변하는 천지 주변의 기상 때문에 북한 주민들도 볼 수 있는 날이 많지 않다고 했다. 나는 떠오르는 태양을 보며 '아, 여기가 우리 민족의 시원(始原)이구나'라는 생각에 가슴이 먹먹했다. 우리 일행은 때마침 백두산에 올라왔다가 합류한 북한 주민 오십여 명과 함께 〈우리의 소원은 통일〉을 목청껏 불렀다. 이 노래는 임수경이 1989년 방북해 유행시킨 이후 북한 주민들은 누구나 다 아는 국민가요였다.

백두산 정상에서 천지에 이르는 1. 5㎞가량은 중국 쪽에 비해서는 경사가 완만한 편이지만 걸어서 내려가기에는 꽤 험하고 먼 길이어서 북한 당국이 케이블카를 설치해 놓았다. 우리 일행의 백두산 천지 답사는 북한에서 '천지의 사나이'로 불리는 이종석(당시 63세) 박사가 안내했다. 이 박사는 1년에 서너 번 가족을 만나러 평양에 다녀오는 것을 제외하고는 천지 옆에 세워진 간이 기숙사에서 연구원들과 1년 내내 지낸다고 했다. 당시 그의 연구팀이 밝힌 백두산 천지의 최대 수심은 384m였다. 세계에서 가장 깊은 산상호수인 백두산 천지는 외부에서 강물이 흘러들어

해돋는 백두에서 남북이 '통일합창'

본사방북단 등정 北주민들과 함께 '우리의 소원…' 불러

언론사론 첫 '일출' 촬영

단군(檀君)신화와 항일(抗日)의 기상이 서려 있는 민족의 성산(聖山) 백두산.

지난달 31일 오전 5시45분. 백두산 정상의 장엄한 일출 광경에 감격, 이곳에 모였던 남북의 형제 자매들은 떠오르는 해를 향해 일제히 만세를 부르며 환호했다. 왼쪽에 해발 2천7백12m의 향도봉도 보인다(위).

백두산 정상에서 일출 순간을 맞기 위해 이날 새벽 산에 오른 동아일보 방북 대표단(단장 김재호·金載昊이사대우)은 이곳에서 만난 북한주민들과 '우리의 소원은 통일'을 목청껏 함께 불렀다.

동료 가족 50여명과 함께 등정한 함경북도 무산 농목장 소속의 한 40대 주민은 "백두산정에 올라 해돋이를 보며 백두산의 기상을 몸으로 느끼기 위해 전날밤 11시 출발, 이제야 도착했다"고 말했다.

국내 언론사가 백두정상에서 일출 광경을 촬영한 것은 이번이 처음. 특히 시시각각 변하는 천지 주변의 기상 때문에 일출 장면은 북한 사진작가들도 잡기 어렵다.

동아일보 대표단은 이날 새벽 일출뿐만 아니라 신비의 옷을 벗고 눈이 시리도록 푸른 자태로 다가온 천지 주변의 장관도 운 좋게 볼 수 있었다.

남과 북이 갈린지 올해로 꼭 50년. 이날 새벽 백두정상에서 울려퍼졌던 통일의 합창이 제주 한라산까지 울려퍼질 날은 그 언제일까.

〈백두산=석동률·이동관기자〉
seokdy@donga.com

1998년 9월 4일 〈동아일보〉 1면에 보도된 방북 관련기사와 만들어진 호수가 아니라 밑바닥에서 물이 샘솟아 만들어진 용출(湧出) 호수다.

이 박사에 따르면 이 때문에 천지의 물은 영양분이 거의 없는 증류수나 다름없는 상태여서 물고기가 살 수 없다고 한다. 그런데 1984년 이 박사팀은 산천어 1백 마리를 넣어 번식시키는 데 성공해 우리가 천지를 방문할 당시는 2만 마리 정도로 늘어났고 70㎝가 넘는 대어도 잡혔다. 이 박사는 5~6월부터 여름까지 천지 주변에 피는 꽃이 지면서 천지 위에 떨어진 꽃잎과 화분을 산천어들이 먹고 자란다고 설명했다. 천지의 오염을 막기 위해 사료를 일체 사용하지 않는다고 하니 진귀하기 짝이 없는 물고기였다. 우리는 천지를 답사하는 동안 이 귀한 산천어회와 매운탕을 북한 소주에 곁들여 원 없이 먹는 호사를 누렸다.

되살아난 동해선 철도 남북 연결의 꿈

〈동아일보〉 방북취재단의 방북은 어느 순간 이뤄진 게 아니다. 방북이 성사되기 1년 전인 1997년부터 나의 주도로 〈동아일보〉 내부에서 경색된 남북관계의 개선을 위해 민간이 나설 필요가 있고, 그 민간의 역할을 〈동아일보〉가 하자는 구상이 본격 논의됐다. 〈동아일보〉는 남북이 분단되기 전인 1920년 국민들의 모금으로 발간한 민족지인 데다 (김일성의 회고록 《세기와 더불어》에서) 김일성의 삼촌이 만주에서 〈동아일보〉 지국장을 지냈다는 기록이 있는 만큼 북한 당국을 설득하기에도 명분은 충분했다.

내가 이 일을 주도적으로 진행한 데는 도쿄특파원 시절 만난 동훈 전 통일원 차관과의 인연이 결정적 계기가 됐다. 동훈 전 차관은 언론인으로 출발해 청와대 정무비서관을 거쳐 박정희 대통령 시절 통일원 차관을 지냈다. 그도 함경남도 북청 출신으로 실향민이다. 내가 처음 동훈 전 차관을 도쿄에서 만났을 때 그는 조선족 학생들을 중국 연변에서 일본으로 데려와 공부시키는 후견인 역할을 하고 있었다. 당시 동훈 전 차관은 일제강점기에 끊어진 남북을 오가는 철도를 다시 연결해야 한다는 선각자적인 생각을 하고 있었다. 그리고 한 국내 중견기업과 함께 북한 철도 건설을 추진해 원산에서 금강산 온정리를 잇는 108㎞의 철로를 2년여 간의 공사 끝에 완공한 상태였다. 이제 북한 쪽 온정리역에서 강원도 고성까지 남은 거리는 고작 24㎞였다.

동훈 전 차관은 일본에서 나를 만났을 때, 남은 24㎞를 잇는 철로 공사 프로젝트를 민족지로서 역사를 가진 〈동아일보〉가 주도한다면 큰 의미가 있을 것이라고 제안했다. 나는 도쿄특파원을 마치고 한국에 돌아온 뒤 회사 경영진에 이 내용을 보고하고 방북 추진작업에 들어갔다. 〈동아일보〉 취재대표단의 방북은 사실은 이 프로젝트를 추진하기 위한 정지작업의 일환이었다.

〈동아일보〉의 방북 취재는 정부의 승인이 필요한 사안이었고, 더욱이 철도 연결이라는 프로젝트는 민간의 힘만으로 추진할 수 없는 일이었기 때문에 DJ 정부가 들어선 후 정부와 협의를 시작했다. 당시 정치부 데스크였던 나는 이 일을 성사시키기 위해 한광옥 비서실장과 임동원 당시 외교안보원 수석 등을 찾아가 도움을 요청한 결과 철도 연결사업을 중장기적으로 추진하기로 하고 우선은 방북 취재에 나섰다.

백두산 밑 삼지연 호반에서

김일성종합운동장에서 매스게임을 준비하고 있는 북한 어린이들과

돌이켜 보면 〈동아일보〉 대표단 방북은 당시 남북한의 상황이 적절하게 맞아떨어져 성사될 수 있었다. 남북관계는 DJ 정부 초기인 1998년 6월 발생한 북한의 동해안 잠수정 침투사건 등으로 경색돼 있었다. 이런 상황에서 DJ 정부는 북한과의 관계개선을 모색했고, 북한은 북한대로 1990년대 중반 심각한 가뭄과 홍수 피해로 '고난의 행군'을 하던 절박한 상황이어서 남한의 지원이 필요했다. 그러나 이런 상황 속에서도 북한의 도발은 끊이지 않았다.

북한은 우리가 백두산 천지를 답사 중이던 8월 31일에 대포동 1호를 발사했다. 이 미사일은 로켓 점화에 실패해 일부가 일본열도를 지나 태평양에 떨어졌다. 이는 북한이 일본은 물론 미국의 서해안까지도 공격할 수 있는 대륙 간 탄도탄(ICBM)의 개발에 나섰다는 신호탄이었기에 국제사회의 엄청난 충격을 준 사건이었다. 그러나 우리는 정보가 통제된 북한 안에 있어 전혀 이 내용을 몰랐다.

방북 취재를 마치고 남한으로 돌아오기 하루 전날인 9월 4일에야 강종훈 아태평화위 서기장을 만나 대포동 미사일에 대한 이야기를 처음으로 들었다. 강 서기장은 당시 대남관계를 총괄했던 김용순 비서에 다음가는 실력자였다. 그는 우리 대표단과 가진 면담에서 이 미사일에 대해 "일본 측의 주장과 달리 우리는 미사일이 아니라 인공위성을 발사한 것"이라고 북한의 공식 입장을 되풀이했는데, 북한은 이 뒤에도 미사일 실험을 할 때마다 인공위성이라고 강변을 계속했다.

우리 대표단의 2차 방북은 1차 방북 후 1개월여 만인 10월에 이뤄졌다. 지금은 작고한 당시 〈동아일보〉 김병관 회장도 함께였다. 2차 방북은 7박 8일간의 일정으로 '금강산개발예정지구'를 둘러보고 남북 언론교류를

반갑습네다! 박지원 문화관광부 장관과 6 · 15 남북 정상회담 합의를 만들어 낸 북한 아태평화위원회 송호경 부위원장과 인사를 나누는 모습

협의하는 데 그 목적이 있었다. 방북 3일째인 10월 22일, 송호경 아태평화위 부위원장과 〈동아일보〉 김병관 회장이 회담을 갖고 민간교류와 협력증진 방안에 대해 논의했다. 평양 시내 인민문화궁전에서 오후 6시 40분부터 1시간 동안 열린 회담에서 김 회장은 "〈동아일보〉와 〈노동신문〉 간의 제휴를 희망한다"는 의사를 밝혔다. 송 부위원장은 "협력을 아끼지 않겠다"고 응답했다. 회담은 화기애애한 분위기 속에 마무리됐다.

이틀 후 24일에는 〈동아일보〉 방북대표단과 〈노동신문〉 측과의 면담이 이뤄졌다. 본래 면담은 〈노동신문〉 사무실에서 진행될 예정이었으나, 24일부터 시작된 한미합동군사훈련을 민감하게 받아들인 〈노동신문〉 측이 평양 시내 고려호텔에서 만날 것을 제안했다. 한미합동군사훈련으로 인해 이날 작성하기로 했던 협력사업 내용을 담은 의향서 서명도 다음으로 미루어졌다. 우리가 북한의 남침을 걱정하듯 북한 역시 한미합동군사훈련이 진행되는 기간 중 평양 시내에서도 등화관제를 실시하는 등 준전시상태에 들어간다. 우리는 평양 체재 중 이런 긴장된 북한의 대응상황을 직접 목격할 수 있었다.

25일 오전에는 금강산개발예정지구 답사를 위해 북한 당국이 〈동아일보〉 대표단을 위해 마련한 특별기를 통해 원산을 거쳐 갈마반도의 군용비행장에 도착해 금강산으로 이동했다. 이때 부모님이 살던 원산을 두 눈으로 직접 보았다. 그리고 부모님과 형, 누나의 추억 속에 있던 송도원해수욕장도 찾았다. 아버지에게 이야기로만 듣던 송도원해수욕장은 휴가철이 지나 한적했지만 풍광은 머릿속에서 그렸던 그 모습과 흡사했다. '50년 전 부모님과 누나, 형이 이곳에서 물놀이를 했겠구나'라는 생각에 가슴이 먹먹해졌다. 나는 생전 다시 송도원해수욕장의 모래를 밟지 못한 부모님을 위해서 비닐봉지에 해수욕장의 모래를 담아 서울로 가져와 경기도 포천에 있는 부모님 산소에 뿌렸다.

우리 일행은 이틀간 머물며 금강산 일대와 삼일포 등을 돌아보았다. 남측 관광객을 위해 개방되기 이전이어서 한적했지만 금강산은 정말 듣던 그대로 절경이었다. 우리 일행을 안내한 북측 여성 안내원이 "금강산에 와서는 감탄사와 필름을 아껴야 한다"고 사전에 이야기했던 것이 실감이 났다. 실제로 금강산 입구 초대소를 지나 금강문부터 옥류담, 연주담, 비봉폭포를 거쳐 구룡폭포에 이르는 동안 곳곳에서 감탄사를 연발하는 우리를 보고 안내원이 "그러기에 내가 감탄사를 아끼라고 하지 않았느냐"고 핀잔을 줄 정도였다. 우리 일행은 첫날 험난한 만물상에 올라가 함께 〈그리운 금강산〉을 합창하기도 했다.

우리 일행이 금강산을 찾았을 때, 그 일대는 남쪽에서 몰려올 관광객을 맞이할 채비로 부산했다. 현대 유람선이 닻을 내릴 장전항에는 바지선들이 접안시설과 부대시설을 지을 자재를 가득 싣고 항구에 정박해 있었다. 장전항은 본래 북한 해군의 잠수함 기지였다. 원산에서부터 온정리까지는 기차로 이동했는데 바닷가를 따라 달리는 협궤열차의 차창 밖으로 보이는 동해안 풍경도 절경이었다. 나는 기차 속에서 '이 길로 24㎞만 더 달리면 남쪽과 연결이 되는데 이 길이 그렇게도 먼 길인가'라는 생각에 마음이 무거워졌다.

2차 방북을 마치고 돌아온 후 동아일보사와 아태평화위 측은 3차 방북을 위한 논의를 1년가량이나 계속했지만 진척은 지지부진했다. 양측은 중국 베이징에서 만나 2차 방북 때 끝맺지 못한 남북 언론교류에 대한 논의와 협력사업 의향서의 서명을 진행하기 위한 〈동아일보〉 방북취재단의 방북날짜를 조율하기 위한 만남을 계속 가졌다. 그런데 2000년 2월경부터 북한 측의 태도가 달라졌다. 종전에 적극적이었던 태도와는 달리 〈동아일보〉 방북취재단의 3차 방북에 대해서는 상황을 보자며 계속 시간을 끌었다.

결국 당분간 북한 측과의 접촉을 중단하는 것이 맞겠다는 판단 아래 2000년 4월 마지막으로 아태평화위 관계자들을 만나기 위해 베이징으로 향했다. 그런데 당시에는 우리도 감쪽같이 몰랐지만 나중에 확인하니 그날 같은 비행기에는 남북 정상회담 협의차 송호경 아태평화위 부위원장을 만나러 가는 박지원 당시 문화관광부 장관이 타고 있었다. 북한은 우리와 3차 방북을 논의하면서 물밑으로 남북 정상회담 논의를 DJ 정부와 벌였던 것이다.

나는 시간이 흘러 6·15 남북 정상회담이 개최된 뒤에야 뒤늦게 박 장관으로부터 당시 베이징행 비행기에서 벌어진 상황에 대한 설명을 들었다. 박 장관은 비행기에 다른 승객이 모두 탑승한 뒤 가장 늦게 일등석에 탑승해서 내릴 때는 가장 먼저 다른 통로를 이용해 빠져나갔다는 것이다. 그즈음 남북 간에 모종의 비밀협상이 진행된다는 소문이 나돌았기 때문에 만약 비행기에서 박 장관을 목격했다면 희대의 큰 특종을 할 수도 있었을 텐데 그 천재일우의 기회를 놓친 셈이어서 안타까웠다. 한편 마지막으로 베이징에서 만난 아태평화위 간부들은 "큰 바퀴가 굴러가면 작은 바퀴는 따라가는 것이 아니냐"는 의미심장한 말을 남겼는데, 알고 보니 큰 바퀴가 바로 남북 정상회담이었던 것이다.

결국 2000년 6월 남북 정상회담이 열리면서 〈동아일보〉 방북취재단의 세 번째 방북은 무산됐다. "남은 24㎞의 동해선 철로를 연결하겠다"는 나와 〈동아일보〉의 꿈도 이뤄지지 못했다. 비록 미완의 시도에 그쳤지만 남북 간의 동해선 철로연결은 누군가는 해야 하는 일이다. 성경 말씀대로 "두드려라, 그리하면 열릴 것이다"라는 말처럼 〈동아일보〉 방북대표단의 프로젝트는 그것이 정부 차원에서든 민간 차원에서든 계속 이어가야만 할 것이다.

내가 본 북한의 속살

1, 2차 방북 때 우리 일행의 안내 책임자는 김영성 아태평화위 참사였다. 그는 한량에 성격도 호탕했다. 그는 자신을 6·25 한국전쟁으로 부모를 잃은 '전쟁고아'라고 했다. 그의 이력은 화려하다. 김일성종합대학

을 졸업해 공산당원으로서 군 생활을 7년 넘게 한 뒤 당으로 돌아와 대남 관계에서 종사했는데 그의 아내는 남측으로 치면 〈춘향전〉과 같은 혁명 가극 〈꽃 파는 처녀〉의 여주인공이었다고 한다. 김 참사는 "전쟁고아인 자신이 지금의 위치에 오를 수 있었던 것은 김일성 주석이 만든 체제의 보호가 있었기 때문에 가능했다"며 김일성과 북한 체제에 대한 충성과 신뢰를 과시했다. 그와 같은 공산당원 4백만 명이 바로 북한 체제를 지지하는 기득권층이다. 김일성과 공산당원 4백만 명은 마치 조선왕조와 이들을 떠받친 양반세력처럼 불가분의 관계에 있다.

그 당시 나는 김 참사를 보면서 이들과 같은 북한의 기득권층이 무너지지 않는 한 북한 정권이 쉽게 붕괴되지 않을 것이라는 생각을 가졌다. 1994년 7월, 50년 넘게 북한을 통치한 김일성이 죽었을 때 북한이 붕괴되지 않고 체제를 유지할 수 있었던 것도 이와 같은 기득권층이 있었기에 가능했던 일이 아니었을까 생각하곤 한다. 실제로 나는 평양을 방문한 기간 중에 북한 간부들로부터 "우리는 집단지도 체제"라는 말을 여러 차례 들었다. 김 참사는 노무현 정부 때 내각참사라는 직위로 남북 장관급 회담의 북측 대표로 나서기도 했다.

김일성 사망 당시에도 국내 전문가들 사이에서는 북한 체제가 붕괴되는 것은 시간문제라는 전망이 주를 이뤘다. 그때 나는 도쿄특파원으로 일본에 근무 중이었는데, 일본의 북한 전문가들 역시 대부분 북한 체제가 붕괴될 것이란 전망을 내놓았다. 그러나 단 한 명, 지한파로 유명한 오코노기 마사오 게이오대 교수만이 북한 체제가 쉽게 붕괴되지 않을 것으로 예측했다. 그의 예상이 맞았다. 북한은 무너지지 않고 3대째 이어지고 있다.

평양 옥류관에서 바라본 대동강

주체사상탑 위에서

북한 사람들을 접하면서 도쿄특파원 시절 만났던 한국 최초 백악관 출입기자이자 워싱턴 특파원인 재미 언론인 문명자 씨가 방북해 겪은 이야기를 들려준 기억이 떠올랐다. 문 씨는 김일성을 여러 차례 만나 인터뷰를 했던 터라 김일성에 대해 잘 알고 있어 나를 만날 때마다 그 뒷이야기를 들려줬다. 문 씨가 김일성을 만나면서 놀란 것은 역사에 대한 그의 해박한 지식이었다고 한다. 김일성은 고대부터 고구려는 물론 조선왕조에 이르기까지 각종 역사적 사건과 배경, 특히 고구려와 수(隋)・당(唐) 간의 두 차례 전쟁의 뒷이야기 등을 꿰뚫고 있었다는 것이다. 결국 조선왕조 체제를 어떻게 장기 집권에 이용할 것인지 깊이 연구하고 이를 북한 체제를 구축하는 데 적용했다는 추론이 가능하다.

2차 방북 때 일이다. 금강산 답사를 마치고 우리 일행은 다시 평양으로 돌아왔다. 평양을 떠나기 전날 저녁 가진 술자리에서 섬뜩한 느낌이 드는 경험을 했다. 서로 술이 거나하게 취하자 우리를 안내했던 한 북측 간부가 "우리는 당신을 믿으니 동관 선생(북한 사람들은 흔히 격식을 갖춰야 할 때 사람 이름 뒤에 선생을 붙여 부른다)은 남한으로 돌아가 우리에 대한 부정적인 기사를 써도 된다. 거기서 성공해 장관도 하고 총리도 하라"는 의미심장한 말을 했다. 순간 소름이 돋았다.

북한에 머무는 동안 간부들과 꽤 친해졌다. 하루는 한 간부가 "이동관 기자가 지난 2년간 쓴 기사를 봤는데, 명쾌하게 핵심을 잘 포착해서 잘 썼다"며 내 기사에 대한 총평을 늘어놓았다. 아직 인터넷이 널리 보급되지 않았던 그 시대에 지난 2년간의 내 기사를 찾아봤다는 말을 통해 그들의 정보수집 능력을 가늠할 수 있었다. 실제로 아태평화위에 소속된 간부들은 남한 사정을 꿰뚫고 있었다. 한 번은 한 간부가 술자리에서 내게 집의 위치와 차, 연봉 등을 꼬치꼬치 물었다. "나를 포섭하려면 돈을 많이 써야 한다"고 농담조로 받아쳐 상황을 모면했지만 격의 없는 척하다가도 때때로 공산당원으로서의 진면목을 볼 수 있었다.

한 번은 이런 일도 있었다. 어느 날 저녁 시간이 비어 북한 안내원의 동행 없이 대표단만 평양 시내에 있는 창광가라오케를 갔다. 근처에 택시가 없어 호텔 안내 데스크에 연락해 창광가라오케까지 태워줄 차 대절을 요청했다. 차를 타고 이동할 때까지 우리 일행을 가로막는 사람은 한 명도 없었다. 두 번째 방북인 데다가 전에도 창광가라오케를 안내받아 간 일이 있었기 때문에 호텔 종업원들도 "아마 상부의 허락을 받았나 보다"고 생각했었던 것 같다. 우리는 가라오케에서 두 시간가량 한국 가요와 북한 가요, 일본 가요 등을 부르며 술을 마시고 돌아왔다. 다음 날 이 이야기를 안내원 책임자에게 하자 그는 "누가 마음대로 돌아다니라고 했느냐"며 혼비백산했다. 북한도 사람 사는 곳이니 친해지면 느슨해지게 돼 있는 모양이다.

두 번의 방북으로 내가 얻은 교훈은 북한을 다면적으로 봐야 한다는 것이다. 이는 체제나 사람 모두 마찬가지다. 내가 겪은 북한 사람은 남한 사람이 잃어버린 맑은 눈빛에다 선의의 친절함이 배어 있는 전형적인 한국인의 모습이었다. 하지만 이 모습이 전부는 아니었다. 한 번은 김정일의 시신이 안치된 금수산 태양궁전을 참관하고 무빙워크를 타고 내려올 때 일이었다. 반짝반짝 광이 나는 계급장에 새 군복을 입은 북한군 천 명가량이 우리를 빗겨 지나갔다. 남한의 중학교 3학년 정도 되는 작은 키였지만 적개심이 가득한 그들의 눈빛은 마치 레이저 광선처럼 몸을 꿰뚫는다는 느낌이 들 정도였다. 그들이 각 부대에서 한두 명씩 선발돼 우수장병 포상휴가를 나온 군인이라는 것을 나중에서야 알게 됐다.

우리가 북한과 원활한 화해와 화합을 이루려면 이런 북한의 다양한 면모를 잘 파악할 필요가 있다. 그들에게 휘둘리지 않으려면 신뢰는 신뢰대로 계속 쌓아 나가되 원칙을 가지고 대해야 한다는 것을 나는 방북기간 중 북한의 대남 담당자들과 부대끼면서 더욱 절감했다.

원칙 있는 대북정책

2000년 6·15 남북 정상회담 당시 정치부 데스크였던 나는 남북 정상회담이 가진 의미에 대한 해설기사를 썼다. 이 기사는 사안의 중대성 때문에 이례적으로 1면에 실렸다. 나는 "6·15 남북 공동선언 내용에 더 다듬고 채워 넣어야 할 '행간'(行間)이 엄존한다"고 지적했다. 남북 정상회담에서 정작 가장 중요한 핵 폐기와 관련된 논의가 제대로 이뤄지지 않았음을 지적한 것이다. 미국은 2003년 6자회담에서 '완전하고 검증 가능하며 돌이킬 수 없는 폐기'를 의미하는 비핵화원칙인 'CVID'(*Complete, Verifiable, Irreversible Dismantlement*)를 북한 측에 제안했지만, 북한은 강력히 반발했다. 그 뒤 북한이 2006년 10월 1차 핵실험을 강행하면서 남북관계는 다시 경색됐다.

이명박 대통령은 이처럼 화해와 긴장, 교류와 경색을 반복하는 남북관계의 문제점을 정확히 꿰뚫고 있었다. 남북관계의 핵심과제는 핵 폐기이며, 북한 경제를 근본적으로 개선하기 위해서는 스스로 자립할 수 있는 기반을 갖추는 것이 필요하다는 생각이었다. 그런 관점에서 나온 것이 대통령선거 당시 공약으로 내세운 '비핵개방 3000 구상'이었다. 북한이 핵을 완전히 폐기하면 10년 안에 북한의 1인당 국민소득을 3천 달러까지 끌어올릴 수 있도록 경제적으로 지원하겠다는 것이 골자다. 이 구상은 북한의 올바른 행동에는 보상하지만 도발과 협박에 대해서는 일관된 원칙을 가지고 대응하겠다는 내용인 셈이다. 그 연장선에서 이 대통령은 2009년 9월 21일 미국외교협회(CFR) 연설에서 '그랜드 바겐'(*grand bargain*: 일괄타결)을 제안했던 것이다.

나는 물론 청와대 대변인, 홍보수석으로서 대통령의 대북정책을 숙지하고 언론에 이를 잘 설명하고 전달해야 하는 것이 직무였지만 개인적으로도 북한은 원칙을 갖고 상대해야 한다는 점을 두 차례 방북을 통해 절감한 터였다. 그랬기에 이 대통령의 대북정책을 단순히 참모 입장에서 이해한 것이 아니라 나름의 확신을 갖고 옳은 방향이라고 지지한 것이다. 대통령이 직접 언급하지 않더라도 그 여백을 채워 배경과 철학까지 설명하는 것이 홍보수석으로서의 내 직무라고 한다면 나는 그 훈련을 이미 받은 '준비된 대변인'이었던 셈이다. 두 차례의 방북은 내게는 북한을 이해하는 데 매우 중요한 열쇠였다.

이명박 정부 출범 직후 김정일은 건강 악화로 2008년 한 차례 쓰러졌다. 그 이후 마음이 조급해진 김정일은 2009년 초 김정은을 후계자로 일찌감치 내정했다. 그리고 그해 8월 DJ 서거에 따른 조문단을 남한에 보내면서 남북 정상회담을 먼저 제안해 왔다. 어린 김정은이 안전하게 자리를 이어받을 수 있도록 후계 체제를 정비하려는 것이 김정일의 복안이었다. 하지만 이 대통령은 북한 조문단에게 핵 문제의 논의가 남북 간의 핵심 의제가 돼야 한다는 점을 분명히 했다.

이 대통령의 회고록에도 상세히 기술되어 있지만, 그해 10월 한중일 정상회담을 위해 이 대통령이 중국 베이징을 방문했을 때 원자바오 총리는 남북 정상회담을 제안했다. 북한 측이 원 총리를 통해 간접적으로 남북 정상회담을 요청한 것이다. 이 자리에서도 이 대통령은 경제적 지원을 전제로 한 남북 정상회담 개최는 있을 수 없다며 "핵 문제는 물론 국군포로 송환 등 인권 문제도 남북 정상회담의 핵심 의제가 돼야 한다"고 거듭 강조했다. 이날 회담은 원 총리의 갑작스런 요청으로 공식오찬이 끝난 뒤 예정에 없이 열렸다. 처음 원 총리가 자신이 방북했을 때 김정일 위원장으로부터 "이 대통령과 남북 정상회담을 갖고 싶다"는 뜻을 전달받았다는 이야기를 하는 순간 솔직히 나는 새로운 역사가 또 시작되는 현장의 증인이라는 생각에 흥분과 전율을 느꼈다.

그러나 이 대통령은 조금도 흥분하는 기색 없이 만남을 위한 만남은 원치 않는다는 평소의 소신을 밝혔다. 나는 그것이 CEO 리더십의 진면목이라고 생각한다. 어떤 경우에도 협상할 때 흥분해서는 안 된다는 교훈을 다시 한 번 되새기는 계기가 된 셈이다. 이 직후 남북 정상회담을 위해 남한과 북한의 대표단이 싱가포르에서 접촉했다. 북한의 김양건 통전부장과 우리 측 대표로 교섭한 임태희 노동부 장관이 논의 내용을 보고하기 위해 귀국한 당일 오전 청와대 지하벙커에서 열린 회의에 나도 참석했다. 임 장관은 "북한이 남북 정상회담을 위해 남측의 대규모 경제지원을 전제조건으로 내걸었다"고 보고했다. 북한은 정상회담 조건으로 옥수수 10만 톤, 쌀 40만 톤, 비료 30만 톤의 식량과 아스팔트 건설용 피치 1억 달러어치, 북측의 국가개발은행 설립 자본금 1백억 달러를 요구하면서 이를 부속문서에 명기해 줄 것을 요청한 것이다.

이 대통령은 핵 폐기의 가시적 진전이 있다면 단계별 대북지원을 할 수 있겠지만 남북 정상회담의 전제조건으로서 대북지원은 있을 수 없는 일이라는 기존의 입장을 분명히 하고, 그런 원칙 아래 협상을 계속하라고 지시했다. 나 역시 같은 생각이었다. 나는 회의에서 발언권을 얻어 "과거 6·15 남북 정상회담 때도 결국 5억 달러의 대북 현금지원을 이면으로 합의했던 것이 문제가 돼 대북송금 특검까지 한 전례가 있지 않느냐. 남북 정상회담을 위해 사실상의 이면지원을 약속하는 일은 있을 수 없다"고 강력히 반대했다.

사실 이 대통령 입장에서도 남북 정상회담에 대한 정치적 유혹을 뿌리치기는 쉽지 않았을 것이라고 생각한다. 그러나 만약 이 과정에서 북한의 조건을 받아들였다면 '세 번째 남북 정상회담 개최'라는 업적을 세웠겠지만 이후 우리 정부는 북한에 줄곧 끌려 다녔을 것이다. 이 대통령의 원칙 있는 대북정책은 북한의 협상태도도 바꿔 놓았다. 취임 초에 남북 당국 간 대화를 제안할 때 북한은 "논의할 일이 있으니 몇 월 며칠 어디서 만나자"는 일방적 통보를 했다. 그러나 우리 측이 거듭 의제와 협상 파트너를 먼저 밝히라고 요구하자 임기 후반에는 일방적 통보가 아니라 "어떤 의제로 누구를 대표로 한 협상단을 보내려고 하니 몇 월 며칠 어디서 만나자"는 외교 관례에 맞는 정중한 방식으로 바뀌었다. 작은 변화인 것 같지만 사실은 근본적 태도변화를 보여주는 단적인 예다.

이 대통령은 임기 초부터 "내 임기 중에 남북 정상회담을 한 번도 하지 않은 것도 업적이 될 수 있다"고 여러 차례 말했고, 결국 정상회담은 한 번도 열리지 않았다. 하지만 이런 원칙 있는 태도가 남북관계를 비정상에서 정상으로 돌려놓는 데 크게 기여한 것만은 분명하다.

Episode 18

나의 언론인 생활

답은 현장에 있다

"사회부 · 경제부 · 정치부 기자와 특파원을 거쳐 논설위원이 돼 칼럼을 쓰겠다."

풋내 나던 수습기자 시절 동기들과 가진 술자리에서 내가 말한 장래희망이다. 나는 마치 이 장래희망을 이루기 위해 달린 것처럼 사회부 기자로 시작해 경제부 · 정치부 기자 생활을 각각 3여 년 동안 했다. 1992년 대통령선거가 끝난 이듬해 도쿄특파원으로 일본에 가 3년 3개월을 생활하다 돌아와 바로 청와대 출입기자가 됐고, 국회반장을 할 때 방북을 했으며, 2000년에는 1년간 하버드대 니만 펠로우(Nieman Fellow)를 다녀왔다. 2003년 정치부 부장을 거쳐 2005년 논설위원이 돼 칼럼을 썼다. 입사 20년이 되던 해 수습기자 시절 말한 꿈을 이룬 것이다.

서울대 정치학과를 다닐 때부터 나는 학문의 길이 아니면 언론인이 되겠다는 생각을 막연히 했었다. 고시를 통해 관료의 길을 택한 친구들도 있었지만 대학동기 대부분의 선택도 비슷했다. 내가 제대 후 언론사 입사시험을 볼 1985년 당시 언론 상황은 좋지 않았다. 그때는 전두환 군사

정권 말기여서 언론에 대한 간섭과 통제가 심했다. 당시 문화공보부 홍보정책실에서 매일 각 언론사에 기사 보도를 위한 가이드라인인 "보도지침"을 작성해 시달한 사실이 폭로되면서 군사정부의 언론통제 사실이 세상에 드러나기도 했다.

상황이 이렇다 보니 가족을 포함한 지인들은 내가 언론사 입사시험을 치르겠다고 밝히자 "언론 상황이 암울한데 왜 기자가 되려 하느냐"며 만류했다. 나는 주변에 "원래 동이 트기 전이 제일 어두운 법"이라고 말하며 기자가 되겠다는 내 의지가 굳건함을 보여주었다. 당시 나는 '지금 기자가 돼야 민주화가 꽃피는 현장에서 언론인 생활을 할 수 있을 것'이라고 생각했다.

기자가 되겠다고 결심했을 때 내가 염두에 둔 언론사는 〈동아일보〉였다. 그때 〈동아일보〉는 민족지로서 반독재투쟁의 오랜 역사와 전통을 갖고 있었다. 아마 어릴 때부터 집에서 〈동아일보〉를 구독한 영향도 컸을 것이다. 국민학교에 다닐 때 〈동아일보〉에 연재되던 김광주의 무협소설 〈비호〉를 매일 흥미진진하게 읽던 기억이 지금도 생생하다.

당시만 해도 언론사 입사시험에는 연령 제한이 있었다. 마침 입사시험 전형을 알리는 공고에는 '1958년 1월 1일 이후 출생자'로 되어 있었다. 1957년 10월생인 나는 엄밀히 말하면 지원대상이 아니었다. 하지만 대학원을 수료하고 군대를 다녀왔기 때문에 문제가 없으리라 생각하고 원서 지원창구를 찾아갔더니, 담당 직원이 "연령 제한이 넘어서 접수를 할 수 없다"고 접수를 거부했다. 나는 책임자인 총무국장을 찾아갔다. 당시만 해도 대학원을 마친 사람을 대상으로 한 별도 규정이 없었지만 나는 "대학원을 마치고 군대를 제대한 탓에 사회에 늦게 나왔는데 그게 무슨 죄냐. 시험을 칠 기회는 줘야 할 것이 아니냐"며 그 부당함을 따졌다. 그러자 총무국장이 "일단 접수를 받아 줘라"고 실무자에게 말해 시험은 치렀지만 나는 내심 큰 기대를 걸지 않았다. 하지만 결국 150:1에 가까운 경쟁률을 뚫고 기자가 됐다.

신문기자로서 내가 첫 특종을 한 것은 1986년 여름 수습을 마치고 서울대와 관악경찰서 및 노량진경찰서를 담당하는 경찰기자 라인의 2진으로 출입할 때였다. 그해는 유난히 사건이 많았는데, 그중에서도 희대의 사건이 터진 것은 광복절 전날인 8월 14일이었다. 이른바 '서진룸살롱 사건'으로 불리는 그 사건의 전말은 이랬다.

1986년 8월 14일 밤 10시경 신흥세력인 신목포파의 대장 장진석과 그 일행은 서울 역삼동 서진룸살롱에서 술을 마셨다. 그런데 같은 장소에서 구목포파 일행도 동료의 출소를 환영하는 파티를 벌이고 있었던 것이다. 당시 신목포파와 구목포파는 강남 일대 유흥가를 둘러싸고 한창 세력다툼을 벌이고 있었다. 한 장소에서 술을 마시다 사소한 말다툼에서 시작된 싸움이 칼부림으로 이어졌고, 결국 구목포파 일행 네 명이 일본도 등으로 난자당해 숨졌다. 장진석 일당은 네 구의 시체를 승용차에 실어 서울 동작구 사당동에 있는 J정형외과 2층 수술실과 1층 계단에 시체를 버려두고 달아났다. 이 엽기적 사건은 다음 날 광복절 조간신문 1면에 머리기사로 보도됐다.

그날 나는 여름휴가를 떠난 서울 중부경찰서 기자를 대신하기 위해 그쪽으로 이동하던 중 전화를 받고 사건 관할경찰서인 관악경찰서로 갔다. 광복절 전날 밤 터진 이 사건을 취재하기 위해 이미 2백 명이 넘는 각사 사회부 기자가 관악경찰서로 모여들어 북새통을 이뤘다. 조폭 간의 세력다툼으로 시작해 정치인들까지 연루돼 사건의 파장이 날로 확산되다 보니 수사내용과 관련된 기사가 근 한 달간 전 지면을 도배했다. 그러나 대부분이 조폭의 계보나 사건의 뒷이야기를 다룬 추측성 기사들이 많았다. 2백여 명의 기자들이 헤집고 다니다 보니 사실상 특종이 나오기 어려운 상황이었다.

나는 시체 네 구가 버려진 현장인 J정형외과를 맡았다. 사건이 발생하고 며칠 동안은 현장을 찾는 기자들이 많았지만 주범들이 도주하는 등 후속사건이 발생하면서 찾아오는 기자가 거의 없었다. 아마도 이곳에서 더는 나올 기사가 없다고 판단했던 것 같다. 나는 병원에 머물면서 엑스레이 촬영기사, 간호원들과 친해졌다. 그러던 8월 16일 오전, 주범 정요섭과 강정휴 등 범인 5명이 경찰에 자수하면서 수사는 급물살을 탔다. 그런데 나와 함께 병원에서 텔레비전을 통해 이 모습을 지켜보던 엑스레이 촬영기사가 고개를 갸우뚱거리며 "이상하다"며 말을 걸었다.

"기자님, 강정휴라는 사람이 공범이라고 자수했는데, 저 사람은 사건 당일 밤에 병원에 있다가 시체를 버리고 도망간 사람들과 함께 달아났거든요."

나는 이 말을 듣는 순간 온몸에 전율이 흐르는 듯했다. '바로 이거다' 싶은 생각에 그 엑스레이 촬영기사에게 자세한 내용을 캐묻자 겁에 질린 그는 "그 이상은 모른다"는 말만 반복했다. 나는 그날 밤새 병원 주변을 탐문 취재했다. 그리고 이 사건이 있기 전 신목포파가 H라는 인물을 자동차로 쳐서 이 병원에 입원시킨 사실을 알아냈다. 강정휴는 이 병원에서 H를 감시하던 인물이었다. 장진석 일당은 시체를 버리기 위해 병원을 찾은 것이 아니라 강정휴를 데리고 가려고 이곳에 왔다가 시체를 버리

姜正休 위장自首…배후에「巨物」

조직暴力輩사건 國際마약밀매 관련여부 捜査확대

사건때 現場에 없었으나 鄭씨 지시받고 출두

入院 洪씨 自首

洪은「별동대」우두머리 인듯 病室앞엔 항상「경호원」세워

[illegible]

자수 高도 횡설수설…「위장자수」한듯 더큰 범죄 감추기위한 책략 일수도

[illegible]

江南룸살롱 폭력배살인사건 가해폭력배의「代父」로 알려진 [illegible]씨가 경찰의 조사를 받고있다.

수사결과 조직보호등을위해 위장자수한 것으로 밝혀진 [illegible]씨.

수사본부장인 [illegible] 서울시경 제3부장.

[illegible]

야구방망이도 사용 거의 잔혹하게 殺害

시체부검

[illegible]

환각殺人여부도 조사

[illegible]

1986년 8월 18일 〈동아일보〉에 보도된 강정휴 위장 자수 사건고 달아난 것이다.

나는 취재과정에서 경찰청 특수수사대도 이 사실을 알고 이를 확인하기 위해 병원에 입원한 H를 찾아와 커피숍에서 대질하는 모습을 목격했다. 나는 커피숍에서 특수대 소속 경찰 수사관이 가길 기다리고 있다가 H를 만나 강정휴에 대해 물었다. H는 자세한 이야기는 털어놓지 않았지만 사건 당일 강정휴가 자신과 함께 있었던 사실에 대해서는 부인하지 않았다. 내가 질문을 마치고 일어나자 내 뒤를 따라온 타 일간지 기자가 H에게 질문했지만, H는 그 기자를 뿌리치고 병원으로 돌아갔다. 나는 결국 강정휴가 위장 자수한 사실을 밝혔다.

그러나 이를 보도하기까지는 또 하나의 곡절이 있었다. 취재를 마친 뒤 다음 날 석간용으로 보도하기 위해 기사까지 출고한 직후인 밤 12시경에 병원 원장으로부터 전화가 걸려 왔다. 내용은 "강정휴가 위장 자수한 사실이 병원 측의 관계자가 제보한 것으로 드러나면 나중에 보복을 당할지 모르니 기사를 쓰지 말아 달라"며 "만약에 자기의 요청을 받아들이지 않으면 전 언론사에 위장 자수 사실을 알리겠다"는 압박을 했다. 나는 정색을 하고 "기자로서 열심히 취재해 진실을 보도하는 것이 나의 본분이다. 열심히 일한 사람에게 보상이 돌아가는 '직업적 성실성'은 인정돼야 한다고 생각한다. 의사도 전문직이니 내 말을 이해할 것이라고 믿는다. 다른 언론사에 알리려면 알려라"고 말하며 전화를 끊었다. 결국 원장은 침묵을 지켰고 나는 나중에 원장과 만나 회포를 풀었다. 나중에 알고 보니 강정휴가 위장 자수를 한 이유는 사건 공범 중 한 사람인 미성년자 조직원을 보호해 조직의 명맥을 유지하기 위한 것이었다.

이 사건은 내가 사회부 기자로서 처음 한 특종이자 진정한 기자로서의 첫 출발이었다. 특히 2백 명이 넘는 사건기자들이 1주일 가까이 특종을 찾아 밤을 새워 취재하는 와중에 거둔 결실이라는 점에서 더욱 의미가 컸다. 나는 이 일로 '모든 사건의 답은 현장에 있다'는 사실을 알게 됐고, 이후 특강 등을 통해 후배들에게 취재기자의 자세를 이야기할 때 이를 대표 사례로 꼽는다.

나는 그 다음 해인 1987년 '6월 항쟁' 때는 사회부 종로라인의 담당기자로서 시위 취재를 위해 종로 한복판을 뛰어다녔다. 6월 항쟁은 1987년 1월 서울대 학생인 박종철 군이 치안본부 대공수사단에 연행돼 조사받던 중 사망하는 사건을 기폭제로 전국적으로 퍼졌다. 당시 〈동아일보〉는 6월 항쟁 취재를 위해 TF팀을 꾸렸다. 나도 TF팀에 편성됐다. 1987년 6월 10일부터 6 · 29 선언이 있기까지 약 20일 동안 벌어진 민주화 시위는 명동에서 시작됐지만 종로에서 광화문까지 연일 계속 이어졌다. 당시만 해도 휴대전화가 없던 시절이어서 나는 하루 종일 종로에서 시위대와 함께 최루탄을 맞으며 현장을 취재해 공중전화로 기사를 송고했다.

유독 땀을 많이 흘리는 나는 피부가 약한 목 부분 전체가 땀과 최루탄으로 범벅이 되다 보니 헐어서 진물이 날 정도였다. 당시 나는 신혼이었는데 간호사로 병원에 근무하던 아내는 목에 연고를 발라 주며 "기자를 그만하면 안 되겠냐"고 말하기도 했다. 이처럼 고된 나의 사회부 기자 생활은 2년 8개월로 막을 내렸다. 한창 사회부 기자로서 기반을 다지던 차에 갑작스레 경제부 발령을 받았던 것이다.

나는 경제부로 옮겨가기 직전 주한미군 특별취재팀에 투입됐다. 당시 대학가에서는 시위 현장마다 주한미군 철수 주장이 주된 이슈였다. 남시욱 당시 편집국장(전 〈문화일보〉 사장)의 지시로 반미감정의 뿌리를 파헤치는 특집기사를 싣기 위해 취재팀을 꾸렸다.

나는 전국에 있는 주한미군 주둔 부대를 돌며 실태를 취재했다. 그러던 중 데스크로부터 경기도 오산기지에 있는 전술항공통제본부(Tactical Air Control Center, TACC)를 취재해 기사를 출고하라는 지시를 받았다. 전술항공통제본부는 남북한은 물론 중국 동북부, 러시아 극동지역의 모든 비행물체의 움직임을 한눈에 파악할 수 있는 최첨단 극비시설이다. 하지만 사전 조사를 해 보니 이 시설에 대해서는 한 번도 언론에 보도된 적이 없었다. 미국의 군사 전문지에 "한국의 오산에도 나토(NATO)에 버금가는 규모의 전술항공통제본부 시설이 있다"는 설명이 딱 한 줄 실려 있을 뿐이었다. 사실 처음에는 '이 시설을 어떻게 취재, 보도하나'라는 생각에 눈앞이 캄캄했다. 하지만 선배들로부터 들었던 "불가능은 없다. 도전하라"는 말을 생각하며 차근히 취재해 나갔다.

나는 현장 방문을 위해 오산기지에 정식 취재요청서를 내고 찾아갔다. 그러나 공보담당 대령은 "전술항공통제본부를 취재하려면 미국 국방성의 허가가 필요한데 지금까지 한 번도 허가가 난 적이 없다"며 "이왕 온 김에 기지나 둘러보고 가라"고 했다. 사실상 취재거절이었다. 차를 타고 오산기지를 안내받던 중 안내원이 "저게 바로 전술항공통제본부"라며 손가락으로 가리킨 곳은 야산의 두꺼운 콘크리트 지붕 위에 흙을 덮어 잔디

밭으로 위장된 곳이었다. 지상으로 드러난 1/3마저 삼면의 벽을 녹색 페인트로 칠해 얼핏 보면 전방사단의 위장진지로 보였다. 당시 내 머릿속은 온통 '이 시설을 취재해야 한다'는 생각으로 가득 차 있었다. 나는 차를 타고 지나가며 안내원 몰래 사진만 한 장 찍었다. 나는 궁여지책으로 오산기지 내의 식당 등을 돌며 미군들의 영내 일상생활을 취재하면서 이 시설을 취재할 방법이 없는지 탐문을 계속했다. 그때 한 사람이 나를 붙들더니 나지막한 목소리로 "며칠 후 다시 이곳에 와 밖에서 따로 만나자"고 했다. 알고 보니 그 사람은 전술항공통제본부에서 오래 근무했던 경험이 있는 퇴역 장교였다.

며칠 후 다시 만난 자리에서 그 제보자는 전술항공통제본부에 대해 "전선 없는 최접적 지역"이라고 말하며, 내부상황을 그림까지 그려 상세히 설명했다. 그의 설명은 내가 이곳에 시찰을 다녀온 국회의원 등 일부 정치인들로부터 들은 내부상황과 정확히 일치했다. 전술항공통제본부의 지하상황실에서는 전국 각지의 이동 레이더망과 육군의 방공포부대 등에서 보내는 모든 항공기 관련 정보들이 컴퓨터로 자동처리되어 스크린에 나타난다. 특히 중앙 스크린 좌우의 상황판에는 미 공군의 기상대대, 전자보안단, 전술정보단 등에서 수집한 정보를 바탕으로 아군과 적기지의 기상상황, 적기의 국적 및 기종, 속도 등까지 낱낱이 표시된다는 것이 그의 설명이었다. 뿐만 아니라 미 전술공군사령부 소속 첩보기인 U2기와 SR71 정찰기가 촬영, 수집한 항공사진들과 스파이 위성의 자료들까지 직접 수신할 수 있는 장치가 갖추어져 있다고 했다.

나는 그에게서 들은 내용과 취재한 내용을 기반으로 기사를 써 보도했다. 이 기사는 전 세계에서 최초로 쓴 전술항공통제본부에 대한 기사였

駐韓美軍 <5>

極東의 「눈」-전술항공통제본부

蘇機감시 24시간 早期경보체제 갖춰

烏山기지 벙커 核공격도 견딜수있어

烏山 美7공군기지내의 전술항공통제본부(TACC)벙커. [illegible] [illegible]의 「눈」이자 미국의 [illegible] [illegible] 리는 이 시설은 [illegible] 수 있는 [illegible] 군사시설이다.

[illegible]

1989년 2월 1일 〈동아일보〉에 보도된 전술항공통제본부 기사

駐韓美軍 <6>

한국空軍力 메워주는 「7空軍」

烏山기지에 태평양 空軍戰力 50%배치

蘇극동진출 봉쇄 日방위 전초기지 역할

1989년 2월 15일 〈동아일보〉에 보도된 주한미군 관련기사

다. 이 기사가 나가자 주한미군이 발칵 뒤집혔다. OSI(미국공군특수수사대)에서 직접 조사를 나왔을 정도였다. 다행히 나는 한국 기자라 OSI의 직접 조사를 받지는 않았다. 미군 당국으로부터 물론 기자 윤리상 취재원을 밝힐 수는 없었고, 나는 지금까지도 제보자가 누군지를 밝힌 적이 없다.

결국 이 사안은 주한미국대사관의 정무라인이 해결에 나섰다. 대사관 측은 "지금 한국에서 주한미군 철수 주장이 나오는데, 주한미군이 첨단 시설을 통해 대한민국의 영공을 지키며 국민들이 안전하게 생활할 수 있도록 보호해 주고 있다는 것을 알리는 기사니 이쯤에서 넘어가자"고 국방성 측을 설득했다고 한다. 나는 이 시리즈로 팀원들과 함께 1989년 한국기자상을 받았고, 그 부상으로 중국의 천안문 사태가 수습된 직후 중국을 통해 백두산 답사를 다녀왔다.

증권시장의 전산화를 앞당기다

1988년 서울올림픽이 끝난 직후 경제부로 옮기면서 나의 활동지역은 종로에서 여의도로 바뀌었다. 경제부 내에서 증권시장 담당으로 배속됐기 때문이다. 명동에 있었던 증권거래소가 1979년에 옮겨져 지금과 같은 증권가의 모습을 갖추면서 여의도는 '한국의 월가'로 면모를 갖춰 가고 있었다. 당시만 해도 경제지에는 증권부가 따로 있어 7~8명이 증권가를 담당했지만 종합지의 경우는 증권 출입기자가 국세청이나 전국경제인연합회 등을 함께 담당할 만큼 증권시장의 비중이 크지 않았다. 그러나 서울올림픽을 전후해 증권시장이 급성장하면서 종합지들이 증권시장만을 전담하는 기자를 두기 시작했고, 나는 〈동아일보〉의 첫 번째 '증권 전담 기자'가 됐다.

당시 주식시장은 1989년 3월 종합주가지수(현 코스피지수)가 1,000포인트를 넘어서며 "여의도에서는 개도 만 원짜리를 물고 다닌다"는 말이 유행할 정도로 흥청망청할 때였다. 그러나 갑작스럽게 닥친 증권 붐을 관리할 시장질서나 투자자들의 윤리의식은 제대로 갖춰져 있지 않은 상태였다. 쏟아지는 증권 관련기사의 대부분도 어떤 종목을 사야 돈을 벌 수 있는지에 대한 내용이었다. 증권시장에 출입을 시작하면서 나는 증권시장의 거래질서를 바로잡는 것이 급선무라는 생각을 갖게 됐다.

증권 출입이 결정된 직후 어느 날 증권거래소 홍보팀장의 안내를 받아 증권거래소를 둘러볼 기회가 생겼다. 당시에는 아직 증권시장에 전산시스템이 도입되지 않아 거래소 내 입회장에 마련된 육각형 모양의 단상(포스트)에서 거래가 이루어졌다. 입회장에 파견 나온 각 증권사를 대표하는 시장 대리인들은 각 포스트를 뛰어다니며 호가표를 거래소 직원에게 건넸다. 거래소 직원은 받은 호가표를 차례로 쌓아 5분마다 이를 뒤집어 순서대로 주문을 넣었다. 모든 작업이 수작업으로 이루어질 때였다.

나는 안내를 맡은 홍보책임자에게 "혹시라도 거래소 직원이 주문 순서를 어기고 친분이 있는 증권사의 호가표를 먼저 처리해 매매체결에 특혜를 줄 수도 있는 것 아니냐"고 물었다. 왜냐하면 당시 주가가 상승하는 종목은 주식을 사고 싶어도 매수 주문이 몰려 살 수 없는 일이 비일비재했기 때문이다. 그는 손사래를 치며 "그런 일은 절대 있을 수 없다"고 답했다. 하지만 나는 '제도에 허점이 있으면 그 틈을 노린 사건이 발생한다'

는 생각에 그의 말을 곧이곧대로 믿지 않았다. 이런 나의 예상은 적중했다. 그로부터 1년 뒤 증권거래소 직원과 증권사 직원이 짜고 벌인 대규모 '호가조작 사건'이 터졌고, 이를 내가 특종으로 보도했기 때문이다. 내 질문에 해답이 잉태돼 있었던 셈이다.

그 내용은 이렇다. 1989년 11월 당시 국내 대형증권사 중 한 곳인 D증권사 직원이 증권거래소 직원과 공모해 1년 넘게 6개 중소기업의 주가를 조작한 사건이었다. 나는 증권사 직원이 거래소 직원에게 장기간 뇌물을 주고 급등 장세에서 주식 물량을 확보한 사실을 증권감독원에서 내사 중이라는 사실을 제보받은 뒤 한 달 이상 심층 취재해 이를 1면에 보도했다. 이 사건으로 D증권사는 4개월 동안 법인 영업정지 처분을 받았고 사건에 연루된 10여 명은 기소돼 형사처벌을 받았다. 나는 심지어 처벌받은 증권거래소 직원의 가족들로부터 협박전화를 받기도 했다. 결국 국회에서 증권시장의 전산시스템 도입을 앞당기자는 논의가 본격화됐고, 나의 특종 보도를 계기로 전산화는 예정보다 2~3년 앞당겨졌다.

엄청난 부정의 실체를 파헤쳐 증권시장의 질서를 바꿔놨지만 불행하게도 나는 이 기사로 '특종상'을 받지 못했다. 당시만 해도 주식시장의 거래질서에 대한 인식이 부족했기 때문에 사내에서조차 "증권거래소 직원만 처분받았지 임원 중 형사처벌을 받은 사람이 없지 않느냐"며 특종상까지 주는 것은 지나치다는 의견이 있었다. 그러나 회사 선배들은 "이것이 진정한 특종"이라며 격려주를 사주기도 했다.

2000년 하버드대의 중견 언론인 연수과정인 니만 펠로우에 선발돼 1년간 연수를 받을 때, 나는 미국 국내와 세계 각지에서 온 24명의 동료 언론인들 앞에서 이 사례를 나의 언론인시절 대표 특종으로 발표한 일이 있다. 그때 〈워싱턴포스트〉, 〈LA타임스〉 등 유수한 언론기관에서 온 동료들은 입을 모아 "미국이면 퓰리처상감"이라고 칭찬했다. 특종상을 받지 못했지만 그보다 의미 있는 세계적 언론인들의 평가를 받은 셈이다. 어쨌든 증권 전담기자 생활은 내게 돈의 흐름이 경제에서 얼마나 중요한가를 체득하게 한 좋은 기회였다. 나는 경제부에서 3년 8개월 만에 정치부로 옮겨갔다.

株價 史上最大 조작

2百億동원…上場社대표등 5명고발

信用金庫 대출등으로 4百86億어치거래

첫 合同연설회

동아마당

東亞日報주말판

1990년 11월 2일 〈동아일보〉에 실린 주가조작 사건 기사

나는 1991년 9월부터 정치부 생활을 시작했다. 팀별로 움직이는 정치부의 취재시스템상 당연히 2진으로 처음 배속됐다. 정치부 기자에게 가장 중요한 취재자산은 정치인과의 개인적 친분과 그에 바탕을 둔 신뢰다. 그 때문에 정치부 기자 초기에는 사람들을 알고 사귀는 것이 최대의 과제였고, 나는 당시 동교동계 가신 그룹의 맏형인 권노갑 의원과 친분을 다지기 위해 6개월 동안 등산을 함께 다녔다.

내가 정치부로 옮긴 직후 김대중 총재가 이끌던 신민주연합당과 이기택 대표가 이끄는 '꼬마민주당'이 합당해 DJ · 이기택 공동대표 체제가 구축됐다. 당시 꼬마민주당은 그해 6월 3당 합당에 합류를 거부한 이기택, 노무현, 김정길 등 구(舊) 통일민주당 의원과 박찬종, 이철 등 무소속 의원들이 만든 소속의원이 9명인 미니 정당으로 규모가 작아서 '꼬마민주당'이란 별명으로 불렸다.

나는 두 공동대표 중 이기택계를 담당해 매일같이 서대문구 북아현동에 있는 이 대표 자택으로 출근해 아침을 같이 먹었다. 그때만 해도 출입기자와 계보 사람들이 같이 아침을 먹는 일이 일상이었다. 이 대표는 진솔하고 가슴이 따뜻한 사람으로 항상 찾아가면 격의 없이 대해 주었다. 현안이 있을 때는 DJ도 만났다. 독대를 신청하고 동교동 자택으로 찾아가면 그 유명한 지하 서재에서 만나 이야기를 나눴다. DJ는 내가 말석기자였음에도 이동할 때 자동차 옆자리에 태워 정치권의 돌아가는 이야기를 들려주며 한 수 가르쳐 주기도 했다.

민주당이 처음 맞닥뜨린 과제는 1992년 4월 총선을 위한 공천이었다.

공천심사 과정에서 최대 관심사는 현역 지역구 의원의 '물갈이'였다. 공천심사가 한창이던 어느 날 저녁, 나는 북아현동 이 대표 자택을 밤늦게 찾아가 이 대표와 이야기를 나누고 있었다. 그러던 중 마침 합숙을 하며 공천심사 작업을 벌이던 이 대표계의 공천심사위원 한 명이 전화로 공천 상황을 보고하면서 1차 공천 탈락자 명단을 알렸다. 보고를 받은 이 대표는 탈락자 이름을 한 명씩 부르며 확인했다. 아마 밤늦게 취재를 위해 자신을 찾아온 정치부 초년병 기자에 대한 배려였던 듯하다. 나는 다음 날 민주당의 1차 공천 탈락자 10명에 대한 기사를 단독으로 보도했다.

취재를 위해 북아현동 집을 드나들며 인상 깊었던 것은 이 대표의 부인 이경의 여사의 내조였다. 그때나 지금이나 정치인은 부인의 역할이 매우 중요하다. 그중에서도 이 여사는 이화여대 메이퀸 후보에 올랐을 만큼 빼어난 미모도 갖추었지만 '그림자 내조'로 정치부 기자나 참모들 사이에서 유명했다. 그는 기자들이 밤늦게나 새벽에 찾아가도 항상 따뜻하게 맞아 줬다. 하루는 출입기자 여러 명이 이 대표 자택 응접실 소파에서 이 대표가 귀가하기를 기다리던 중이었다. 일부 기자들이 이 여사에게 하소연하듯 "요새 이 대표가 기삿거리를 잘 안 준다"고 불평하자 "저한테 오세요. 제가 정보를 드릴 게요"라고 호탕하게 말하기도 했다. 그야말로 여장부였다. 그 뒤 이 여사는 만성신부전증 환자에게 신장을 기증하기도 했다. 이 대표와의 인연은 내가 2007년 MB 캠프에 합류해 공보실장을 맡았을 때 다시 이어졌다. MB와 고려대 동문인 이 대표는 경선 과정에서 MB 지지 선언을 했는데 내게 선언문 작성을 부탁해 왔다. 나는 정치부 기자 시절의 인연도 있어 흔쾌히 응했다.

1992년에 들어서며 지방자치단체장선거(지자체선거)의 조기 실시를 둘러싸고 정국이 경색됐다. 대선을 앞두고 여야가 기싸움을 벌인 것이다. DJ는 지방자치단체장선거를 일부라도 연내 실시하자고 주장했으나 여당의 강력한 반대에 부딪혔다. 급기야 지방자치단체장선거의 시기 문제를 둘러싼 여야의 장기 대치국면이 몇 달째 이어지면서 여야가 격돌하는 파국 상황으로 치닫고 있었다. 결국 여름에 접어들면서 국회 정상화를 위해 YS와 DJ의 '양김(兩金) 회담'을 통해 타협을 이뤄야 한다는 주장이 정치권 안팎에서 나왔지만, DJ는 "지자체선거 실시는 국민과의 정치적 약속"이라며 "명분 없는 양김회담은 있을 수 없다"는 일관된 입장에서 물러서지 않았다. 나는 DJ 쪽의 공식적 입장을 기사로 썼지만, 정치부 기자 생활을 오래 한 선배들은 "어차피 정치적으로 풀어야 할 문제인 만큼 양김회담 개최는 시간문제"라며 "아직 이 기자가 정치를 잘 모르는 것 같다"고 말하곤 했다.

그러던 중 선배들이 예상했던 사태가 벌어졌다. 마침 여름 휴가철이라 모두 휴가를 떠나는 바람에 나 혼자 민주당을 담당하던 어느 날, 다른 신문 1면에 '양김회담 조건부 수용 검토한다'는 기사가 대문짝만하게 실렸다. 사실 확인을 위해 DJ 쪽에 전화한 결과는 종전대로 "DJ의 원칙은 변함이 없다"는 답변이었다. 데스크에게 이대로 보고하자 "네가 정치를 아직 잘 몰라서 그렇다. 이 기사의 흐름이 맞는 것이니 제대로 확인하라"고 질책당했다.

나는 DJ를 직접 만나 확인하기 위해 택시를 잡아타고 동교동으로 향했다. 골목 입구에 내려 DJ 자택으로 걸어가는 길에 갑자기 비가 내렸다. 그 비를 맞으며 걸어가는 내 신세가 그렇게 처량할 수밖에 없었다. 나는 응접실에서 DJ와 마주 앉자마자 단도직입적으로 따져 물었다. "저는 그

동안 총재님이 원칙 없는 양김회담은 안 한다고 해서 그렇게 보도했습니다. 그런데 회담을 검토한다는 기사가 다른 언론에 대서특필됐습니다. 총재님의 정확한 의중이 무엇입니까"라는 요지였다. 한동안 내 말을 듣고만 있던 DJ는 이렇게 말했다.

"지금부터 내가 하는 이야기를 잘 들으세요. 나는 내가 죽고 난 뒤에도 이 기자가 '김대중이라는 인생의 선배와 인연을 맺은 것이 보람 있었다'고 기억하길 바랍니다. 회사에도 그대로 전하세요. 분명히 말하지만 나는 명분 없는 회담은 하지 않습니다."

나는 그 말에 감명을 받았다. 양김회동에 대한 DJ의 정확한 의중이 무엇인지는 차치하더라도 젊은 기자에게 이렇게 말할 수 있는 그 진정성에 마음이 움직인 것이다. 나의 이야기를 들은 선배들은 "또 DJ에게 당하고 왔구만"이라는 냉소적 반응을 보였고, 그 일이 있고 한 달쯤 뒤인 8월 11일 결국 양김회담이 열려 여야의 타협이 이뤄졌다. 그러나 나는 DJ가 한 말의 여운과 울림을 오랫동안 간직했다.

DJ는 1992년 대선에서 패배한 뒤 정계를 은퇴하고 영국으로 떠나기 전에 출입기자 부부를 초대해 여의도 63빌딩에서 만찬을 가졌다. 우리 부부도 행사에 초청받았는데, 마침 우리 부부의 자리가 DJ와 이희호 여사가 앉은 헤드 테이블이었다. 특히 나는 DJ 바로 옆자리에 앉았다. 이런저런 이야기를 나누다가 DJ에게 "이제는 정계를 은퇴했으니 국가원로로서 하는 말씀에 더욱 무게가 실리지 않겠습니까"라고 나름의 덕담을 했다. 그러자 DJ는 의미심장하게 웃으며 "나보고 이제 더는 아무것도 하지 말라는 이야기냐"고 되받았다. 나는 DJ의 이 말을 듣고 그가 정계에 복귀할 것을 직감적으로 알았다. 하지만 그가 귀국해 정계에 복귀할 때까지 주변에 일절 그런 말을 한 적이 없다.

내가 청와대 홍보수석으로 일하던 2009년 8월 DJ가 서거했다. 당시 참모회의에서는 DJ 측의 국장 요구를 수용해야 하느냐를 둘러싸고 논란이 빚어졌다. DJ 측은 국장을 요구했지만 이에 앞서 5월 서거한 노무현 전 대통령의 경우 국민장으로 치렀기 때문에 형평성에 문제가 있었다. 특히 국장을 치를 경우 장례식 당일에는 전 관공서가 조기를 계양하고 임시휴무를 해야 하기 때문에 실무부서인 행정안전부가 난색을 표명했다. 당연히 청와대 내부에서도 반대 의견이 많았다.

그러나 나는 "DJ에 대한 호불호는 있을 수 있지만 그가 민주화의 상징이고 우리 정치사에 한 획을 그은 정치가라는 점에서 국장으로 예우하는 것이 바람직하다"고 주장했다. 개인적으로는 전직 대통령을 예우하는 문화를 정착시키기 위해서도 다소 규정상 문제가 있더라도 대승적으로 이를 푸는 게 옳다는 생각이었다.

결국 이 대통령 주재 아래 정정길 비서실장, 공식 협상창구였던 이달곤 행정안전부 장관, DJ 측과 막후 협상을 맡았던 맹형규 정무수석 등이 참석한 핵심 참모회의에서도 갑론을박이 이어졌었다. 하지만 이 대통령은 유족들의 양해를 얻어 국장 기일을 6일로 단축해 휴일에 장례를 치르자는 결단을 내렸다. DJ의 국장을 계기로 국장, 국민장 등을 국가장으로 통합해 운용하는 내용의 법안이 국회에서 통과돼 이제는 그런 논란에서 벗어날 수 있게 됐다.

DJ와 더불어 내가 평생 잊기 어려운 정치인 중 한 명은 김상현 전 의원이다. 공식 학력이 고등학교 중퇴인 그는 19살 때 DJ를 만나 정치를 시작해 정치지도자의 반열에 오른 입지전적 인물이다. 그와의 인연은 내가 민주당을 출입하면서 시작됐다. DJ가 정계 은퇴를 선언하고 영국으로 건너간 뒤인 1993년 3월 열린 민주당 전당대회는 동교동계가 미는 이기택 대표와 비주류를 대표하는 김상현 의원의 맞대결이 예고된 상황이었다. 당시 이 대표는 주류인 동교동계의 지원 아래 지구당위원장 다수의 지지를 얻었지만 김 의원은 특유의 친화력으로 바닥표를 확보해 어느 쪽도 선불리 승리를 예측하기 어려운 상황이었다.

그때 나는 중국 〈인민일보〉의 초청으로 한 달간 중국 취재를 가기로 예정돼 있었다. 이 때문에 미리 민주당 전당대회 판세를 분석한 기사를 써 놓고 출국했다. 그 기사는 전국 지구당위원장의 지지성향을 분석해 이 대표 측이 전국 230개 지구당 가운데 60%가 넘는 142명의 위원장을 확보해 압도적으로 우세하다는 내용이었다. 이와 함께 지구당위원장 명단을 실명으로 분류했다. 이 기사는 내가 중국으로 출국한 직후 전당대회를 사흘 앞두고 보도됐는데, 문제는 이 대표 쪽에서 전당대회 당일 기사내용 중 지구당위원장 분석표를 복사해 뿌리며 "승부는 이미 끝났다"고 선전전을 펼친 것이다. 결국 김 의원은 경선에서 패배했다. 이후 김 의원 캠프에서는 2대 패인 중 하나가 바로 내가 쓴 기사였다는 분석이 나왔다고 한다. 무엇보다 막연히 알고 있던 지구당위원장 판세를 실명까지 적시해서 보도했기 때문에 충격이 더욱 컸었다는 것이다.

나는 중국 출장을 마치고 한 달 뒤 돌아와 국회 복도에서 김 의원과 마주쳤다. 김 의원이 "중국 취재는 잘 다녀왔느냐"고 묻기에, 나는 "기사로 심려를 끼쳤다"고 미안한 마음을 전했다. 그러자 김 의원은 내 어깨를 두드리며 "기자는 기사를 쓰는 직업 아닌가. 마음 쓰지 말게. 다만 나한테 큰 빚을 졌으니 언젠가 이 빚을 갚아야 하네"라고 말했다. 그는 그 뒤로 오히려 공석이나 사석에서 나를 훌륭한 언론인이라고 칭찬하며 살갑게 대했다. 큰 정치인의 모습이었다.

1997년 한보 비리에 연루돼 옥고를 치른 김 전 의원은 그 뒤 보궐선거에서 당선돼 국회의원으로 재기에 성공했다. 당시 정치부 데스크로 다시 만났을 때 그는 "이번에 감옥에 가 보고 새로운 것을 많이 느꼈다. 평소 가깝게 지냈던 사람들이 면회 한번 오지 않아 '이 ×이 어찌 이럴 수 있나' 라고 분개했는데, 오히려 평소 가깝지 않던 사람이 뜻밖에 찾아와 힘내라고 격려하는 것을 보고 인생을 다시 생각하게 됐다"고 소회를 털어놓았다. 그는 "그 사람들이 나를 배신한 게 아니라 내가 그 사람들을 배신한 것이다. 내가 그 사람들의 믿음과 신뢰를 저버렸기 때문에 그 사람들이 등을 돌린 것"이라며 득도의 경지에 이른 것 같은 말을 했다. 나는 그의 이 말을 내 삶의 좌우명 중 하나로 삼고 있다. 지금도 당시 그가 했던 말이 귓가에 쟁쟁하다.

권력의 하산길을 보다

나는 1997년 2월 말 3년 3개월간의 도쿄특파원 생활을 마치고 한국에 돌아오자마자 곧바로 청와대 출입기자로 출근했다. 도쿄특파원을 마치기 전부터 사실상 청와대 출입기자로 내정되어 있었기 때문이다.

당시 청와대는 김광일 대통령 비서실장과 이원종 정무수석이 노동법·안기부법 날치기 파동과 한보사태 이후의 정국 대처방안을 둘러싸고 주도권 다툼을 벌이면서 연일 청와대 내분이 언론에 보도되던 상황이었다. 결국 YS는 2월 25일 대국민 담화를 통해 "한보 사태에 대한 정치·행정적 책임을 묻고 인사개혁을 추진하겠다"고 선언한 뒤 김 비서실장과 이 정무수석을 동반 퇴진시켰다. 그리고 3일 뒤인 28일 후임 비서실장에 김용태 전 내무부 장관을 임명한 데 이어 정무수석에 강인섭 전 신한국당 의원, 경제수석에 김인호 공정거래위원장, 총무수석에 유재호 조달청장을 기용하는 등 청와대 비서실 개편을 단행했다.

그때만 해도 기자실이 있는 청와대 춘추관과 비서동 사이에는 쪽문이 있어 기자들이 청와대 수석비서관실에 취재를 다닐 수 있었다. 출입기자들은 비서동을 오가며 비서실장이나 수석비서관들과 독대를 하기도 했지만, 본래 가뭄에 콩 나듯 어려운 게 청와대 특종이었다. 대통령을 지근거리에서 보좌하다 보니 비서진들에 대한 입단속이 철저했기 때문이다. "비서는 입이 없다"는 말 그대로였다.

그렇다 보니 청와대 출입기자들 사이에서는 "기사를 모자이크해 쓴다"는 말이 나왔다. 가까운 취재원이 작심하고 알려 주는 것을 제외하고 단초가 생길 경우에 여기저기서 귀동냥을 해서 취재한 뒤 그 조각들을 모자이크하듯 짜 붙여 기사화하는 경우가 대부분이기 때문이다. 이처럼 특종이 어렵다 보니 청와대 기자들 간에는 '청와대 출입을 하면서 경쟁지에 특종을 뺏기면 3년 동안 재수가 없다'는 말이 있을 정도였다.

그런 와중에 나는 큰 특종을 할 기회를 한 번 놓친 적이 있었다. 1997년 5월 18일 김현철 씨가 구속 수감된 직후 언론의 관심은 YS가 대국민 담화를 통해 '사과 의사를 어떻게 표명할지'에 쏠려 있었다. 차일피일 시간이 흐르다가 5월 30일 대국민 담화일자가 결정된 뒤에 어떤 워딩이 담화에 담길지에 전 언론이 총력을 다해 취재에 나섰다. 나는 담화 초안을 박세

일 사회복지수석이 맡아 작성한다는 사실을 알게 됐다. 나는 당시 수석비서관들 가운데 박 수석과 특히 친하게 지냈다. 박 수석은 사법개혁을 추진하는 등 개혁적 마인드를 갖춘 소신형 참모였기 때문에 기자들이 좋아했고, 특히 나라 걱정을 많이 해 출입기자들이 '우국지사'(憂國之士) 라고 불렀다. 그랬기 때문에 YS가 담화문 작성을 개별적으로 맡긴 것이었다.

나는 박 수석실을 드나들면서 담화의 핵심 키워드로 '중대 결심'이라는 말이 들어간다는 것을 간신히 알아냈다. 하지만 박 수석은 확인을 거부했고 공보라인은 담화 내용을 몰라서 추가 취재가 불가능했다. 결국 다음 날 발표된 YS의 담화에는 "정치개혁 좌초하면 중대 결심을 하겠다"는 내용이 들어가 있었다. YS는 남은 임기 동안 국정운영의 초점을 과감한 정치개혁, 신한국당 대선후보 경선의 원만한 마무리, 공정한 대선관리 등에 맞추겠다는 의지를 밝혔다. 대국민 사과를 기대했던 언론들은 YS의 발언이 나오자 중대 결심이 무엇인지를 해석하느라 동분서주했다. 심지어 당시 추진되던 금융개혁 관련 법안들이 국회에서 통과되지 않으면 긴급재정명령을 발동할지 모른다는 해설기사까지 나왔다.

나 역시 하루 동안 해설기사를 3개나 썼지만 정작 대국민 사과 내용은 뒷전으로 밀려났고, 이 담화 이후 김현철 씨 구속에 대한 기사는 사실상 지면에서 사라졌다. 나는 특종을 놓쳤다는 아쉬움보다 오히려 단순한 메시지 하나로 상황을 반전시키는 YS의 순발력에 오히려 감탄했다.

나는 청와대 대변인과 홍보수석을 지내는 동안 최소한 확인해 줄 수 없으면 "노코멘트"(*No comment*) 라는 답을 할지언정 거짓말을 해서는 안 된다는 것을 나름의 철칙으로 지키려 노력했다. 출입기자들은 언론사를 대표해 청와대를 담당하지만 그에 앞서 국민들의 알 권리를 충족시키기 위해 국민의 눈과 귀를 대신해 취재하는 존재이기 때문이다. 하지만 당시만 해도 청와대 참모나 고위직 공무원들 중에는 보안 유지를 위해서 언론에 거짓말을 하는 것도 용납될 수 있다는 언론관을 가진 사람들도 적지 않았다.

1997년 가을 추석연휴가 끝난 후 나는 그 직전에 김우중 대우그룹 회장이 개천절 경제인 특별사면 대상에 포함됐다는 제보를 받았다. 이럴 경우는 통상 긴급안건으로 언론에는 공개하지 않은 채 차관회의에 상정된다. 나는 사실 확인을 위해 문종수 민정수석에게 전화를 걸었다. 문 수석은 독실한 기독교 신자로 장로인 데다 김현철 씨 구속에 앞서 김 씨의 구속이 불가피한 이유를 서면으로 작성해 YS 앞에서 낭독했다는 일화로 유명했던 만큼 강직하고 원칙주의자였다. 그런데 그는 "책임자인 내가 모르는 사면이 있을 수 있느냐. 나를 믿으라"고 천연덕스럽게 시치미를 뗐다. 심지어 경제인 특별사면이 국무회의 긴급안건으로 상정된 사실이 이미 확인되어 방송에 보도된 뒤에도 "누가 그런 말을 했느냐"며 거듭 부인으로 일관했다. 나는 그의 거짓말 때문에 특종을 놓친 것도 분했지만 그의 언론관에 문제가 있다는 생각에 "청와대 오리발 선생"이라는 칼럼을 써서 그를 혹독하게 비판했다. 그 뒤 그는 "기사를 쓰지 못하게 하려고 그런 것이니 양해해 달라"고 진지하게 해명했다.

내가 청와대 출입기자 시절에 한 결정적 특종은 대선 직전인 11월이었다. 대선이 가까워질수록 YS와 이회창 후보 사이가 급속도로 악화되면서 청와대 내부도 '이회창 지지파'와 '이인제 지지파'로 나뉘었다. 이런 상황에서 추석을 앞둔 1997년 9월 13일 이인제 경기도지사가 탈당과 함께 대통령선거 독자 출마를 공식 선언하자 언론의 관심사는 YS에게로 넘어갔다. YS가 과연 이인제에게 힘을 실어 줄지, 실어 준다면 탈당 선언을 언제 할지에 이목이 집중됐던 것이다. 이인제에 이어 YS의 직계그룹 의원들이 동반 탈당을 하고 적당한 시기에 YS가 화룡정점으로 신한국당을 탈당할 것이란 게 청와대 출입기자들이 예상한 시나리오였다. 특히 이회창 후보가 10월 말 이미 YS의 탈당을 요구한 만큼 결국은 타이밍이 문제였다. 이 와중에 신한국당이 11월 6일 경북 포항에서 가진 경북지역 필승결의 대회장에서 YS를 상징하는 마스코트를 몽둥이로 내려치는 이벤트를 벌인 이른바 '03 마스코트 사건'이 벌어졌다.

나는 YS 핵심 측근으로부터 "YS 탈당이 얼마 남지 않았다"는 제보를 받고, 탐문취재를 벌인 뒤 11월 2일 일요일 아침 조간 1면 톱으로 "김 대통령 금주 중 탈당"이란 제목의 기사를 썼다. 이번 주 내로 탈당 수순을 밟아 이르면 5~6일경 탈당계를 제출할 것이란 게 골자였다. 기사가 나가고 난 뒤 청와대가 발칵 뒤집혔다. 그날 오후 김용태 대통령 비서실장에게서 전화가 왔다. 그는 "어디서 그런 소리를 들었느냐"며 "나는 금시초문이다"고 했다. 결국 이날 방송에는 "YS 탈당 사실무근"이란 기사가 하루 종일 나갔다. 설상가상으로 월요일인 3일, 김종필(JP) 자민련 총재와 조찬회동을 가진 YS는 JP가 "탈당하신다면서요"라고 묻자 "탈당 안 합니다"라고 대답했다. 이 사실이 보도되자 데스크에서는 "YS 탈당 기사가 오보 아니냐"고 다그쳤다. 크게 물(낙종)을 먹었다고 생각했던 청와대 타사 출입기자들도 고소해 하는 분위기였다.

결국 YS는 내 기사가 나간 지 5일 뒤인 11월 7일에야 신한국당 탈당 방침을 발표했다. 그러면서 측근에게 "〈동아일보〉 기사에 내가 언제 탈당한다고 되어 있노"라고 물었다고 한다. 측근이 "5~6일경 탈당한다고 보도했습니다"라고 하자 "하루 틀렸제"라며 씩 웃었다는 이야기를 나중에 들었다. 아무튼 YS가 탈당을 공식으로 발표하고 나서야 며칠 동안 밤잠을 이루지 못했던 나는 두 발 뻗고 잘 수 있었다. 1주일이 채 안 되는 기간 동안 천당과 지옥을 오간 경험을 하며 나는 "이것이 기자의 숙명이다"라고 되뇌었다.

YS의 퇴임 이틀 전인 1998년 2월 23일, 저녁 나는 아찔한 경험을 했

"金대통령 금주중 탈당"

여권 핵심인사 이르면 5, 6일께 탈당계

"중립적 大選관리 바람직" 결심

신한국 비주류 이탈 잇따를듯

김영삼(金泳三)대통령은 신한국당을 조기탈당한다는 방침을 굳히고 금주중 탈당수순을 밟을 것으로 알려져 신한국당 비주류의 탈당행렬이 이를 계기로 한층 가속화할 전망이다.

김대통령은 3일 김종필(金鍾泌)자민련총재와의 회동과 국민신당(가칭)의 창당대회(4일)가 끝난 뒤 빠르면 5, 6일경 신한국당에 탈당계를 제출할 가능성이 큰 것으로 전해졌다. 〈3면에 관련기사〉

여권의 한 핵심관계자는 1일 「김대통령은 이회창(李會昌)신한국당총재가 탈당을 요구했을 때부터 이 문제를 고심해왔다며 「김대통령은 이미 신한국당 탈당이 불가피하다는 생각을 갖고 있었으며 탈당시기가 예상보다 앞당겨질 것이라고 말했다.

김대통령은 당초 국회회기가 끝나는 18일 이후 탈당하는 방안을 검토했었으나 지난주 각계 원로들을 만나 의견을 듣는 과정에서 「신한국당을 탈당, 중립적인 대선관리를 하는 것이 바람직하다」는 의견이 주로 나와 조기탈당을 결심한 것으로 알려졌다.

김대통령은 국민회의 김대중(金大中)총재(10월24일), 민주당 조순(趙淳)총재(10월25일), 국민신당 이인제(李仁濟)후보(10월30일)와의 개별회동과 병행해 31일 김수환(金壽煥)추기경을 면담한 것을 비롯, 김장환(金章煥) 조용기(趙鏞基) 최훈(崔薰)목사 등 개신교 지도자들과 송월주(宋月珠)조계종총무원장, 최덕근(崔德根)성균관장, 안호상(安浩相)대종교총전교 등 종교계지도자

YS 탈당을 특종 보도한 기사

1997년 대선 직후 대통령과 당선자로 만난 DJ와 YS. 당시 취재기자였던 필자가 김중권 당선자 비서실장과 악수를 나누는 모습

다. 그날 청와대 일부 출입기자와 조홍래 정무수석, 반기문 외교안보수석 등이 청와대 부근 한정식 집에서 쫑파티를 가졌다. 우리 일행은 출입기자와 청와대 참모진을 가릴 것 없이 YS 정부 5년을 회고하면서 감상에 휩싸여 초반부터 폭탄주를 돌렸다. 나도 "이제 청와대 출입기자 생활도 오늘로 끝난다"는 생각에 편안한 마음으로 술을 마셨다.

밤 10시경 자리를 파하려 할 무렵, 총리공관에서 YS와 고별 만찬을 마친 고건 총리와 홍사덕 정무장관 등이 들이닥쳤다. 새로 합류한 일행들이 뒤늦게 폭탄주를 다시 돌렸고, 특히 고 총리가 "이동관 기자만 멀쩡하네"라며 내게 집중적으로 술을 권하는 바람에 나는 만취했다. 나는 당초 집이 같은 방향이었던 반 수석의 차에 동승하기로 했지만 밤 12시경 '도저히 안 되겠다'는 생각에 먼저 자리를 빠져나왔다. 길에 나와 보니 폭설이 내려 서울 시내 전 도로가 통제된 상황이었다. 차는 물론 개미 한 마리 찾아볼 수 없었고, 다음 날 확인한 바로는 수십 년래의 폭설이었다는 것이다.

나는 택시를 잡기 위해 한참 고생을 하다 어느 순간 눈 위에 쓰러져 잠이 들고 말았다. 결국 새벽 2시경 지나가던 주민이 경찰에 신고해 겨우 파출소로 옮겨져 구사일생으로 위기를 모면했다. 발견 당시 나는 몸 일부만 드러난 채 눈에 덮여 있었다는 것이다. 그런데 신기하게도 다음 날 아침 깨어난 뒤 다른 기억은 몽롱한데 정신을 잃은 상태에서 들은 "동관이 일어나라"는 돌아가신 어머니의 목소리만은 귀에 쟁쟁하게 남아 있었다.

이날 참석자 가운데서도 반 수석과 나의 인연은 이 뒤에도 계속 이어졌다. 나는 〈동아일보〉 논설위원이던 2005년 가을에 〈서울대 총동창회보〉 논설위원으로 위촉돼 필진으로 일하게 됐다. 당시만 해도 〈서울대 총동창회보〉는 다른 대학의 동창회보와 마찬가지로 동문들의 동정이나 행사를 알리는 소식지 수준이었다. 나는 새로 필진으로 들어간 언론인 출신 신임 논설위원들과 함께 '뉴스가 있는, 읽히는' 동창회보를 만들자는 슬로건 아래 매달 이슈가 되는 동문을 인터뷰해 두 면에 걸쳐 소개하는 대형 기획을 추진했다.

그 대상 중 한 명으로 이듬해인 2006년 9월호에 UN 사무총장에 입후보한 당시 반기문 외교통상부 장관이 선정됐다. 나는 반 장관이 사무총장으로 선출될 가능성이 높다는 정보를 갖고 있었기 때문에 인터뷰 추진을 주도했다. 더구나 YS 정부 때 청와대 출입기자와 외교안보수석으로 친분이 있었고 학연까지 겹친 탓에 인터뷰를 떠맡았다. 그러나 그때까지만 해도 총장 선출 여부가 불확실했던 상황이었기 때문에 반 장관은 어떤 국내외의 인터뷰 요청에도 응하지 않았다. 그런데 뜻밖에도 반 장관은

UN사무총장에 입후보한 반기문 외교통상부 장관과 〈서울대 총동창회보〉 논설위원으로서 인터뷰하는 모습

이명박 대통령과 반기문 총장의 회담에 배석한 모습

"UN사무총장 되면 개혁, 불신 제거에 앞장 서겠다"

외교통상부 潘基文장관 특별 인터뷰

외교통상부 수장이자 제8대 유엔 사무총장 후보인 潘基文(외교63-70)장관은 최대 외교현안인 한미FTA 체결, 북한 인권문제 해결, 한일관계 개선 등을 위해 숨가쁜 일정을 보내고 있다. 그런 틈을 내 8월 26일 토요일 저녁 본보 李東官논설위원과 만나 현안에 대한 입장을 밝혔다.

대 담 : 본보 李東官논설위원(동아일보 논설위원)

"한미동맹 약화는 절대 없다"

'정직=최상의 정책'늘 강조

— 개인적으로 유엔 사무총장의 당선 가능성을 어떻게 보십니까.

"처음에는 대부분의 사람들이 가능성을 아주 낮게 본 것이 사실입니다. 그러나 지난 7월 24일 안보리의 제1차 예비투표 결과가 나오면서 그 가능성이 조금 높아졌다고 볼 수 있죠. 안보리 15개 이사국 가운데 12표를 받은 것은 상당히 고무적인 일입니다."

— 현재까지 우리나라와 인도, 태국, 스리랑카에서 후보를 배출했는데, 아시아에서 사무총장이 나오는 것은 확실한가요.

"규정이나 원칙에는 없지만 전 세계적으로 이번에는 아시아에서 나올 차례라는 공감대가 형성돼 있다고 봅니다. 유엔의 60년 역사에서 아프리카 출신인 부트로스 갈리와 코피 아난이 15년 동안 사무총장직을 수행했고, 대부분 EU회원국으로 가입된 동구라파에서도 아시아 차례라는 것을 인정하는 것 같습니다."

— 싱가포르의 고촉통 전 총리가 잠재적인 다크호스라는 얘기가 있는데요.

"아직까지는 새로운 후보가 나올 가능성은 없어요. 고촉통 전 총리가 개인적인 명성으로 봐서 유력한 후보라는 얘기도 있습니다만 현재 싱가포르 정부로서는 후보를 내지 않겠다는 입장입니다. 고촉통 전 총리도 후보에 관심이 없는 듯 보입니다. 얼마 전에는 호주주재 싱가포르 대사가 호주 신문에 그런 입장을 밝혔더군요."

— 미국, 영국, 프랑스, 중국, 러시아 등 5개 상임이사국의 의중이 결정적일 텐데요.

"전통적으로 보면 상임이사국은 자국의 입장을 잘 드러내지 않습니다. 다만 제가 12표를 받은 것을 보면 5개국을 포함해 대부분의 나라들이 상당히 긍정적인 반응을 보인 것으로 생각합니다. 대개 자기 나라와 후보 국가와의 관계, 자기 나라와 후보 개인의 관계, 또 후보 개인의 자질과 능력 등을 보고 뽑으니까 저로서는 그 나라들이 지지해 줄 것을 기대해 보는 거죠."

— 일각에서는 미국이 우리 정부의 자주노선에 대해서 불편하게 생각하기 때문에 부정적인 영향을 주지 않겠느냐는 의견도 있는데.

"그것과는 직접적인 관계가 없다고 봅니다. 물론 후보 나라의 대외정책을 보는 경우가 있지만 우리나라로서도 강점과 약점이 있습니다. 우선 우리나라가 민주사회이고, 인권을 존중하고, 시장경제를 실시하는데다가 유엔이 추구하는 이상과 목표를 실현한 대표적인 나라라는 것이 강점이에요. 반면에 분단국이라는 점과 북한의 핵문제·인권문제 등이 부정적인 요소로 작용할 수가 있겠죠. 그러나 분단국이지만 전 세계적으로 위협을 가하거나 문제를 일으킨 적이 없고, 북핵 문제의 경우 6자 회담이라는 틀 속에서 비록 느리지만 별 문제없이 관리되고 있는 상황이지 않습니까. 북한 인권에 대해서는 적극적인 조치를 취하는 게 낫지 않느냐는 이야기가 있습니다만 대한민국 인권과 관련해서는 문제가 없는 겁니다."

— 성급한 얘기가 될지 모르지만 사무총장이 되시면 어느 부분에 중점을 둬 유엔을 운영할 생각이신지.

"첫째는 유엔의 개혁입니다. 60년 동안 많은 문제들이 있었는데 그것을 효과적이고 효율적으로 해결하지 못했다는 비판이 많습니다. 또 유엔 사무국이 비대해지고, 직업윤리도 없고, 부정부패에 연루되고, 사명감도 없고, 전문성이 약하다는 얘기가 많습니다. 그래서 이런 점들을 개선시켜나가는 것이 아주 중요할 것 같아요. 그러기 위해서는 직원들의 전문성과 윤리관을 제고시킬 제도적인 장치가 필요할 거라고 생각합니다.

두 번째는 각 기관간의 coordination(조정)입니다. 제한된 인력과 재원을 어떻게 집중적이며 효과적으로 쓰느냐가 숙제입니다.

세 번째는 서로의 불신을 제거해 harmonize(조화)하는 노력이 필요할 것 같습니다. 유엔이 큰 조직이기에 서로의 불신이 많은 것 같아요. 어느 조직체든지 구성원간에 불신이 있으면 안 되잖아요. 결과적으로 사무총장이 상당한 리더십을 발휘해서 관리해 나가는 것이 필요하다고 생각합니다.

더불어 신경 써야 하는 문제가 아프리카 등 개도국의 경제개발입니다. 경제개발이 잘 되고, 사회가 평온하면 분쟁이 잘 안 일어나는데, 워낙 절대적으로 빈곤하면 갈등이 생기게 마련이죠. 그러니까 개발문제가 모든 이슈의 중심에 있는 겁니다."

— 국제기구들을 보면 '철밥통' 같은 인상을 많이 줍니다. 한번 들어가면 안 나오고, 급여는 높은데 무슨 일을 하는지 잘 모르겠고.

"이제까지는 그런 비판이 없다가 최근에 'oil for food(식량조달을 위한 기름판매)' 스캔들이 생겨 고위관리들이 조사 대상이 되는 등 유엔의 권위에 많은 손상을 입혔죠. 그러니까 '철밥통'이라는 인식이 많은 겁니다."

— 유엔 직원이 몇 명이나 됩니까.

"직접적으로 관련 있는 직원만 해도 4~5만명이 되죠. 평화유지군은 8만명이고요."

— 연간 예산은.

"25억 달러 정도죠. 물론 평화유지군 예산은 뺀 겁니다. 보통 1년에 평화유지군에 50억 달러가 소요됩니다. 우리나라는 유엔 정규 분담금과 평화유지군 분담금을 합해 1억 달러 정도를 내고 있습니다. 전 세계에서 열한 번째로 많이 내고 있죠."

— 우리나라의 세계 무역 대국 순위와 같네요.

"그렇죠. 쉽게 얘기하면 돈이 많은 분들이 재산세를 많이 내는 거와 마찬가지인 거죠. 의무적으로 내게 돼 있는 거죠."

— 유엔의 3대 지주(pillar)인 안보, 개발, 인권문제가 북한과 직결돼 있는데요.

"그동안 코피 아난 사무총장이 한반도 문제에 나름대로 기여하려고 꽤 노력을 했어요. 본인이 남북한을 방문하겠다고 했지만 결과적으로 북한측이 받아들이지 않는 바람에 남한만 두 번 방문했죠. 그 대신에 자신의 특사를 북한에 몇 번 보냈으나 큰 진전을 이루지 못했죠. 만약 제가 사무총장이 된다면 같은 민족으로서 북한 문제를 해결하는 데 유리한 위치에 있다고 봅니다."

— 유엔 총회 의장 비서실장을 지낸 경험이 도움이 되셨나요.

"전임 韓昇洙장관이 2001년부터 2002년까지 유엔 총회 의장으로 계실 때 비서실장을 했는데, 자연히 우리 측보다는 다른 나라들의 필요에 의해서 많은 접촉을 했죠."

— 개인사에 대해 여쭙겠습니다. 리바 패터슨 여사(90세)와는 어떻게 인연을 맺게 되셨나요.

"1962년 고3시절에 미국 적십자사에서 세계 청소년 적십자 대표들을 초청했어요. 그때 제가 영어시험을 봐서 운이 좋게 학생 대표로 선발됐죠. 그 후 한국 남학생 2명, 여학생 2명이 샌프란시스코에 있는 그 분 댁에서 일주일 정도 홈스테이하게 된 거죠. 그런데 그 분이 50년 이상 계속 같은 집에서 사신 거예요. 저도 물론 외무부에 근무하고 있어서 주소가 일정했고, 대학과 직장생활을 하면서 자주는 못했지만 1년에 한두 번 정도 연락을 드리곤 했죠. 그리고 사실 홈스테이할 때 안내를 해주셨던 프로렌스 토페 여사와도 연락을 하고 있어요. 워싱턴에 살고 계시는데 주미 공사시절에 모셔서 식사도 같이 했고, 장관이 되고 나서 찾아뵌 적도 있죠."

— 학교시절에 영어공부는 어떻게 하셨습니까.

"지방 고등학교(충주고교)를 다니고 있어서 영어를 잘 할 수 없는 열악한 상황이었습니다. 그러나 남달리 관심을 가지고 열심히 학습하는 편이었죠. 또 당시에 새로 지은 충주비료공장에 외국인 직원이 많이 있었습니다. 우연히 그 사람들과 알게 돼 회화연습을 하는 기회를 얻게 됐죠."

— 외교관을 해보고 싶다는 생각은 언제부터 하셨는지.

"학생 대표로 샌프란시스코에 갔을 때 신문기자들이 물더군요. 그때 외교관이 되고 싶다고 말했습니다. 그리고 워싱턴에 가서 케네디 대통령을 직접 만나고 나서 그 생각이 굳어졌어요. 그래서 서울대 외교학과에 지망한 겁니다." ↗

반기문 장관 특별 인터뷰 (〈서울대 총동창회보〉 2006년 9월호)

UN 사무총장 관저에서 만찬

흔쾌하게 인터뷰에 응해 자신의 UN 개혁구상까지 상세하게 밝혔다. 비록 총창회보에 실린 인터뷰였지만 언론의 입장에서 보면 특종 인터뷰인 셈이었다. 결국 반 장관은 그해 10월 13일 UN 사무총장으로 선출됐다.

이후 청와대 홍보수석으로 이 대통령의 해외순방을 수행하면서 나는 10여 차례 이상 열린 이 대통령과 반 총장 간의 회담에 배석하면서 자연스럽게 인연을 이어 갔다. 특히 2009년 9월 이 대통령이 UN 총회 참석차 뉴욕을 방문했을 때 반 총장 관저에서 열린 만찬에 초대를 받은 일이 있다. 이날 만찬은 세계적인 셰프로 한식보급에도 앞장서던 장 조지와 그의 한국계 부인인 마르자가 직접 준비했는데 당초 나는 참석대상이 아니었으나 반 총장이 “이 수석도 포함시키라”고 지시해 초대명단에 추가됐다는 것이다. 나는 이 이야기를 국내에 돌아와서야 들었다.

한편 1998년 2월 24일, YS는 5년 임기를 마치고 퇴임해 상도동 자택으로 돌아갔다. 나는 청와대 출입기자로서의 마지막 취재로 상도동까지 동행했다. 자택에 도착한 YS는 거실까지 뒤따라 들어온 옛 민주계 인사들과 잠시 환담을 나눈 뒤 품 안에서 직접 메모한 종이를 꺼내 "멀고 험한 항해에서 돌아와 고향의 품에 안긴 느낌"이라며 짤막한 소감을 밝혔다. 그 모습을 보며 나도 묘한 감회에 사로잡혔다.

비록 짧은 1년여의 청와대 출입기자 생활이었지만 권력의 하산길을 지켜본 것은 내게는 참으로 귀중한 경험이었다. 그로부터 꼭 10년 뒤 내가 청와대 대변인과 홍보수석으로 일할 때 이는 항상 언젠간 내려가야 할 길이라고 다짐하며 오만해지거나 매너리즘에 빠졌다는 생각이 들 때마다 나 자신을 채찍질하곤 했다.

내가 이 책을 마무리할 무렵인 2015년 11월 22일 YS가 서거했다. 이에 앞서 2년 전인 2013년 11월, 나는 서울대 병원에 폐렴으로 입원한 YS를 이명박 전 대통령을 수행해 문병했다. 그때 의식이 다소 혼미한 가운데서도 YS는 김기수 비서실장이 "각하, 청와대 출입하던 이동관 전 홍보수석도 함께 왔습니다"라고 소개하자 "이 수석도 왔군" 하고 반갑게 맞아주었다. 그러고는 곧바로 잠에 빠져 들었고 그것이 나와 YS와의 마지막 만남이었다.

YS의 영정 앞에 고개 숙여 묵념하며 대한민국의 민주화를 주도한 DJ와 YS라는 두 거목이 사라진 빈자리를 과연 우리 후학들이 얼마나 메워야 선진국 진입의 길을 앞당길 수 있을지 생각하니 가슴이 묵직해 왔다.

Episode 19

특보 시절

3년 만의 휴식

2010년 7월 초에 나는 이 대통령을 찾아가 "이제 홍보수석에서 물러날 때가 됐다"고 사의를 표명했다. 집권 후반기에 접어드는 만큼 국정운영의 새로운 방향 전환을 위해서도 '새 술은 새 부대에 담는 것이 맞다'는 판단에서였다. 이 대통령은 무거운 표정으로 묵묵히 내 말을 듣다가 "언젠가 역할이 주어질 것이니 기다리라"는 의미가 담긴 말을 했다. 나는 7월 13일 2년 5개월의 청와대 생활을 청산하고 저잣거리로 내려왔다. 2007년 7월 1일 한나라당 대통령 후보 경선 당시 이명박 후보의 공보실장으로 캠프에 합류한 때로부터 계산하면 3년 만에 이 대통령의 곁을 떠난 것이다. 7월 16일에는 임태희 비서실장 체제인 '3기 청와대 수석진'이 출범했다.

야인으로 돌아간 나는 지인들과 호남 기행을 떠났다. 전라북도 변산을 거쳐 전라남도 해남까지 가는 코스였다. 나는 언론인시절 취재차 다양한 곳을 다녔지만 유독 호남은 여행할 기회가 별로 없었다. 호남은 정치부 기자 시절 DJ 쪽을 출입하면서 광주와 목포 등에 동행취재를 간 것이 전부였기에 이참에 호남의 체취를 느껴 보자는 뜻에서 계획한 여행이었다.

우리 일행은 변산반도 내소사와 채석강을 둘러본 뒤 해남으로 향했다. 두륜산 일대를 둘러본 우리 일행은 고산 윤선도의 고택인 녹우당을 찾아 종손을 만났다. 그는 녹우당을 안내하며 우리 일행에게 고산의 유적이 잘 보존된 이유를 설명해 줬다. 고산은 후손들에게 물려받은 종가의 재산은 그대로 유지하고 반드시 스스로 노력해 불린 재산만을 후대에 상속하도록 했다는 것이다.

이 유훈에 따라 고산의 후손들은 대대로 간척사업 등을 통해 부를 창출했고, 이렇게 늘린 부를 후손들뿐 아니라 집안의 하인들과 마을사람들에게도 나눠 주었다고 한다. '노블레스 오블리주'를 실천한 것이다. 명문가는 부와 권력이 아니라 도덕적 · 정신적 힘으로 만들어진다는 것을 되새기게 했다. 특히 지금도 남인의 후예들인 고산 윤선도와 퇴계 이황, 서애 유성룡의 종손들끼리 교류하며 친분을 다진다는 말을 듣고 수백 년의 시간을 뛰어넘어 정신적 가치를 공유하는 네트워킹의 힘을 다시 한 번 느꼈다.

오랜만에 돌아온 민간인으로서의 일상생활에 분주하던 내게 9월 초 어느 날 이 대통령의 전화가 걸려 왔다. 나눔과 배려의 문화를 범국민적으로 확산, 장려하자는 뜻에서 9월 17일부터 이틀간 상암동 서울월드컵경기장에서 열릴 예정인 '2010 나눔문화대축제'의 준비상황이 미흡하니 챙겨 보라는 지시였다. 그에 앞서 1년 전 이 대통령은 대통령 후보시절에 공약한 대로 395억 원에 달하는 전 재산을 기부해 청계재단을 만들었다. 이 대통령의 재산기부는 우리나라가 선진국으로 가기 위해서는 나눔과 배려의 문화가 확산돼야 하며 이에 솔선수범하자는 취지에서 이뤄졌다. 이것은 고산 후손들의 노블레스 오블리주 정신과도 일맥상통하는 것이었다.

행사까지는 2주일밖에 남지 않았다. 나는 바로 이 행사와 관련된 담당 비서관들과 회의를 가지고 행사내용을 채우기 위한 논의에 들어갔다. 행사 직후에 추석 연휴가 시작되는 점을 고려해 독거노인들에게 전달할 송편 빚기 등의 행사를 기획하는 한편, KBS 측과 협의해 당시 인기 절정이었던 드라마인 〈제빵왕 김탁구〉의 출연진을 초청해 애장품 기부행사까지 마련했다. 나눔과 기부문화를 체험할 수 있는 비영리기관 및 사회공헌기업 등의 부스도 설치했다. 이 행사는 이 대통령도 직접 참석한 가운데 TV에 생중계됐고 각 언론사도 노블레스 오블리주를 주제로 한 특집기사를 연재하는 등 사회적인 기부문화 확산의 계기가 됐다. 나눔문화대축제는 올해로 6회째 이어져 계속되고 있다.

언론특보로 다시 찾은 청와대

하지만 야인생활도 오래가지 않았다. 2010년 말 청와대로부터 특보에 임명될 것이라는 연락이 왔다. 12월 31일 특보 임명이 발표되기 직전 이 대통령의 전화를 받았다. "언론특보를 맡으라"고 하기에 나는 "왜 이름이 하필 언론특보입니까"라고 물었다. 솔직히 말해 리베로로서 활동하기 좋은 '언론문화특보'라는 이름이 좋지 않을까 하는 생각에서였다. 그러자 이 대통령은 "업무의 범위가 지정된 것이 오히려 파워풀하다"고 했다. 나는 주저 없이 "알겠습니다"라고 대답했다.

2010년 12월 31일, 이 대통령은 집권 4년차 새해를 앞두고 단행한 연말 개각에서 언론특별보좌관, 사회특별보좌관, 지방행정보좌관, 여성특별보좌관 등 특보 4자리를 신설했다. 나와 박형준 전 정무수석은 각각 언론특보와 사회특보에 임명됐으며, 김진선 전 강원도지사는 지방행정보좌관, 김영순 제 2정무차관은 여성특보에 임명됐다.

특보 가운데서도 나와 박형준 특보는 상근특보로 발령받았기 때문에 언론에서는 그 의미를 두고 해석이 분분했다. 1월 1일자 각 신문의 개각 관련 보도에서는 각료의 인선보다는 '특보정치'에 대한 해설기사가 더 크게 실린 경우도 있었다. 일부 언론은 본격적인 대선 행보에 나선 박근혜 전 대표를 견제하기 위한 포석이라 분석하기도 했다. 그러나 당시 나는 이 대통령의 의중을 '메기론'(*catfish effect*)으로 이해하고 언론에 설명했다. 미꾸라지와 메기는 천적인데 둘을 같은 수조에 넣어 키우면 미꾸라지가 메기로부터 살아남기 위해 강해진다는 것이 그것이다.

나를 비롯한 대통령 비서실 2기 팀이 물러나고 새로 꾸려진 임태희 실장의 3기 팀은 종전보다 친박의 색채가 다소 강했고, 국정운영에서는 비교적 온건하고 타협 노선을 지향하는 편이었다. 거기에다 대통령 후보경선 때부터 이 대통령과 호흡을 맞추었던 참모들이 대부분 퇴진하면서 비서실의 분위기가 다소 관료적 색채가 강해지자 이 대통령으로서는 분위기를 좀더 활성화할 필요성을 느꼈던 듯싶다. 이것이 내가 말한 메기론의 이유였다. 특히 청와대의 주요 기능인 정무와 홍보라인에서 정진석 정무수석과 박형준 사회특보, 홍상표 홍보수석과 내가 서로 보완적 역할을 하도록 하겠다는 것이 이 대통령의 의중이라고 나는 이해했다. 이는 이 대통령의 인사 스타일이기도 하다.

이 대통령은 과거 기업 CEO와 서울시장 시절에도 항상 같은 일을 두

박형준 수석과 나 박형준 정무수석과 필자는 2007년 대선 경선 캠프 때부터 짝을 이루며 이 대통령을 보좌했다.

사람 이상에게 맡겨 서로 경쟁하게 해 좋은 성과를 냈다. 평소에도 참모들에게 "업무영역을 두부 자르듯 구별하는 것은 바람직하지 않다. 항상 20% 정도는 서로 교류하고 경합하는 것이 효율적 조직이다"라고 강조했다. 그러다 보니 본의 아니게 청와대 비서실과 특보단이 경쟁관계처럼 비춰지는 상황도 연출됐다. 언론에서도 마치 두 조직이 갈등관계에 놓여 있는 것처럼 부채질하는 기사를 연일 보도했다.

결국 임태희 비서실장은 "청와대 안에는 한 개의 라인만 있다"고 선을 그었지만 이런 갈등 분위기는 쉽게 진화되지 않았다. 이 대통령은 당초 나와 박 특보 두 사람에게는 정식 급여와 함께 청와대 비서동에 사무실을 주고 수석회의에도 참석시키려는 생각이었지만 반발이 거세지자 청와대와 1㎞가량 떨어진 창성동 정부청사 별관에 특보단 전체를 입주하도록 했다. 다만 상근특보 두 사람에게는 별도로 3~4명의 보좌 인원을 배정해 정무 및 홍보 업무를 지원하도록 배려했다.

상근특보로서의 첫 임무는 이 대통령의 신년특별연설문 독회에 참석한 것이었다. 우리 두 사람은 정식 임명장을 받기도 전인 1월 1일 이 대통령과 함께 국립현충원을 참배한 뒤 1월 3일로 예정된 신년특별연설의 최종 독회를 기존 청와대 참모들과 함께 가졌다. 당초 원고는 금융위기 극복을 포함한 경제적 성과를 강조하고 북한과의 화해 필요성을 강조하는 내용이 주조(主調)였다. 그러나 나는 야인으로 5개월간 청와대 밖에서 생활한 경험을 바탕으로 이런 초안에 담긴 메시지가 국민정서를 제대로 반영하지 못한다고 판단했다.

더구나 2010년 11월 말 연평도 포격이 발생한 지 두 달이 채 안 됐고 북한이 천안함 폭침에 대해서 사과조차 않는 마당에 북한과 화해를 추진한다는 것은 시기상조라고 생각했다. 그래서 "경제성장이 서민 체감으로 이어지지 않고 있는 점과 북한 도발에 따른 강한 응징 등 두 가지는 신년특별연설에서 확실하게 짚고 넘어가야 한다"고 주장했다. 박 특보 역시 나와 같은 의견이었다. 우리의 의견이 상당 부분 반영되어 수정된 원고에는 북한의 도발에는 단호하고 강력한 응징을 하겠다는 것과 서민 체감 물가 관리에 각별히 신경을 쓰겠다는 내용이 담겼다.

1월 3일 신년특별연설이 끝난 뒤, 이 대통령에게 임명장을 수여받은 특보단은 본격 업무를 시작했다. 나는 특보에 임명되자마자 특보단에 "특보단회의를 정례화하자"는 제안을 하고 간사를 자청했다. 대부분의 특보가 업무영역이 특정되어 있지 않은 비상근인 만큼 청와대 참모진이 놓칠 수 있는 틈새를 메우는 것이 우리의 역할이라고 생각했기 때문이다. 무엇보다 평소 "지시를 받고 일하는 사람은 부하에 불과하다. 제대로 된 참모는 일을 찾아서 하는 사람"이라는 이 대통령의 업무관을 내가 잘 알았기 때문에 자청한 일이었다. 특히 특보들이 관련 분야의 최고 전문가인 데다 정무적 판단이나 사회의 여론을 듣는 채널도 다양했기 때문에 청와대 비서실과 차별화된 일을 하는 것이 어느 정도 가능했다.

나는 특보단회의에서 청와대라인과 특보단을 신문사에 비유해 '청와대가 일간지를 만드는 곳'이라면 '특보단은 주간지와 월간지를 만드는 곳'이라는 말을 했다. 특보단은 한 달에 두 번, 격주 화요일에 회의를 열기로 하고, 특보 중에 연배도 높고 정치적 경륜도 있는 김덕룡 국민통합특보를 좌장격인 단장으로 추대했다. 나는 간사로서 격주로 열리는 회의내용을 정리해 대통령에게 보고했다. 이 보고서는 내가 특보에서 물러날 때까지 1년 가까이 이어졌다.

나는 각 특보실에 대통령에게 보고하려는 이슈를 회의 전에 두 페이지 이내로 정리해 제출토록 한 뒤 내용이 부족하면 보완을 요구하기도 했다. 신문사로 치면 데스크 역할을 한 셈이다. 특보단회의 때는 정국 현안과 관련된 종합토론도 벌였는데 이 내용도 발언자의 실명을 적어 정리해 보고했다. 이 보고서는 회의 다음 날 부속실을 통해 대통령에게 전달됐다. 나와 박 특보는 이와 별도로 2주일에 한 번 정도 청와대 집무실에 올라가 이 대통령과 만나 정국 전반 동향에 관해 보고했다. 보통 1시간 정도 현안이나 이슈에 대해 이야기를 나누다 보면 시간이 길어졌고, 이 대통령이 점심 일정이 없는 날에는 간단한 점심식사를 함께하기도 했다.

특보단회의는 탁상공론으로만 이뤄지지 않았다. 현장을 직접 찾아보고 들었으며, 때로는 국제 이슈에 대해서도 조사해 정책제안을 하기도 했다. 이희원 안보특보의 경우 이 대통령이 연평도 포격 이후 직접 이 지역을 방문하지 못한 점을 고려해 군부대와 민간지역의 시찰을 직접 다녀온 뒤 보고서를 작성해 제출했다. 오해석 IT특보는 '클라우드 서비스 전략수립'을 주제로 한 보고서를 통해 미국이 공공정보 시스템 효율화를 위해 추진하는 '클라우드 퍼스트' 전략에 대해 분석하고 우리나라의 현황과 비교한 뒤, "정부 차원에서 클라우드 서비스가 2012년에는 착수할 수 있도록 제도적 뒷받침을 해 줘야 한다"고 제안하기도 했다. 이 보고서를 읽고 이 대통령은 직접 오 특보와 나에게 전화를 걸어 "참 좋은 내용"이라며 칭찬을 아끼지 않았다. 클라우드 컴퓨팅은 연말에 열린 '2012년 업무보고회'에서 '7대 스마트 신산업'에 포함됐다.

정치사회적 이슈에 대한 토론도 활발했다. 일례로 이 대통령의 동남권 신공항 백지화 기자회견 직후 가진 토론에서는 "신공항 백지화에 대한 선제적 이슈 대응이 부족했으며, 이슈 관리의 소홀로 불필요하게 논란을 키웠다"는 지적이 나왔다. "10년 뒤면 전국이 KTX망으로 두 시간 내 생활권으로 접어드는 데다 동북아지역이 허브공항 선점 경쟁을 벌이는 상황에서 동남권 신공항의 부당성을 좀더 논리적으로 알렸어야 했다"는 발언 등 토론내용은 가감 없이 그대로 보고됐다. 이처럼 특보단은 대통령이 놓칠 수 있는 이슈 포인트와 중장기적인 어젠다 등을 발굴하려 노력했다. 줄기세포 연구 육성의 필요성과 평창동계올림픽 유치 후 대책 등 굵직한 이슈들도 그런 맥락에서 다뤄졌다.

임기 말 참모의 역할

나는 언론특보로 일하면서 특보단회의와 별도로 매주 정치, 경제, 사회, 문화, 안보 등 다양한 국정관련 이슈에 대한 주간 보고서를 작성해 올렸다. 특히 이슈 관리를 위해 정부 유관부처, 여론조사 전문가, 국회 보좌관 출신 등 외부인사 8명으로 구성된 실무회의를 1주일에 한 번 가졌다. 이 회의에서 청와대가 선제적으로 대응할 필요성이 있는 어젠다나 후속 대응이 필요한 이슈 등을 추려 집중토론을 벌였다. 그중에서도 대안 제시가 필요한 사안은 언론특보팀이 전문가나 관계부처, 공공기관, 언론사 등을 찾아가 직접 면담을 하거나 조사작업을 벌이기도 했다.

일반인들이 잘 주목하지 않는 대목이지만 언론은 정보의 보고(寶庫) 일뿐 아니라 마치 일기예보처럼 특정 이슈가 앞으로 어떻게 정치사회적으로 전개되고 증폭될 것인지를 알리는 조기경보의 역할을 수행한다. 미국의 CIA가 정보의 80%를 언론보도 등 공개매체에서 얻는 것도 이 때문이다. 언론의 보도나 사설, 칼럼 등을 모니터링하는 이유도 단순히 긍정적 보도나 비판적 보도를 가리기 위한 것이 아니라 이슈의 선제적 관리나 후속대응에 매우 결정적인 중요성을 갖기 때문이다. 내가 언론특보로서 언론이라는 창(窓)을 통해 정치사회적 이슈를 들여다보려 했던 이유도 여기에 있다. 무엇보다 일상의 업무에서 반보 떨어져 일할 수 있었기 때문에 이런 호흡이 긴 작업이 가능했다.

특보 생활을 시작한 지 한 달이 막 지났을 무렵에 언론계에서 전세난, 물가 급등, 구제역 파동 등 사회적 이슈를 묶어 '3월 위기설'을 제기할 움직임이 포착됐다. 언론사 간부들과의 만남에서도 이런 이야기들이 주된 화제로 다뤄졌다. 나는 선제적 언론 대응이 시급하다고 판단하고 각 이슈별 대응방안을 마련해 이 대통령에게 보고했다. 이 중에서도 전년도(2010년) 11월에 발생해 전국을 강타한 구제역 당시 대량 살처분한 가축의 침출수가 3월 해빙기를 맞아 유출될 가능성에 각 언론이 촉각을 세운다는 점을 감안해 '2차 환경재앙'을 막기 위한 철저한 사후점검 및 대책수립을 제안했다.

당시에는 3월초 한미연합 훈련인 '키-리졸브 연습'을 전후해 북한의 도발 가능성도 대두되고 있었다. 나는 전문가들과의 면담을 기초로 외교안보 당국이 '북이 다시 도발할 경우 철저히 응징할 것이며 체제붕괴도 감수해야 할 것'이란 메시지를 전파할 필요성이 있다는 것을 강조하는 보고서를 여러 차례 작성해 올렸다. 요즘 표현으로 하면 '참수(斬首) 계획'인 셈이다. 또 대북 심리전 전문가인 강인덕 전 통일부 장관을 만나 3·1절 경축사를 통해 지난 두 정부의 대북정책과 차별성 있는 'MB표 통일비전', 다시 말해 '신(新) 대북 독트린'을 천명할 필요가 있다는 그의 제언을 정리해 건의했다. 강 전 장관은 나와 만나 "북한이 가장 두려워하는 것이 북측 주민을 대상으로 한 남측의 심리전이다"라며, "황해도와 평안도 등 내륙지역에서도 쉽게 들을 수 있는 중파 라디오 방송을 통해 대북 심리전을 강화할 필요가 있다"고 말했다. 이 내용은 나중에 정보기관 쪽에도 전달돼 대북 심리전 정책에 상당 부분 반영된 것으로 알고 있다.

대통령의 행보에 대한 제언도 수시로 했다. 대표적인 것이 일본 원전사태다. 2011년 3월 11일 일본 동북부 지방을 강타한 9.0의 대지진으로 원자로 1~3호기의 전원이 멈추면서 이른바 '일본 후쿠시마 원전사태'가 벌어졌다. 국내에서도 원전 사고로 인한 플루토늄과 방사능 물질 오염에 대한 국민들의 불안이 날로 커지고 있었다.

나는 "에다노 유키오 일본 관방장관이 지속적인 정례 브리핑을 통해 일본 국민의 불안감을 줄인 사례를 참고해 원자력안전위원장 등 전문성 있는 인물을 통해 '한목소리'로 원전 안전에 대한 대국민 홍보체제를 구축해야 한다"고 제언했다. 이와 관련해 국민적 불안감을 잠재우기 위해 대통령이나 총리가 직접 월성이나 고리의 원전을 방문해 안전성과 책임을 강조해야 한다는 의견도 제시했다. 방사능 공포에 대한 불안감이 잦아들지 않자 4월 8일 나는 이 대통령에게 한 번 더 이와 관련한 보고를 했다. 보고서에서는 2012년 서울에서 개최될 핵안보정상회의에서 국제공조를 통한 핵안전 보장을 위해 '아시아 핵안전 협력체결'의 주도를 제언했다.

인력과 예산 부족을 이유로 교과부가 반대하던 '미라(MYRRAH) 프로젝트'에도 적극적으로 참여할 필요가 있다는 보고서도 제출했다. 미라 프로젝트는 폭발 및 화재 위험이 낮은 납-비스무트 냉각방식의 차세대 원전 기술 확보를 위한 프로젝트로, 벨기에 주도로 진행되고 있었다.

그해 8월에 접어들면서 그리스, 스페인 등의 국가부채 문제가 유로존 전반으로 확대될 수 있다는 불안 심리가 커지면서 국내 주식시장의 하락폭이 커졌다. 나는 국제 금융시장의 상황과 체계적 국가 해외홍보 및 IR의 중요성에 대해 분석해 이 대통령에게 보고했다. 당시 외국인 자금의 대량유출이 다시 발생할 경우 2008년의 금융위기와 유사한 형태의 유동성 위기가 재발할 수 있다는 모건스탠리 등 해외 IB기관들의 분석 보고서가 나와 있는 상황이었다.

나는 금융 전문가들의 의견을 취합해 포르투갈·이탈리아·아일랜드

·그리스·스페인 등 이른바 피그스(PIIGS)의 일부 국가에서 디폴트가 발생할 경우 유럽 금융기관들이 손실을 메우기 위한 자금 회수처로 한국이 주요한 후보가 될 가능성이 높다고 분석했다. 이와 함께 한국이 '취약한 시장'이라는 외국인 투자자들의 선입견을 깨뜨리는 것이 급선무라는 판단 아래 외국계 주요 투자자들을 상대로 한 금융당국의 텔레컨퍼런스 같은 행사를 지속적으로 열 필요가 있다고 제언했다. 예상대로 1년 뒤 피그스 국가 중 그리스는 부채문제로 디폴트 위기에 빠졌고, 2010년 5월 첫 번째 구제금융 신청에 이어 2012년 2월 IMF와 유로존에서 두 번째 구제금융을 지원했지만, 결국 그리스는 2015년 7월 1일 디폴트를 선언했다.

물론 이런 나의 보고들이 정책이나 대통령의 행보에 모두 반영된 것은 아니다. 다만 참모로서 대통령이 미처 챙겨 보지 못한 부분에 대해서도 한 번 더 되짚어 보고 생각하는 계기가 됐다면 그것으로 역할을 한 셈이라고 자위한다. 이 대통령이 특보실 보고서를 항상 빼놓지 않고 주의 깊게 챙겨 읽었던 것도 이런 이유 때문이었을 것이라고 생각한다.

나는 언론특보로 있으면서 이슈나 정국 관리에 참고하기 위해 매주 다양한 주제의 여론조사도 실시했다. 그해 7월에는 전국 2만 명을 대상으로 마케팅 기법을 활용한 유권자 성향분석 조사를 했다. 그 결과 20%가 박근혜 전 대표의 확고한 지지층으로 조사됐으며, 20%는 한나라당을 지지하는 정통보수였다. 30%는 한나라당에 대한 비판적 시각을 가진 유권자 그룹이었고, 13%는 아예 정치 자체에 대해 비판적인 집단이었다. 그 나머지 16%는 그때그때 상황에 따라 입장을 바꾸는 자영업자, 전업주부 등 이른바 '생활보수'였다.

문제는 의외로 생활보수 집단에서 박 전 대표의 지지율이 높지 않게 나타난 것이었다. 나는 정권 재창출을 위해서는 대권 경쟁의 구도를 활성화할 필요가 있다고 판단했다. 나는 이런 내용을 그해 8월 한 월간지와의 인터뷰에서 상세하게 밝혔다. 요지는 "박근혜 대세론에 안주하지 말고 대선 필승을 위해서는 경쟁을 통해 강력한 후보임을 입증해야 하고, 어젠다를 새로 개발하는 것이 바람직하다"는 것이었다. 다시 말해 '뉴 박근혜 플랜'의 필요성을 강조한 것이다. 하지만 "박근혜 대세론은 독이다"라는 자극적인 제목으로 인터뷰 내용이 보도되자 친박 진영이 발칵 뒤집어졌다. 친박 진영 일부에서는 '강도론' 파문 때처럼 나의 특보직 해임을 주장하기도 했다. 다시 한 번 미운털이 박힌 셈이다.

그런 가운데 그해 봄부터 무상급식 주민투표를 추진한 오세훈 서울시장은 마침내 8월 24일 주민투표를 실시하기로 했다. 당시 민주당은 전면 무상급식 실시를, 오 시장은 이에 반대해 단계적 무상급식을 각각 주장하면서 팽팽히 맞섰다. 그때 오 시장 측은 주민투표 결과에 시장직을 걸어야 할지를 놓고 깊은 고민에 빠져 있었다. 나는 무상급식 주민투표가 추진되던 초기 단계부터 오 시장 측근들에게 "무상급식 문제를 이슈화하는 것은 좋지만 이기기 어려운 싸움인 만큼 여기에 올인해서는 안 된다"고 조언했다. 나는 오 시장의 입장도 단계적으로 70%까지 무상급식 비율을 올리겠다는 것인 만큼 '100대 70'의 싸움에서는 완승이 있을 수 없다고 판단했고, 무리수를 두면 반드시 역풍이 올 가능성이 있다고 봤다. 그런데 무상급식 주민투표를 사흘 앞둔 21일 오 시장은 돌연 기자회견을 열고 "주민투표 참여율이 33.3%가 되지 않거나, 개표 후 서울시의 안이 채택되지 않을 경우 시장직을 사퇴하겠다"고 돌발선언을 했다. 사흘 뒤인 24일 치러진 무상급식 주민투표 결과 투표율이 25.7%를 기록하는 바람에 오 시장은 약속대로 사퇴했고 '안철수 바람'이 불어닥쳤다.

이런 와중에 청와대는 추석을 며칠 앞둔 9월 8일, 〈국민과의 대화〉를 생방송으로 진행하기로 하고 준비에 들어갔다. 이 대통령은 방송 며칠 전 나를 불러 이 행사의 총괄 및 점검을 지시했다. 예상 질의를 놓고 독회를 하던 중 나는 이 대통령에게 "안 원장에 대한 질문이 반드시 나올 텐데 어떻게 대답하시겠느냐"고 물었다. 그러자 이 대통령은 "내가 알아서 하겠다"고만 했다. 방송 당일 안 원장에 대한 질문이 나오자 이 대통령은 "'우리 정치권에 올 것이 왔다'고 생각한다"고 답했다. 그러면서 "정치권의 변화를 요구하는 국민의 욕구가 안 교수를 통해 나온 것 아니겠느냐. (정치권이) 발전적으로 변화하는 계기로 삼아야 한다고 본다"고 말했다. 이 대통령의 이 발언을 둘러싸고 정치권 일각에서는 안철수 측과 교감이 있었던 것 아니냐는 의혹을 제기하기도 했다. 그러나 이는 터무니없는 의심암귀(疑心暗鬼)다.

어느 날 보고를 위해 청와대 집무실에 올라간 나는 이 대통령에게 "여의도에서는 여전히 청와대와 안철수 측의 교감설을 믿는 사람이 적지 않더라"고 의중을 떠 보았다. 이 대통령은 "나는 그런 식으로 정치하지 않는다. 정권 재창출은 한나라당 후보를 통해 하는 것이다"고 잘라 말했다. 이 대통령의 '안풍'에 대한 발언은 국민적인 정치변화의 욕구에 정치권이 부응하지 못하면 제 2, 제 3의 안철수가 나타날 것이라는 지적이었던 것이다.

2011년 연말이 가까워지면서 초미의 관심사는 종편(종합편성채널) 출범이었다. 2009년 7월 종편을 허가하는 미디어법이 통과하면서 진행된 종편의 출범은 2010년 11월 신청서 접수와 심사를 거쳐 〈동아일보〉, 〈조선일보〉, 〈중앙일보〉, 〈매일경제〉 4개의 언론사가 최종 선정되면서 마무리됐다. 당시 종편의 앞날에 대한 평가는 "지상파보다 적은 인원으로 운영할 수 있어 생각보다 빨리 안착할 수 있을 것"이라는 낙관론과 "과당경쟁으로 인한 수익악화로 한두 곳은 문을 닫을 것"이란 비관론이 맞서 있었다. 하지만 나는 도쿄특파원 시절의 경험 때문에 언론산업의 미래는 신문·방송 겸영으로 갈 수밖에 없다는 생각을 갖고 있었다. 더구나 한 뉴스를 다양하게 활용하는 '원 소스 멀티 유즈'(*one source multi-use*)가 전 세계적인 추세로 자리 잡고 있는 상황이었다.

일본에서도 〈아사히신문〉, 〈요미우리신문〉, 〈마이니치신문〉, 〈닛케이신문〉, 〈산케이신문〉, 〈도쿄신문〉 등 6개 신문사가 한 개씩 지상파 방송을 갖고 있었고, 이들 방송사는 신문시장의 여건이 날로 열악해져 가는 상황에서 상호 보완적 역할을 성공적으로 하고 있었다. 물론 종편을 4개사나 허가한 것에 대한 비판과 우려도 적지 않았지만 이런 점에서 나는 개인적으로 방송통신위원회의 결정이 합당했다고 생각한다.

우려와 걱정 속에 개국해 올해로 4년째에 접어든 종편은 2015년을 기점으로 적자에서 벗어나기 시작하는 등 생각보다 빨리 안착해 가고 있는 것이 다행스러운 일이다. 종편 출범으로 인해 정보콘텐츠에 대한 소비자의 선택의 폭이 넓어졌다는 것도 큰 의의가 있다고 생각한다.

임기 말의 공직사회 풍경

5년 단임제의 숙명이기도 하지만 대통령 임기 후반, 특히 4년차인 2011년에 접어들면서부터는 눈에 띄게 공직사회의 기강해이 현상이 나타난다. 당연히 이 대통령에게도 '공직사회 관리'가 중요한 과제로 떠올랐다. 그해 4·27 재보궐선거에서 여당이 패배한 이후 금융위기의 여파로 인한 체감경기의 회복이 늦어지면서 핵심 지지층의 이탈 조짐마저 나타나고 있었다. 2년차 후반부터 4년차 초반까지 줄곧 40%대를 유지하던 대통령의 국정운영에 대한 지지율도 그해 중반부터는 30%대로 떨어졌다.

나는 '집권 4년차 증후군' 방지를 위한 대책 마련을 위해 2004~2005년 뉴라이트 담론을 함께 만들었던 교수진을 비롯해 여러 분야 원로 전문가들과의 간담회를 연쇄적으로 가졌다. 이를 바탕으로 보고서를 작성해 이 대통령에게 올렸다.

토론회에서 참석자들은 공통적으로 이명박 정부의 대표 정책브랜드가 실종될 가능성이 크다는 점을 걱정했다. 실제 YS의 '금융실명제', DJ의 '남북화해', 노무현의 '균형발전' 등 역대 대통령은 상징성 있는 브랜드를 유산으로 남겼다. 이명박 정부도 '금융위기 극복', '4대강 살리기 사업', '녹색성장' 등 대표적인 업적과 정책브랜드가 있지만 임기 말 관리를 소홀히 할 경우 이것이 제대로 평가받지 못할 수도 있다는 우려를 제기했다. 물가상승이나 구제역, 동남권 신공항 백지화, 과학비즈니스벨트, LH공사 이전 등 임기 4년차에 불거진 정책 이슈에 대해서도 선제적이고 주도적인 대응을 할 필요가 있다는 지적이 나왔다. 토론회에서는 이와 관련해 "장관들이 보이지 않는다"는 지적이 많았다. 임기 후반에 접어들면서 정책의 대표 집행자인 각 부처 장관들은 욕먹는 것을 두려워해 정책 이슈에 대한 소신 있는 선제적 대응을 하지 못하고 심지어 대통령에게 책임을 미루는 양상까지 나타나고 있다는 것이었다.

나는 토론회에서 불거진 다양한 문제점들을 가감 없이 망라한 뒤 상황을 돌파하기 위해서는 '더 큰 대한민국', '국격 업그레이드', '원칙 세운 대북관계' 등 이 대통령만의 색깔 있는 중점 어젠다를 집중 관리해 다시 정국 주도권을 쥐어야 한다고 건의했다. 또 이 대통령의 주요 공약과 정책을 집중 관리할 국정기획수석을 부활시키고, 물가 및 유가 상승 등 경제 문제에 대해서는 '해결할 수 있다'는 강한 메시지와 함께 '위기에 강한 경제대통령'이란 인식을 각인시켜야 한다고 강조했다. 친서민 중도실용 정책을 내세울 때와 같은 'MB다움의 회복'이 다시 필요하다는 뜻이었다. 그러나 2011년 10월 서울시장 보궐선거 패배에 뒤이어 '전당대회 돈봉투 사건', '선거관리위원회에 대한 디도스 공격 사건' 등의 여파로 당 지도부가 퇴진하고 박근혜 전 대표를 위원장으로 한 비대위 체제가 출범하면서 안타깝게도 정국 주도권을 되찾을 기회는 점점 멀어져 갔다.

이것도 4년차 증후군의 한 단면일 터이지만, 임기 후반에 어김없이 나타나는 고위 공무원들의 승진 기피 현상도 벌어졌다. 한 번은 친분이 있는 한 부처 차관보로부터 "정권 말기인데 차관 승진을 원치 않는다. 지금 차관으로 승진하면 다음 정권에서 불이익을 받을 수밖에 없다"고 솔직한 속내를 드러내는 이야기를 듣고 충격을 받은 일이 있다. 그러나 돌이켜 보면 이런 모습이 비단 이때에 국한된 것은 아니었다.

이처럼 임기 후반만 되면 공직사회가 정치적 풍향에 신경을 곤두세우고 복지부동의 자세를 반복하는 것은 정치의 책임이 크다고 생각한다.

새 정권의 출범을 앞둔 상황에서 이처럼 '늘공'조차도 전 정권에서 장차관을 했을 경우 다음 정권에서 불이익을 볼까 봐 전전긍긍하는 것이 오늘날의 대한민국 정치의 현실인 것이다.

사실 청와대에서 일해 보면 심지어 정권교체가 이뤄지더라도 업무의 80%는 연속성을 갖고 이어진다. 정확히 계량할 수 없지만 나의 경험으로는 한 정권이 자기 고유의 브랜드를 갖고 추진하는 정책은 20%에 불과하다. 그런데도 새로 들어서는 정부는 예외 없이 정책이 됐든, 조직이 됐든, 인재 풀이 됐든 모든 것을 초기화함으로써 국정의 역량을 허비한다. 그런 단절과 청산의 역사가 반복되는 한 어느 정권이 됐든 국가경영 역량의 업그레이드는 요원할 수밖에 없다.

좌절된 여의도행

2011년 11월 초 나는 제 19대 국회의원 선거를 준비하는 일부 특보들과 함께 일괄 사표를 냈다. 나는 두 달간의 사전준비를 거쳐 2012년 2월 초 서울 종로지역 국회의원 예비후보 등록과 함께 출마를 선언했다. 이전부터 나는 총선에 출마한다면 청와대와 23년 동안 직장이었던 동아일보사가 위치해 있고 이 대통령이 국회의원을 지낸 종로구 아니면 25년 넘게 살아 '제 2의 고향'인 서초구에 출마하겠다는 생각을 가졌다. 결국 나는 내가 일했던 이명박 정부의 공과(功過)를 평가받겠다는 명분으로 종로에 나서기로 결정했다. 더구나 이 대통령은 "우리 정부에서 장차관, 수석을 지낸 사람들은 한나라당의 강세지역을 피해 열세지역에 출마하는 것이 좋겠다"는 뜻을 밝혔다. 이것도 내가 종로에 나선 또 다른 이유다.

막상 예비후보로 등록한 뒤 돌아다녀 본 종로는 내가 과거 종로경찰서, 청와대 출입기자나 '청와대 어공' 생활을 하면서 보았던 것과는 판이하게 달랐다. 종로는 권력의 상징인 청와대가 있고 각종 정부부처가 모여 있는 데다 지리적으로도 서울의 한가운데에 자리 잡아 흔히 '정치 1번지'라고 부른다. 그러나 종로는 옛날의 골목문화가 그대로 살아 있고, 대한민국의 상징적 부촌이 있는가 하면 아직도 쪽방촌이 그대로 남아 있다. 또 토박이는 물론 영호남, 충청, 이북 실향민 등 각 지역 출신이 다양하게 분포해 대한민국의 축소판이다. 게다가 여당 지지층과 야당 지지층이 매우 팽팽해 종로구의 선거결과가 '한국 정치의 리트머스지'로 평가되기도 한다.

내가 새누리당 예비후보로 출마 선언을 한 직후 여당 일각에서는 정운찬 전 총리의 전략공천설이 흘러 나왔다. 나는 그의 전략공천에 대한 기자들의 질문을 받을 때마다 "정 전 총리 같은 분이 전략공천을 받으면 깨끗이 양보하고 선거운동을 도울 생각이 있다"고 대답했다. 당시 총선출마 선언을 했던 이유가 개인적 영달보다는 이명박 정부의 DNA를 이어나가야 한다는 생각 때문이었기에 실제 정 전 총리가 나선다면 양보할 뜻이 있었다. 그러나 정 전 총리의 종로 출마는 '설'로 그쳤다. 새누리당 내 종로 공천은 '종로 3선'인 박진 의원이 2011년 말에 불출마를 선언해 나와 비례대표인 조윤선 의원과의 경쟁이었다. 나는 경선을 통한 '공정한 후보선정'을 주장했지만 결국 친박계 좌장인 홍사덕 전 의원이 전략공천을 받았다.

나는 공천 탈락 후 며칠간 고심한 끝에 총선 출마를 접기로 결정했다.

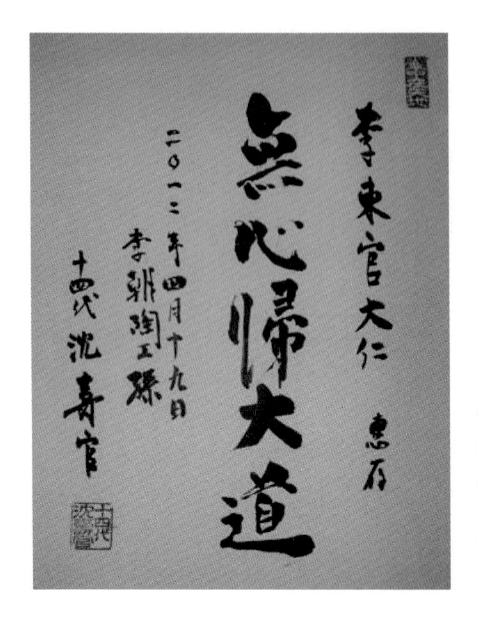

14대 심수관의 휘호 2012년 총선 뒤 일본 여행 중 가고시마 현에 찾아간 나에게 14대 심수관이 써 준 휘호. "무심귀대도"(마음을 비우면 다시 큰길로 나가게 된다는 의미)라는 내용이 큰 위로가 됐다.

일각에서는 무소속 출마를 강행해야 한다는 권유도 있었지만 대승적 차원에서 수용하기로 한 것이다. 그러나 전략공천을 받은 홍 후보는 야당 정세균 후보에게 5천 표 이상의 큰 차이로 패배했다. 나는 당초 1천 표 안팎의 박빙을 예상했지만 더 크게 표차가 벌어진 것이다.

나는 YS 임기 말 청와대를 출입하면서 권력의 석양을 지켜봤다. 그런 경험을 통해 성공한 대통령의 조건은 임기 중에는 물론 퇴임 이후에도 정치적 DNA를 공유하는 정치세력의 존재가 필수적이라고 생각했다. 따지고 보면 내가 종로 출마를 결심했던 것도 몸 바쳐 일했던 이명박 정부가 역사 속에서 제대로 평가받도록 해야겠다는 의미였다.

나는 총선이 끝나고 4개월이 지난 2012년 8월 초 대외직명 언론·문화 협력대사에 임명됐다. 대외직명대사 제도는 각 분야에서 전문성과 인지도를 갖춘 민간인이나 전직 공무원이 정부의 외교활동을 지원하는 무보수 명예직이다. 특보 때와 달리 역할이 한정되어 할 수 있는 일이 많지 않았지만 나는 이때도 일을 찾아서 했다.

사실 한 정권의 DNA를 공유하는 정치세력 못지않게 중요한 것은 제대로 된 역사의 기록을 남기는 것이다. 나의 여의도행은 좌절됐지만 내가 이명박 정부를 위해서 마지막으로 할 수 있는 일은 바로 이명박 정부의 국정운영의 기록을 집대성하는 백서작업으로, 이는 매우 중요하다고 생각했다.

나는 정정길 전 비서실장, 박형준 전 특보와 함께 '이명박 정부 국정백서' 편찬작업에 참여해 국정백서의 틀과 얼개를 짰다. 특히 국정백서 총론 부분인 80페이지 분량의 "국정 5년의 흐름"을 직접 총괄해 작성했다. 우리는 먼저 종전의 업적나열식 서술 대신 읽히는 글을 쓰자는 취지에서 국정백서를 스토리텔링 방식으로 집필하기로 했다. 예를 들면 "자원외교편"의 경우 최경환 지식경제부 장관이 아직 전쟁이 종료되지 않은 긴박한 상황에서 이라크 현지에 들어가 협상을 벌인 뒷이야기 등을 현장감 있게 백서 사이사이에 삽입하는 식이었다. 그리고 사진, 그래프 등 시각자료도 많이 활용했다.

우리는 국정백서 감수를 위해 매주 월요일마다 관련부처와 청와대 해당 비서관실에서 작성한 백서 초고를 감수하는 독회를 가졌다. 총 12권으로 이뤄진 국정백서는 이듬해인 2013년 3월 출간됐다. 이명박 정부 5년을 마무리하는 마지막 작업이었다.

에필로그

새로운 도전을 위하여

2013년 2월, 나는 이 대통령의 퇴임과 함께 외교통상부 언론문화특임대사 일을 마무리 짓고 6개월여 동안 재충전의 시간을 가졌다. 1985년 〈동아일보〉 기자로 사회생활을 시작한 이후 28년 만에 가진 완벽한 휴식의 기간이었다. 그러나 다른 한편으로는 기약도 없고 기항지도 정해지지 않은 새로운 항해가 시작된 셈이었다.

나의 새로운 도전은 방송인으로의 변신이었다. 그해 가을부터 종편의 시사 프로그램에 출연해 정치평론을 하면서 언론인 생활로 다시 돌아간 것이다. 과거의 활동무대가 신문이었다면 이번에는 방송으로 옮긴 점이 차이였다. 그해 11월부터는 TV조선에서 〈이동관의 정치 레이더〉란 타이틀을 걸고 매주 1회 20여 분 가까이 한 가지 주제를 정해 정치현안에 대해 논평을 했다. 정치부 기자로서의 경험에다 청와대에서 대통령의 핵심참모로 5년간 일했던 경험을 녹여 다양한 주제를 다뤘다. 한 가지 내용을 혼자 장시간 풀어 나가기 위해서는 하루 이상의 사전 준비가 필요했다. 이 코너는 내가 이 책의 집필을 마무리하던 2015년 12월까지 2년에 걸쳐 100회 가까이 진행됐다. 종편에서는 드문 기록이다. 고되기는 했지만 이 코너를 계속하면서 여러 정치현안에 대해 스스로 재정리하고 공부하는 좋은 계기가 됐다.

채널A에서는 2014년 5월부터 8개월 동안 매주 일요일마다 〈이동관의 노크〉라는 시사토크 프로그램을 사회자로서 진행했다. 이것 또한 새로운 경험이었다. 방송에 출연해 자신의 의견을 밝히거나 논평하는 일을 독주(獨奏)라고 한다면, 여러 출연 패널들이 물 흐르듯 의견을 나누도록 이끌어 가는 토크 프로그램의 진행자는 오케스트라의 지휘자 역할이라

TV조선에서 2년간 100회에 걸쳐 진행한 〈이동관의 정치 레이더〉

채널A에서 진행한 〈이동관의 노크〉

할 수 있다. 출연진 섭외부터 매회 70분에 가까운 토크 프로그램의 콘티까지 주도해야 하는 일도 쉽지 않았다. 가끔 기대와 달리 시청률이 저조하면 가슴이 시커멓게 타들어 가는 느낌이 들곤 했다. 시청자일 때는 몰랐던 방송 종사자들의 애환을 생생하게 느낄 수 있는 좋은 경험이었다. 또 2014년 1월부터 2015년 연말까지 〈매일경제〉에 월마다 정치시평을 연재함으로써 정치부 기자 생활과 5년의 국정 참여의 경험을 글로도 피력하는 기회를 얻을 수 있었다.

내가 부딪힌 가장 색다른 도전은 2014년 1월부터 2년간 대학 총장직을 맡았던 경험이다. 나는 대학 총장직을 맡으리라고는 꿈에도 생각한 일이 없었고, 총장직에 가장 필수적인 자격인 박사 학위도 없었다. 2013년 12월 어느 날, 가까운 지인으로부터 "디지털서울문화예술대학교의 총장직을 맡아 보겠느냐"는 제안을 갑작스레 받고 처음에는 어안이 벙벙해 "1주일 동안 생각할 시간을 달라"며 즉답을 피했다. 한편으로는 '생소한 분야인 대학운영을 잘할 수 있을까' 하는 걱정도 있었지만, 내게 주어진 새로운 도전의 기회라고 생각해 그 제안을 받아들였다.

국내 유일의 문화예술 특성화 사이버대학에 총장으로 부임한 이후 나는 내가 몰랐던 신세계를 접할 수 있었다. 무엇보다 전 세계 사람들의 눈과 귀와 입맛을 사로잡은 '한류 열풍'의 원천적 동력이 바로 우리 민족의 DNA에 각인된 '끼'와 '흥'이라는 점을 미래 예술인인 젊은 학생들 틈에서 부대끼며 체득할 수 있었다. '취업절벽'이니 '헬조선'이니 하는 좌절과 절망감이 젊은 세대들을 지배한다고 하지만 내가 만난 우리 학교 학생들에게서 훌륭한 예술인이 되겠다는 넘치는 열정을 느낄 수 있었다. 마치 1970, 1980년대의 개발시대에 '하면 된다'는 열정에 온 국민이 사로잡혀

서초동 예술의 전당 야외무대에서 열린 시니어 패션쇼에서

있었던 것을 다시 보는 듯한 기시감마저 느낄 정도였다. 나는 총장 재직 기간 동안 대한민국의 미래도 결국 이런 젊은 세대의 열정을 어떻게 다시 되살려 국가발전의 원동력으로 이끌 수 있을까에 달렸다는 생각을 놓을 수 없었다.

나는 총장으로 재직하면서 여러 가지 다양한 프로젝트를 추진했지만, 그 가운데 가장 기억에 남는 일은 2015년 5월, 서초동 예술의 전당 야외무대에서 시니어 패션쇼를 개최한 것이다. 내가 이 행사를 기획한 것은 '아이돌'을 중심으로 스타 마케팅에 치중한 한류 비즈니스의 외연을 고령화 사회의 도래와 함께 노년층을 타깃으로 한 실버산업으로 넓힐 필요가 있다고 생각했기 때문이다. 더욱이 한류 열풍이 식기 전에 대한민국이 이 분야를 선점한다면 전 세계를 대상으로 한 미래의 비즈니스로도 성장할 수 있다고 믿었기 때문이다.

나는 이 행사를 널리 홍보하기 위해 직접 모델로 출연하기로 결심했다. 이와 함께 우리 대학과 업무협약을 맺은 대한노인회의 이심 회장과 예술의 전당 고학찬 사장도 함께 모델로 런웨이에 서자고 설득했다. 평소 친분이 있던 원로가수 김상희·권성희 씨는 물론 탤런트 이정길·노주현 씨와 독일인으로서 귀화한 이참 전 한국관광공사 사장도 내 요청에 흔쾌히 응해 모델로 참여했다. 행사는 대성공을 거두었다. 또한 문화관광체육부가 창조경제의 우수사례로 선정했다. 나의 또 다른 도전기였던 셈이다.

언론인과 청와대 홍보수석, 사이버대학 총장직을 거치면서 나의 뇌리를 끊임없이 짓눌렀던 것은 혹시라도 일본의 '잃어버린 20년'을 우리가 똑같이 따라가는 것이 아닐까 하는 걱정이었다. 가끔 서울 명동이나 강남역 부근에 길게 늘어선 빈 택시의 행렬을 볼 때마다 20년 전 언론사 도쿄특파원 시절 도쿄의 아카사카 대로변에 수십 미터씩 늘어서 있던 빈 택시행렬이 데자뷔처럼 떠오른다.

나는 그동안 방송에서 논평을 할 때나 신문에 칼럼을 기고할 때마다 이러한 우려에 대한 일관된 문제의식을 갖고 담론화하려고 애썼다. 그런데 이 책을 마무리 지을 무렵 '잃어버린 20년'이 이제 막연한 불안감이 아니라 구체적 현실로 다가오고 있음을 더욱 절감하게 됐다. 최근 서울 시내에 2,500원짜리 짜장면이 등장했다거나, 고급 식당에서나 맛볼 법한 비프스테이크를 7,000원에 판매하는 식당까지 생겼다는 뉴스를 접하면서 '잃어버린 20년'이 막 시작되던 일본 사회에 나타난 가격파괴가 이제 한국에 본격 상륙했구나 하는 실감이 들었다. 나는 도쿄특파원 시절 그 당시 일본에 막 등장했던 '100엔 숍'을 소개하는 기사를 취재해 쓴 일이 있다. 그때는 화제성 기사로만 생각했었지만 돌이켜 보면 그것이 바로 '소비 침체 → 디플레이션 → 소득 감소'로 이어지는 악순환의 첫 고리였다.

일본보다 더욱 빠른 속도로 진행되는 한국의 저(低) 출산과 초고령화는 사실상 재앙 수준이다. 2013년 기준 우리나라의 평균 출산율은 1.21%로 OECD 국가 중 가장 낮은 반면 전체 인구 중 65세 이상 인구는 2018년에는 14%, 2026년에는 20%를 상회할 전망이다. 1천 2백조 원에 육박하는 가계부채도 이미 오래전부터 한국 경제를 다시 금융위기로 몰고 갈지 모르는 뇌관이라는 지적이 국내외에서 끊이지 않고 있다. 그런데도 정부는 "아직 문제없다"는 원론적인 말만 되풀이하고 있다. 혹시라도 예고된 미국 연방준비위원회(FRB)의 금리인상이 예상보다 큰 폭으로 단행될 경우에는 어떤 상황이 닥칠지 예측하기 어려운 게 사실이다. '부동산 가격 급락 → 부실 채권의 급증 → 금융기관 연쇄도산'을 겪으면서 대마불사(大馬不死)라는 신화에 젖어 있던 일본의 금융기관들이 속절없이 쓰러지는 모습을 지켜본 나로서는 '일본과 우리 상황은 다르다'는 일부의 낙관론을 액면 그대로 받아들이기 어려운 게 사실이다. 더욱이 우리 경제에 불고 있는 장기불황의 징후들을 간과해서 안 되는 이유가 또 있다. 일본은 세계 2위의 경제대국으로서 가계 금융자산만 1천 4백조 엔에 이르는 저력을 가지고 '잃어버린 20년'을 겪어 냈지만 우리는 국민소득 3만 달러에도 못 미치는 상황에서 위기의 터널에 들어선 것이다.

따지고 보면 일본의 장기불황은 '정치의 실패'가 주된 원인 중 하나다. 거품경제가 꺼지고 장기불황의 터널에 진입한 1990년대 초 일본은 경기대책 마련에 초당적으로 전력을 쏟아부어야 할 시기였다. 하지만 자민당의 일당 독주시대가 마감되면서 비(非) 자민당 연립정권이 탄생했고, 이

후 자민 · 사회 · 신당사키가케의 3당 연립정권이 출범하는 등 정치불안이 이어지면서 제대로 된 경기대책을 세울 수 없었다. 정치가 제 기능을 하지 못하는 사이 일본 경제는 장기침체의 늪에 빠져든 것이다.

내가 일했던 이명박 정부 때도 일본의 상황은 비슷했다. 이 대통령의 임기 동안 일본 총리는 5명이 바뀌었다. 1년마다 새 총리가 등장해 국정 운영을 초기화해 처음부터 시작하다 보니 경제 회생은커녕 외교력까지 저하됐다. 우리가 G20 정상회의를 유치할 수 있었던 것도 이 같은 일본의 내정불안이 한 요인으로 작용했던 것이 사실이다.

한때 한국 정치는 일본의 부러움을 산 적이 있다. 특히 잦은 총리교체를 겪은 일본은 5년 동안 책임지고 소신 있게 국정을 이끌 수 있는 한국의 대통령제를 부러워했다. '일본열도 개조론'을 주창했던 오자와 이치로 전 민주당 대표가 자민당 장기집권의 토대였던 중대선거구제를 소선거구제로 바꾸는 정치개혁을 1990년대에 추진하면서 염두에 뒀던 모델 중 하나가 바로 한국의 정치시스템이었다. 나 역시 도쿄특파원 시절 인연을 맺은 일본의 지인들이 YS의 문민개혁과 금융실명제, DJ의 남북 정상회담, 이명박 대통령의 금융위기 극복 등을 예로 들며 "한국의 정치리더십이 부럽다"는 이야기를 하는 것을 종종 들었다.

그러나 이제는 모두 과거의 이야기다. 이제는 한국 정치는 일본이 본받지 말아야 할 반면교사(反面教師)가 되고 있다. 2014년 4월 세월호 참사 이후 5개월여 동안 국회가 마비돼 '입법 제로'의, 정치 부재의 상황을 빚은 것이 대표적 예다. '경제활성화 법안'들도 여야 정쟁에 발목이 잡혀 국회에서 몇 년째 표류하고 있다. 실제로 한국 정치는 언제부턴가 '우리 편이 말하면 무조건 옳고 상대편이 말하면 무조건 틀렸다'는 식의 극단적 진영논리에 빠져 무한 정쟁을 계속하고 있다. 10년 전 교수들이 선정한 그 해의 사자성어가 '당동벌이'(黨同伐異: 옳고 그름에 관계없이 다른 무리를 무조건 배격함) 였던 것 그대로다.

일본의 전례에서 보듯 국가적 의제에 관한 초당적 합의를 이끌어 낼 수 있는 정치의 순기능이 복원되지 않는 한 이미 입구에 들어선 장기불황의 터널에서 빠져나올 가능성은 요원하다. 그런 점에서 10년 전 나를 포함해 같은 비전과 문제의식을 공유했던 사람들이 우리 사회의 좌편향을 시정하기 위한 '뉴라이트 운동'에 나섰던 것처럼 한국 정치의 패러다임을 재구축하기 위한 정치개혁 운동이 하루 빨리 시작돼야 한다.

나도 뉴라이트 운동을 시작할 때의 초심과 정열로 돌아가 한국 정치의 제자리 찾기에 앞장서고자 한다.

그 새로운 도전에 나설 것이다.